대유불교시리즈 【6】 마음의 달 ❷ 마음 닦는 법

- 초판 인쇄   2009년 7월 31일
- 초판 4쇄발행   2015년 4월 15일
- 저자 만행스님
- 번역 智淵 江海 更川
- 교정 閑雲 乾元 一天
- 편집 이연실 황상희 김순영
- 발행인 이연실   발행처 대유학당 since1993
- 출판등록 2002년 4월 17일 제305-2002-000028호
- 주소 서울 동대문구 휘경동 258 서신빌딩 402호
- 전화 (02)2249-5630~1
- 홈페이지 http//www.daeyou.net 대유학당

- 여러분이 지불하신 책값은 좋은 책을 만드는데 쓰입니다.
- ISBN 978-89-6369-009-4 14220
- 정가 **10,000원**
- 이 책의 내용에 대한 재사용은 저작권자와 대유학당의 동의를 받아야만 가능합니다.
- 문의사항(오탈자 포함)은 저자 또는 대유학당의 홈페이지에 남겨 주세요.

　이 책은 한 승인이 7년간 동안 폐관하는 과정에서 인생을 느끼며 깨달은 것을 적은 것이다. 글은 참신하고 유창하며 깊은 뜻을 담고 있으면서도 소박하다. 그리고 가뿐하고 유쾌하게 불교와 생활을 결합시킴으로써 인생의 지혜와 계시를 많이 느끼고 깨닫게 한다. 더불어 읽는 사람을 도와 계몽하고 어두침침한 심령을 활짝 열어 놓게 했다.

태고종 교육부장 원각사 주지 원명스님

머리말 導言

　만행큰스님은 1971년 6월 중국 호북성 수주시에서 태어났다. 15세 때부터 경건하게 부처님을 믿었으며, 18세 때 집을 떠나 하문시 남보타사에 있다가, 관음보살의 성탄일인 음력 2월 19일에 삭발하여 만행萬行이라는 법호를 받고 진정한 화상和尚이 되었다.

　21세 때 복건성 불교협회의 비준을 거쳐 포전시 매봉사에서 수계受戒를 받았으며, 22세 때 민남 불교대학교를 졸업하고 그 해에 처음으로 장주시 절진동에서 폐관했다. 2년 동안의 폐관을 거쳐 이미 야불도단[1], 하주강번[2], 무아삼매의 경지에 이르게 되었다.

　24세 때에는 히말라야산에서 2년 동안 폐관하였다. 그 기간 동안에 싱인 랍뭉상사를 만나 약 반년에 걸쳐 불교의 심

---

[1] 야불도단夜不倒單 : 밤에도 누워 자지 않음
[2] 하주강번河住江翻 : 강물을 멈추게도 하고 뒤집기도 함

오한 진리를 전수받아, 육근을 관폐關閉하고 일여중추日如中秋하여 종일 삼마지三摩地에 있게 되었으니,

下無大地上無天 아래로는 땅이 없고 위로는 하늘이 없으며
하 무 대 지 상 무 천
水無波浪火無烟 물은 파도가 없고 불은 연기가 없으며
수 무 파 랑 화 무 연
耳聽塵事心不動 귀에 인간사 들려도 마음은 동하지 않으며
이 청 진 사 심 부 동
眼觀形色內無搖 눈은 세상사를 보나 마음 흔들리지 않네
안 관 형 색 내 무 요

의 경지에 이르러, 진정 불경에서 기록한 명심견성[3]이 무엇이며 실상무상[4]이 무엇인가를 체험하게 되었다.

그래서 랍몽상사로부터 "너는 이제 젖을 떼어도 되겠다. 그러나 더 튼튼하게 하자면 아직도 수차 반복하면서 길러내야 한다."는 칭찬을 들었다.

27세 때 광동성 옹원현 동화산 삼성동에서 세 번째 폐관에 들어가, 끊임없이 실천하고 길어 올린 보람으로 끝끝내 세상의 견조潔潮와 종극의 미지未知를 철거히 깨닫게 되었다. 그리곤 온 몸과 마음이 활짝 열리는 가운데 공유空有를 초월하고 삼계를 초월하여 다시금 인간 세상으로 되돌아왔던 것이다.

---

3) 명심견성明心見性 : 마음을 밝히고 근본을 보아냄
4) 실상무상實相無相 : 사물이 보이나 사물이 없음

만행큰스님은 연화생·달마·혜능의 발자국을 밟아 왔으며, 증도證道한 뒤에도 십여 년간의 진실한 수련을 통해 얻은 경험에 의해 이전에 성도한 분들의 지혜의 결정을 흡수하고, 또 당대의 인연과 결합하여 기본 이론과 수행방법을 완전하게 총화했다.

"믿으려면 굳게 믿고 수행하려면 꾸준히 힘 다하라, 일 처리는 원만하고 융통있게 하라. 도는 인간 세상에 있으며 '공'에도 '유'에도 머무르지 아니한다"고 하시니, 즉 마음이자 부처님이란 내재의 초월이라는 것으로, 참으로 심법心法의 정수라고 할 수 있을 것이다.

또 "신앙인이라면 먼저 나라를 사랑하고 가정을 사랑하고 주위 사람들을 사랑해야 한다. 행동 없는 자비심은 진정한 자비심이 아니다. 천도天道를 닦고자 하면 먼저 인도人道를 행하라. 사람노릇을 잘하다 보면 하늘문은 저절로 열리리라. 신앙인은 반드시 출세出世의 마음으로 입세入世의 일을 하며, 분수에 만족하며 최선을 다하여 사람을 근본으로 해서 실천하는 가운데 마음을 다스려야 한다"고 했으니, 만행상사의 물학사상은 근본을 숭시하는 실전사상으로 윤회의 바퀴에 휩쓸리기 쉬운 우리에게 크나큰 교훈이 아닐 수 없다.

2009년 7월 智淵 合掌

마음의 달 心中月 2권 목차

머리말 _ 4

1부. 심법수필

1. 참선 參禪 - 11
2. 명심 明心 - 41
3. 견성 見性 - 63
4. 폐관 閉關 - 87
5. 음념 音念 - 99
6. 그림공부 學畫 - 103

2부. 심법십론

1. 명사 明師 - 121
2. 수행 修行 - 143
3. 법문 法門 - 175
4. 생명 生命 - 189
5. 경건 虔誠 - 215
6. 기능 功夫 - 233
7. 차례 次第 - 249

8. 각조 覺照 - 263

9. 심경 心境 - 281

10. 오묘 奧妙 - 303

마음의 달 心中月 1권 목차

1부. 폐관 이야기

1. 출가 - 17
2. 절진동에서의 첫 폐관 - 26
3. 설역에서의 두 번째 폐관 - 40
4. 삼계를 초월한 세 번째 폐관 - 71

2부. 연화생 수련

1. 관음이 성인을 청하다 - 120
2. 선학이 날개를 펼치다 - 123
3. 냇물이 멈추고 강물이 넘치다 - 126
4. 천하를 돌리다 - 129
5. 무소가 보름달을 바라보다 - 134
6. 연꽃이 흔들리다 - 139
7. 땅이 서서 하늘로 솟구치다 - 143
8. 육자 대명주 음념법 - 147

1부
심법수필
心法隨筆

1
참선
參禪

🌼 부처라는 것을 깨닫자 衆生本是佛

　선종에서 주장하는 "돈오頓悟(문뜩 깨달음)했다" 함은 중근기[5]의 사람을 가리켜 하는 말이고, 상근기[6] 사람들은 돈오를 기다리지 않아도 이미 잘 알고 있다. 여래의 지혜와 공덕은 원래부터 충분히 갖추어져 있는 것이고, 원래부터 원만히 되어있으며 원래부터 부처의 경지였다. 만약 이 점을 인정하지 않는다면 설사 3대 아승지겁의 도를 닦았다 할지라도 부처님의 그림자도 보지 못할 것이다.
　"닦을 것이 있다. 논증할 것이 있다. 차원이 있다." 이들은

---
[5] 중근기中根機 : 중등 정도의 지혜를 가진 사람
[6] 상근기上根機 : 상등 정도의 지혜를 가진 사람

모두가 하근기7)의 사람들을 일컬어 하는 말이다. 방문의 스위치를 찾아 누르면 순식간에 전등불이 환히 켜진다. 이처럼 수만 년의 암흑이 찰나에 사라지는데 어떻게 서서히 사라진다고 할 수 있는가? 소위 "집안에 들어가면 모두가 가까운 친지와도 같은 사이지만, 들어가기 전에는 어느 정도 거리감이 있다."는 이치와 같은 것이다.

"밀종, 선종, 정토종, ……, 등등!" 이들은 모두, 결과적으로 본다면 별로 다른 점 없이 다 심적으로 도를 닦고 있는 것이다. 아직 집안까지 도착하지 않았으니, 대문 밖에서 서성거리면서 천차만별의 상태로 나타나는 것일 뿐이다.

만약 자기가 스스로 수련하여 부처님이 될 수 있다고 생각한다면 그는 분명 부처가 될 수 없는 것이며, 그는 부처님과 인연이 없는 것이다. 왜 그러한가? 모든 중생들은 원래부터 부처인데 또 무슨 부처님이 된다고 하는가? 그것은 머리 위에 또 머리를 씌우는 격이다.

성불成佛과 미성불未成佛은 한낱 말장난이고 그냥 언어일 뿐이다. 부처님이 곧 중생이고 중생이 곧 부처님이다. 부처님과 중생은 일체불이一體不二이나. 평범함도 있고 성스러움도 있는데 모두들 제멋대로 차별화해서 그렇다. "분명 주인 없이 내버린 땅인데, 왔다 갔다 하며 주인이 어디 있냐고 찾

---

7) 하근기下根機 : 하등 정도의 지혜를 가진 사람

는 격"이다. 정말 부질없는 일이 아닐 수가 없다.

성명은 한 가지 길이다 性命本是一

성명에 대한 문제 역시 자주 상기되는 문제이다. 성명性命! 이 두 글자는 옛날부터 지금까지 쟁론을 해 왔었지만, 만약 성性을 잃어버린다면 명命은 어디에 의탁을 하며, 명命이 없다면 성性은 또한 어디에 가서 그 작용을 하겠는가?

도교에서 불교를 비난해서 하는 말이 "단지 성性만 닦고 명命을 닦지 아니하여, 만겁의 세월이 흘러도 음령陰靈이 성인의 경지에 못 들어간다."고 하며, 불교는 또한 도교를 비난해서 하는 말이 "오직 명만 닦고 성을 닦지 아니하니 그것은 수행의 제일 첫째 흠이다"라고 한다. 성과 명은 하나이지 결코 두 가지가 아니다. 마치 동전 한 닢의 양면처럼 제 아무리 앞뒤로 뒤집어 본다고 하여도 그 역시 한 닢의 동전인 것과 마찬가지이다.

중생의 유형이 어느 정도라면 바로 법문의 유형도 그 정도가 되는 것이다. 그러나 어떠한 법문이라 하여도 우선적으로 반드시 갖추어야 할 기본적인 자세가 있어야 한다. 가장 즐거운 인생은 바로 지금 이 세상을 잘 살아가는 인생이다.

　운명을 초월하려는 사람은 때때로 뒷날의 인과에 집착을 하지 않는다. 뒷날의 인과에 집착하면 할수록 운명을 초월하는 방법이 생겨나지 않는다.

　인생이란 마땅히 직접 참여하는 입장이 되어야지 방관자로 존재해서는 안 된다. 당신이 만약 성장하고 싶고 성숙된 인생으로 살고 싶다면 인생의 적극적인 참여자가 되라. 생활은 마치 수백 가지 조미료와 같이, 시고 달고 쓰고 매운 그런 모든 맛을 골고루 느껴야 한다. 원래 길이 없던 곳도 용감하게 개척을 해 나가면 자연히 길이 생기는 법이다.

　인생에 신앙이 없으면 마치 갈 길을 모르는 배와도 같다. 완전무결한 사람, 일, 사물, 이치는 영원히 없다. 현실을 그대로 받아들이는 방법을 배워야 한다. 순풍에 돛단 듯이 그렇게 쉬운 일은 없다. 마음먹은 대로 뜻이 이루어지는 일은 더욱 불가능할 것이다. 인생의 길은 언제나 우여곡절이 많다는 것을 달게 받아들여야 한다. 꼬불꼬불한 길 그 자체가 바로 인생의 길이다.

　수행하는 것과 인간으로 성공하는 것은 똑 같은 이치이다. 사리에 밝으면 길은 환해지기 마련이다. 우선 사리가 밝아야 한다. 그러나 사리가 밝다고 해서 걸음을 걷지 않아도 되는 것은 아니다. 사리가 분명하면 드디어 걸음마를 떼는 것이다. 만약 실질적인 수행 없이 이론에만 의존한다면 영원히 자성自性을 깨닫지 못한다. 형이하적인 부분은 도리로 깨달을 수 있다고 하여도, 형이상적인 것은 실질적인 수련 없이 철저하게 깨달을 수는 없다.

수행과 선지식 修行與善知識

  수행은 어떠한가? 마음도 보지 않고 좌선도 하지 않으며, 열심히 일에 몰두하게 되면 마음은 편안하다. 만약 일이 생기면 처리하면 되는 것인데, 양쪽에서 떠밀어 미루면 시비가 생기고 번뇌가 범접하고 사태가 커지며, 접수하고 받아들이면 저절로 사라져 버린다. 잡지도 버리지도 않으면 절정에 도달한다.
  그러나 우리들의 생활은 어떠한가? 체면에 매달려 있고 호승심을 떼어버리지 못하며, 돈벌이에 수단과 방법을 가리지 않고, 앞날에 대한 희망을 더욱더 버리지 못하고 있다. 언제나 선택의 갈림길에 서있으니 당연히 번뇌가 많을 수밖에 없다.
  수행이란 것은 단지 여기에만 그치는 것이 아니다. "삼세의 모든 여래들은 보리의 모든 행원行願이 가장 훌륭하다." 다만 쉼 없는 끈질긴 노력과 인내심만이 보살의 길을 행한다고 말할 수 있다. 원만하게 보리의 성스러운 성과를 얻으려면 유일한 방법은 바로 행원이다. 삼세의 모든 여래들이 이룩하신 방법이 바로 이것이다.

첫째는 식견이고 둘째는 수증修證이며 셋째는 행원行願이다. 행원을 통하여 과위果位가 비로소 원만해질 것이며, 느낀 바와 증득한 경계가 행원을 거쳐야만 온건하고 튼튼해질 것이다.

3장 12부의 경문을 거침없이 얘기할 수 있는 사람이라 할지라도 명심견성이 없다면 그냥 육도윤회 중에 머물러 있게 될 것이며, 선지식은 더욱 논하지도 못할 것이다. 여기서 말하는 선지식이라는 것은 바로 깨우쳐 겪고 지나온 사람을 말한다. 들어갔다가 다시 나와야만 선지식이라고 할 수 있다. 단지 들어가기만 하고 나오지를 못한 사람은 선지식이라 할 수 없고 수행하고 있는 자라고 할 수 있다.

참화두 參話頭

무엇을 참화두[8]라고 하는가? 우선 화두란 무엇인가를 알

---

[8] 화두를 참구(參究)함, 즉 화두를 깊이 연구하여 지혜를 여는 일. 이에 비해 간화두는 화두를 지켜 보기만 하면서 흩어진 마음을 수

아야만 참화두의 의미를 알게 될 것이다. 일념도 생기지 않음을 보고 화두라고 하고, 일념이라도 나타나면 화미話尾라고 한다(이는 상근기의 사람들이 참여하는 화두이다)

상상근기에서 참하는 화두는 또 다르다. 일념으로 서로 이어나가면서 영원히 끊이지 않고 염송을 지키는데, 옥죄이지도 늘어지지도 않으며, 차갑지도 뜨겁지도 않으며, 얻지도 버리지도 않으며, 깨끗하고 명확하며 또렷하게 보면서 종국에는 일체로 융합이 되어야만 상상화두上上話頭라 할 수 있다.

화두를 보는 것과 화두를 참參하는 것의 차이점은 무엇인가? 화두를 보는 것은 정定에 치우치고, 화두를 참하는 것은 혜慧에 치우친다. 화두를 보는 것(간화두)은 의정疑情이 없는 것이고(다시 말해서 지켜보면서 흩어진 마음을 수습하는 것), 화두를 참하는 것은 의정疑情을 가지고 공을 들이는 것(參이란 속으로 깊이 연구를 한다는 뜻)으로, 역시 공을 들여서 한 문제를 깊이 연구한다는 것이다.

화두를 보는 것은 바로 그것을 지켜보되 심혈을 기울여서 사색하지는 않는다. 흔히 먼저 화두를 보고 화두를 잡은 후에 화두를 참한다. 그래서 화두를 잡을 수가 없다면 머리가 혼잡해진다. 그런데 참화두를 어떻게 할 수 있겠는가?

습하여 안정을 취하는 것을 말한다.

참화두라는 것은 두뇌를 포기하고, 문자, 언어, 형상 등을 모두 포기하고, 마음으로 정定으로 각조覺照로 공령空靈으로 참하면 혜광慧光이 번쩍하면서 바로 답안이 나타나는 것이고 분명하게 알게 되는 것이다.

만약 각조覺照를 올려서 공을 들인다면 무슨 참화두가 필요하겠는가? 일상생활의 먹고 싸고 하는 모든 의식주는 바로 공을 들이고 도를 닦고 있는 것이다. 만약 세속의 재색명리財色名利와 한 덩어리가 되었다면 그가 바로 도道와 동일체로 된 것이다.

🪷 선과 정 禪與定

일념도 생기지 않은 것이 정定이지만 선禪은 아니다. 그러나 정정正定9)은 아니고 사정邪定이며, 지혜가 열린 것은 더구나 아니다. 관조하는 마음이 있어야만 비로소 정정正定이라고 할 수 있고 정선正禪이라고 할 수 있다.

진정한 관조는 마음속으로의 사문사답이 아니다. 무릇 언어 문자에만 공을 들이고, 형상에만 공을 들이며, 또한 심

---

9) 정정正定 : 8정도의 하나. 산란한 생각을 여의고 마음이 바르고 안정된 것

의식에다 공을 들인다면 외도外道이다. 다만 심의식(마음과 의식)을 던져야만 공을 들인다고 할 수 있고 비로소 각조가 나타나게 할 수 있다.

정력定力이란 무엇인가? 얻지도 버리지도 않고 따르지도 혼잡하지도 않는 것을 말한다. 정경定境이란 무엇인가? 이를테면 정定가운데 나타나는 현상을 경계라고도 하고 정경定境이라고도 한다.

공안公案을 참參하고 화두를 보며 염불을 하는 모든 것은 정력에 의탁한다. 경계에 끌려 다니지 않으려면 오직 정력定力이 작용할 때만이 가능한 것이다.

현시대의 수행자들이 입정할 때 가장 좋은 방법은, 바로 실제 행동하는 가운데서 정定을 닦는 것이다. 실제 행동에서 닦아온 정定은 어떠한 문제에 봉착했을 때에 어느 정도 작용을 발휘할 수 있지만, 조용한 정靜중에서 닦아낸 정定은 일단 문제가 생기면 보잘 것 없는 정력이라서, 결국 그 일에 말려 들어가 버리고 만다. 즉 정경定境에 몰입되고 만다. 때문에 정경은 사람들로 하여금 기고만장하게 할 수 있고, 산만하게도 할 수 있으며, 사람을 미치게도 하며, 오만심을 낳게도 하며, 인과응보를 믿지 않게도 만든다.

명심견성과 신통력이 나타나고 지혜의 문이 열리는 모든 것은 정력에 따르는 것이지 정경은 아니다. 만약에 정력定力

을 기초로 하여 정경에 몰입한다면 또 다른 풀이가 될 것이다.

🕉 식견 見地

좌선시간이 남보다 더 긴데 왜 효력이 없는가? 그것은 식견이 명확하지 못하기 때문이다. 이치가 명확해야만 가는 길이 밝게 보일 것이다. 네가 한 번도 마음을 한 곳으로 집중을 못해봤고, 더군다나 어지러운 마음 그대로 좌선하였기 때문이다. 하물며 너는 전혀 신심이 없는 사람이다. 수행과정에서도 계속 자신을 의심하고 스승을 의심하며, 수행자체까지도 의심하기에, 꾸준한 마음 없이 할 듯 말 듯 건성건성 세월만 보내서 그렇다.

그리고 사적인 마음이 지배를 하여 재색명리를 모두 얻으려 하면서도 불과佛果에 대한 욕심은 더 많다. 항상 머릿속에서는 아주 보잘 것 없는 문제들만 생각하고 있고, 아는 것이 너무 많아 미리 회진이 빠르며, 어디에서나 다른 사람들 보다 더 우쭐하고 한 번도 져주기를 싫어한다. 네가 자비심이 없고 대원大願을 발한 적도 없기 때문에 이러한 동력이 생겨날 수가 없다.

스승을 만나는 날에만 도道를 생각하고, 스승의 곁을 떠나면 명예와 이득, 아들 딸, 부부, 좋은 옷, 좋은 가구들만 생각할 뿐이다.

🌀 부처님을 믿는 것과 부처님 공부하는 것은 다르다 信佛和學佛是不同

수행하는 것과 사람이 되는 것, 일을 하는 것 등 모두를 반드시 스스로 체험해야 한다. 온 몸으로 절실하게 경험한 이들만이 그것을 논할 자격이 주어진다. 그렇지 않고서는 단지 추측, 예상 또는 상상에 불과할 뿐이다.

믿으려거든 완전히 굳게 믿어야 하고, 수행을 하려면 진정으로 꾸준히 수행해야 한다. 부처님을 믿는 데는 체험이 필요 없다. 부처님을 배우는 것은 곧바로 부처님을 체험하는 것이기 때문이다.

부처님을 믿는 데는 다만 부처님이 계시다는 것과, 지옥과 천당이 있고, 윤회와 인과응보 등이 존재하고 있다는 점을 인정하면 그것으로 족하다. 그러나 부처님 공부를 한다는 것은 이것뿐이 아니다. 부처님 공부는 부처님을 믿는 것도 포함되지만, 부처님을 믿는 것에는 부처님을 공부하는 것이 포

함되지 않는다. 부처님을 믿기만 해서는 영원히 부처님이 될 수가 없다. 부처님 공부를 하면 끝에는 필히 부처님이 된다. 부처님 공부를 하면 지금 곧 부처님이시다. 즉 부처님이 공부를 하고 있다는 뜻이다.

당신은 부처님 공부를 원하는가? 내가 권하고 싶은 것은 부처님을 믿기만 하라는 것이다. 믿는 것은 쉽지만 공부는 아주 어렵다. 부처님의 아량을 배우고, 부처님의 지혜, 부처님의 언행, 부처님의 자비심, 부처님의 정신,…, 등등 빠짐없이 다 배워야 할 것이니, 어렵고도 어려운 것이다.

세계가 동란하는 것은 모두 우리들의 마음이 동란하기 때문이다. 세계가 소란스러운 것도 우리들의 마음이 소란스럽기 때문이다. 세상의 모든 것은 다 우리들의 마음속에 비치는 그림자이다. 마음속으로부터 동란이 생기고 소란스럽고 역시 싸우기 때문에 그것이 사회로 비춰져서 이런 일들이 생겨나는 것이다. 마음을 편히 하고 온화하게 모든 심력을 집중하면 세상의 혼란에 아무런 영향을 받지 않을 것이다. 이렇게 되면 수련도 진전이 아주 클 것이다.

🌏 진리는 종족과 종교를 초월한다   眞理超越種族和宗教

　진리는 도를 깨우친 이들에게만 있는 것이 아니라 도를 깨우치지 못한 이들에게도 있다. 일단 어느 누구를 완전하게 따르고 그에게 순종한다고 하면, 더는 진리를 추구하지 않겠다는 뜻을 의미한다.
　진리는 종족이 따로 없으며 종교도 따로 없다. 진리는 모든 인류에 속한다. 때문에 궁극적인 진리를 깨달으려고 한다면, 혹은 진정한 쾌락을 얻고자 한다면 반드시 종교신앙을 초월해야 할 것이다. 종교 자체도 어느 정도 한계성을 갖고 있다. 오직 한계성을 초월해야만 비로소 드넓은 진리를 하나로 통합시킬 수 있을 것이고 결국에는 해탈의 맛을 보게 될 것이다.
　진정하게 깨달은 분들은 모두 자기의 심경을 드러내놓고 말을 한다. 그의 마음과 진리는 동일하기 때문이다. 그는 그냥 딱딱하게 경전의 경구를 옮겨 놓는 말을 하지 않는다. 그는 이미 진리를 경험했기 때문에 얘기하는 것은 모두 '나의 심경'인 것이다.

❸ 나와 무아　我和無我

그러면 여기서 말하는 '나'라는 것은 도대체 무엇인가? 사실은 '내가 누구인가' 하는 것은 별로 중요하지 않다. 중요한 것은 우선 자신의 몸에 배어 있는 습성, 결함, 욕망, 망념 따위의 첨가물들을 깨끗이 벗겨내는 것이다. 그러면 '진아' 가 비로소 자연히 드러나게 된다. 보석이 들어 있는 광산을 발견하기는 어려운 일이 아니지만 먼저 겉에 덮여있는 흙을 벗겨 내는 것이 더욱 중요하다.

무아란 무엇인가? 주관의식과 객관의식이 없으면 바로 무아의 경계에 도달하는 것이고, 본래의 참모습이 나타나게 된다. 바로 이런 첨가물들 때문에 우리들의 원래 면목들이 덮여 감춰지고 있는 것이다. 사람들은 늘 이러한 상태에서 살고 있는 것이다. 지난날을 추억하고 미래를 갈망하면서 오늘을 그저 스쳐 보내는 것이다.

❸ 현실에 충실하여야 도를 깨우친다　活在當下

성인들의 풍채와 도량, 선자禪者의 풍모와 재능은 지난날을 되돌아보지 않고 미래도 갈망하지 않으며 오직 현재에만 충실히 하는데서 이루어진다.

현재에 충실하게 살면서도 현재에 너무 집착을 하지 말아야 한다. 과거 현재 미래가 모두 비어있을 때 몸과 마음의 안팎은 비로소 질적인 비약을 가져 올 수 있다. 이러한 첨가물들을 모두 제거하고 나면 우주의 거대한 에너지가 비로소 당신과 융합이 되어 하나로 될 것이다.

삼제三際[10]는 사람들의 두뇌가 만들어 낸 것이기 때문에, 성공과 실패, 좋은 것과 나쁜 것, 옳은 것과 그릇된 것, 사랑과 미움, 가난과 부유 등등 모두를 포괄한다. 도를 깨친 이들은 두뇌가 작용한다. 즉 본래 면목이 작용할 것이고, 육근의 작용은 즉 바로 본래 면목의 현현顯現이다.

현재를 충실히 살아가고 있는 사람들이야 말로 부유한 사람들이다. 그렇지 않다면 모두가 심력을 소모하고 체력을 소모하여 마지막에는 빈껍데기만 남은 후 비로소 명사에 의지하고 부처님께 의지하게 된다. 인생의 대부분은 모두 각양각색의 욕망을 만족시키는 일에 소모되는데, 이런 것들이 바로 수행을 하는데 가장 큰 걸림돌이 되는 것이다. 이런 것들이 결국 체내의 모든 에너지를 깡그리 소모시키고 만다. 그러나 참화두나 각조覺照와 관상觀想 등은 에너지를 소모시키지 않는다.

---

[10] 삼제三際 : 과거 현재 미래, 즉 시간과 공간의 개념

31 정기신은 개정의 에너지이다　精氣神是開頂的能量

에너지를 가장 많이 소모하는 것은 바로 욕망이다. 종교에서는 무엇 때문에 도를 닦는 사람들로 하여금 금욕을 하도록 하는가? 로켓 발사원리를 놓고 보면 인체는 마치 로켓 발사대와도 같다. 중맥은 바로 로켓이 발사되는 통로라고 보면 된다. 신식神識이나 영혼은 위로 올라가는 로켓탄두와도 같다.

로켓이 어떠한 힘으로 창공을 올라가는 것인가? 그것은 로켓의 아랫부분에 연소할 수 있는 엄청난 에너지가 장착되어 있는데, 어떤 방법으로 로켓의 아랫부분에 비축된 에너지에 점화를 하여 일정한 정도로 연소가 되면 바로 로켓을 하늘 위로 쏴 올릴 수가 있다. 만약 로켓의 아랫부분에 충분한 에너지가 없어서 폭발되지 않거나, 혹은 힘이 부족하면 미사일이 하늘로 올라갈 수 없을 것이다.

이 원리를 인체에 비유하면, 체내의 정기신精氣神이 바로 연소하는 에너지인데, 수련자가 욕정을 과도하게 하면 개정(성수리가 뚫림)을 할 수 없게 된다.

체내의 정기신이 어느 정도 비축되어 있고, 또 한창 위로 올라가는 시기에는 온 몸이 불덩어리처럼 뜨거워지고, (아래로 내려갈 때에는 성욕 충동이 일어남) 정수리가 불창이 되면서 터질 것 같으며, 종소리, 북소리, 악기소리, 번갯불, 우레소리가 나고, 투시되어 보이기도 하고 아득히 멀리 보이기도 하다가, …, 정수리가 열리면 통로가 되는데, 눈을 감으나 눈을 뜨나 모두 만리가 화창하며 완전히 망아忘我적인 동일체가 된다.

그러나 개정이 되기 전에는 온 밤을 지새도록 꿈속을 헤매며, 낮에도 꿈속에 있는데 온통 빛과 그림자만 아른거리기를 반복한다. 바로 이때는 주위 사람들에게 정신이상환자라고 오인 받게 된다. 또 지나치게 집착을 해서 놓아주지 않는다면 진짜 정신이상 환자가 될 수도 있는 것이다.

사실 욕망이라는 것은 영원히 만족을 모른다. 하나의 욕망을 만족시키면 바로 새로운 욕망이 생겨나기 마련이다. 이렇게 끊임없이 반복하면서 욕망을 위해서 살고 욕망에 쫓기게 되는 것이다. 다른 사람들의 눈에 들게 하고 인정을 받으려 하는 것은 오직 자신의 욕망을 키울 뿐이고, 자아를 잊어버리게 한다. 현대인들은 아주 듣기 좋은 명사를 만들어서 그것을 이상이라고 부른다. 곰곰이 분석을 해보면 이상과 욕망은 다른 점이 없다. 또 근본적인 구별점도 없다. 그렇다면 욕망을 끊어버리려면 어떻게 해야 하는가? 가장 좋게는 바로 사물을 어떻게 보느냐 하는 방법을 얻어 지녀야 할 것이다.

도를 깨치지 못했는데, 어떻게 깨친 사람을 이해하겠는가?
未悟道之人 怎能理解悟道之人

도를 깨친 사람들은 어떻게 사물을 보는가? 그들은 시시각각 내적인 각지覺知를 유지한다. 사물을 환하고 뚜렷하며 명확하게 보지만 사물에 대하여 분별을 하지 않는 것이다. 서로 비교도, 따지지도, 계산도 하지 않는다. 사물은 그냥 사물이고 아무런 속성이 없는 것인데, 일단 사물에 대하여 정의를 내린다면 곧 바로 좋고 나쁜 것이 가려지게 되고, 선과 악이 뒤를 따를 것이며, 시와 비가 붙어 다니게 될 것이다.

그러나 우리 보통 사람들은 바로 정 반대이다. 인간이 복잡해지는 원인은 사물에 대하여 지나치게 분별하기 때문이다. 혹은 우리들이 사물을 시시각각으로 각지하며, 또한 사물을 분별하지 않으면서 살아가는 방법을 배운다면 인생은 어떠할까? 실험해보기 바란다.

사물에 대해 각지만 하고 분별하지 않는 것은 일종의 단순한 마음이다. 오로지 이런 단순한 마음만이 입도入道할 수 있다. 재색財色과 명리가 우리의 마음을 차지하고 있으니 생활이 어찌 힘들지 않을 수가 있으며, 또 어떻게 단순하고 순수한 마음이 될 수가 있겠는가?

우리들은 필경 범부들인 만큼 — 도를 깨친 후에는 받아들이지도 않고 거절도 하지 않으며 응대도 안할 수가 있겠지만 — 도를 깨닫기 전에는 여전히 사유관思維觀이 필요한 것이다. 즉 정념正念을 말한다. 사유관을 통하지 않는다면 정력이 생겨날 방법이 없으며 불성佛性을 볼 수도 없을 것이다.

도를 깨친 사람들에게는 번뇌가 바로 보리이다. 육근六根이 날면서 춤을 출 때 바로 화신이 나타남을 말한다. 그러나 깨치지 못한 사람들에게는 번뇌는 그대로 번뇌이고, 육근은 바로 여섯 가지 사악일 것이다. 지금 불교 공부를 하는 사람들은 언제나 조사님들이 깨친 사상을 자기의 몸에 맞추려고만 하고, 깨닫기 전의 말씀들은 자기한데 적용시키려고 하지 않는다.

그러나 깨닫지 못한 사람은 절대로 깨달은 사람들의 사상 행위를 본받지 말아야 한다. 그러면 자신의 불교공부를 하는데 절대로 도움이 안 된다. 조사님들의 어록을 볼 때는 깨닫기 전과 깨달은 뒤를 갈라서 봐야 한다. 깨닫기 전에는 어떻게 수련을 하였고, 깨달은 후에는 어떻게 하였으며 어떤 말씀을 하였는지를 잘 배워야 한다.

무심과 념 念與無念

도를 깨닫지 못한 사람들에게는 염念이 아주 중요하다. 일념도 생기지 않는 것은 정定이지 선禪은 아니며, 또 결국 선禪도 안 된다. 선은 염이 있어야만 닦는다. 일념도 생기지 않는 결과는 무엇인가? 뻔한 일, 즉 무심無心이다. 무심으로 어떻게 관조가 되겠는가? 또한 관조도 없이 어떻게 명심明心을 할 수 있겠는가?

"무심無心을 일컬어 도道라고 하지 말라, 무심은 마치 첩첩 관문이 놓인 것과 같다." 때문에 우리들이 명백히 알아두어야 할 것은 무념이나 무심을 추구하는 것이 수행이 아니라는 것이다.

망심과 각지 妄心和覺知

망심妄心이란 무엇인가? 육근六根이 육진六塵에 대해 나타내는 분별심이 곧 망심이다. 망심을 없애려면 육근을 닫아야 한다. 일단 육근을 닫으면 망심은 소멸되고 정력定力이 생긴다. 정력이 있으면 분별이 있어도 또한 분별이 없게 되며, 분별이 없어지면 각지覺知가 나타난다. 각지가 있으면 경지에 이끌려 들어가지 않는다.

각지는 마음의 의식인가? 그렇다. 바로 마음의 의식이다. 불문에서 "마음의 의식을 떠나서 참參을 하라"는 말이 있듯이, 머무르지 않는 것은 곧 떠남이고, 깨어나지 않음은 곧 머무는 것이다. 깨어남과 떠남은 모두 망이다. 망을 왜 또 도라고 하는가? 도道라고 하는 것은 진眞과 망妄이 함께 존재하고, 망식이라는 것은 진眞이면서 또한 무無이기 때문이다. '진眞'이 무능하면 '망妄'은 유용하다. 경을 읽고 법을 설說하여 중생을 제도하는 데는 진과 망이 같이 존재하고 같이 사용된다.

견문각지見聞覺知는 묘명진심妙明眞心이 아니다. 그렇다고 묘명진심을 떠난 것은 아니다. 떠나면 단멸斷滅이고 떠나지 않으면 또한 망이다. 오직 견문각지를 따라서 쭉 앞으로 나가면 묘명진심妙明眞心을 얻을 수 있다. 만약 각지가 진심이라고 한다면, 사대가 흩어지면 진은 어디에 있단 말인가? 만약 각지가 진이 아니라고 하면 각지를 떠난 진은 또 어디에서 온다는 말인가?

좌선과 참선　坐禪和參禪

사실 모두 좌선 좌선 하는데 선禪을 어떻게 앉아 있는 좌坐에서 한단 말인가? 선은 참參에서 오는 것이고, 정定이야 말로 바로 좌坐에서 온 것이다. 엄격하게 말해서 정定이 어느 정도 되면 좌坐할 필요도 없다. 사경事境을 거쳐 자신의 정력을 연마하며, 더욱이 인人 사事 물物 리理적인 경의 인연을 거쳐서 선禪을 참하여야 한다. 따라서 참선은 관觀도 있고 조照도 있으며 각覺도 있고 지知도 있으나, 정定은 일념불생하며 분별이 없으며 선택할 것이 없다.

좌선을 하는 사람들은 늘상 흠이 있다. 소란한 환경을 싫어하고 사람들과 접촉하는 것을 꺼려하고 다른 일에도 참여를 하지 않는다. 자세히 분석해보면 아직까지 참선의 깊은 뜻을 이해하지 못해서 그러한 것이다. 사실 생활 가운데서 참선을 하면, 정定 중에서 참선을 하는 것보다 도를 깨우치기가 훨씬 낫다. 정定에서 하는 참선은 오직 한 가지 느낌밖에 없지만, 생활 가운데의 참선은 기상천외하고 천태만상의 느낌을 받을 수 있어 도를 깨우치는 세기가 썩 낳다.

🔹 참화두 參話頭

참화두도 역시 마찬가지이다. 참화두를 하려면 우선 화두를 잡아 일으켜야 한다. 화두를 제기하지 못하면 어떻게 참화두를 하겠는가? 그러나 어떤 때는 화두를 제기하지만, 그것이 반드시 참화두는 아니다. 마치 지관止觀처럼 보는 것을 멈춘다고 해서 능히 관을 하는 것이 아니다. 지止는 정定이고 관은 혜慧이다. 화두를 일으키고 화두를 참구하지 않으면, 단지 정定을 얻었을 뿐 깨달음은 얻지 못한다.

이른바 '내려 놓는다'는 것은 속세의 명예와 이득 따위들이지, 도를 갈구하고 깨달음을 얻으려는 도심을 내려놓으라는 얘기가 아니다. 만약 도심도 없애버린다면 어떻게 삼계를 초월할 수가 있겠는가? 삼계를 초월하는 것은 바로 마음 자체이다.

🔹 각조는 여전히 필요하다 提起覺照

도를 깨우친 후의 심성에 각조覺照가 필요치 않다는 것은 결코 아니다. 오히려 보다 더 각조하여 언제나 진여眞如를 체험할 수 있도록 해야 한다. 불성佛性을 찾아냈다면 반드시 시시각각 그를 체험해야 하고 제기해야 한다. 그렇다면 불성을 찾은 사람들은 언제 불성을 내려놓을 수가 있는가? 불성을 보고자 할 때마다 언제라도 볼 수 있는 경지가 되어야만 잠시 휴식을 취해 내려놓을 수가 있다. 불성을 찾은 후에 수십 년을 하루 같이 한 번도 떠난 적이 없을 때에야 감히 내려놓을 수 있다는 말이다.

생과 사를 끝내지 못하고 지혜의 문을 열지 못했다면, 불성이 영원히 끊이지 않도록 보증을 하며, 영원히 시시각각으로 각지를 제기해야 한다. 또 선종禪宗의 경계에 따라 삼관三關이 철저하게 파하기 전에도 진여불성을 내려놓아서는 안 된다. 불성이 보일 때까지 각지를 제기하여 삼관이 시원하게 개통된 후에야, 비로소 각지를 내려놓고 불성을 지켜보지 않아도 된다.

선禪은 두뇌를 초월한 뒤의 산물이지 두뇌의 작품은 아니다. 많은 사람들은 선을 사고하는 것으로 안다. 그러나 참선은 절대 두뇌로 연구하는 것이 아니고 두뇌를 포기해야 선을 닦을 수 있다. 바로 선조들이 말씀하셨듯이 마음의 의식을 던져 버리고 참구을 해야 한다. 단순히 선학에 관한 서서를 좀 읽었다는 것만으로는 절대로 선종을 논할 자격이 없다. 선학에 대한 얘기를 좀 하는 것쯤이야 눈을 감아 줄 수 있지만….

진여불성과 향상일로 眞如佛性和向上一路

진여불성은 전할 수 있는가? '향상일로'는 정말 전할 수 없는가? 이 둘은 한 가지인가 아니면 두 가지인가? 이 둘은 두 가지가 아니고 하나이다. 뿐만 아니라 분명히 전하지 못한다.

전할 수 있는 부분은 오직 기본적인 방법과 이념이다. 전할 수 있는 것과 말할 수 있는 것은 모두 제1의第一義가 아니다. 제1의는 자신이 직접 봐야 하고 직접 알아야 하고 직접 누려야 한다. 선문禪門에서의 공안公案과 기봉機鋒은, 곧 조상님들이 중생에 대한 성스러운 마음으로 슬기롭게 만들어 낸 문이 없는 문이고 법이 없는 법이다.

참선은 이러한 세 가지 단계를 거친다. 이를테면 산을 만났을 때 산이 산으로 보인다면 범부凡夫이고, 산을 만나도 산이 아닐 때는 참선의 과정 중에 있는 것이다. 그러나 한걸음 더 나아가 산을 만나 산으로 보일 때는 바로 참선 상태에서 벗어나 철저하게 깨였을 때이다. 옛 분이 말씀하시기를 "첫 10년에는 산을 보니 산으로 보였는데, 다음 10년에는 산을 보니 산으로 보이지 않았고, 마지막 10년에 산을 보니 역시 산으로 보인다."고 하였다.

쉽게 얘기를 하자면, 첫 10년은 심혈을 기울이면 무엇이든지 다 들을 수 있고, 다음 10년은 아무리 심혈을 쏟아 부어

도 아무 것도 들리지 않으며, 마지막 10년은 애를 쓰지 않아도 어떠한 것도 다 들을 수가 있다는 뜻이다.

그 원인은 첫 10년에는 머리를 쓰기 때문에 조금만 주의를 하면 두뇌효과가 나타나서 소리를 들을 수가 있는데, 다음 10년은 기능상태에 있기 때문에, 각조覺照를 제기하여 두뇌가 이미 존재하지 않게 되었다. 때문에 외계의 소리나 색깔이 각조에 방해가 되지 않는다(오직 두뇌만 방해를 받게 된다). 또 그 뒤 10년은 이미 원만하게 되어서, 심신 안팎으로 8만4천 모공 모두가 각조로 변하여 한 개의 투명체로 탈바꿈 되어 있기 때문에 자아가 존재하지 않는다. 공을 들이면 각조가 나타나고, 공을 들이지 아니하면 각조가 없어지게 되기 때문이다.

만약 정定의 상태에서 각조가 없다면 지혜는 영원히 나타나지 않을 것이다. 다시 말해서 진여불성이 영원히 나타나지 않을 것이다. — 첫 10년과 다음 10년은 반드시 각조를 제기해야 한다. 그러지 않으면 무기無記의 낭떠러지에 떨어지고 말 것이다.

참선하는 과정에는 반드시 염念이 있어야 참구參究를 할 수 있다. — 선종에서는 '의정疑情'이라고도 하며, '정념을 제기한다' 라고도 한다. — 뿐만 아니라 이 염念은 끊임없이 이어져야만 참구를 할 수가 있는 것이다.

법맥과 관정　法脈與灌頂

참선 중에 명사明師의 가르침도 아주 중요하다. 명사는 곧 종자이고 또한 햇빛이며 감로수이다. 관정灌頂을 받은 사람들은 이미 명사에게서 보리종자 한 알을 얻어 심어 놓은 것과 같은 것이다. 일단 인연이 성숙되면 종자는 햇빛과 감로수를 만나 싹이 트고 꽃이 피어 열매를 맺게 된다.

무엇 때문에 많은 중생들은 불법을 듣고 나서, 혹은 명사를 한번 만나면 바로 보리심이 생겨나는가? 그것은 전생에 이미 불법을 들은 적이 있고 명사에게 종자를 받았었기 때문이다. 귀의歸依와 관정灌頂은 결국 같은 것이다. 모두 명사의 힘이 연결되어 있는 것이고, 역대 조사님들의 힘과 부처 보살의 힘이 통하여 있기 때문이다. 왜냐하면 현존하는 명사들의 몸은 윗대 조사님들의 관정을 거쳤기 때문이다.

법맥法脈의 힘은 바로 이렇게 대대로 전해지는 것이다. 마치 모든 중생들의 몸에 자기의 부친, 할아버지의 유전자를 가진 것과 마찬가지다. 관정을 경과하지 않으면 법맥의 힘과 연결될 수가 없다. 그 원인은 그의 아뢰야식에는 이러한 기억(유전자)이 없기 때문이고, 아뢰야식 속에 이런 정보가 입력이 되어 있지 않기 때문에 아무리 수련방법을 가르쳐 주어도 별로 효과가 나타나지 않기 때문이다.

관정을 거친 후 마음속 깊은 곳에서 역대 명사들의 정보와 힘이 작용을 하여, 스승과 제자 두 사람은 마치 두 컵의 물과 같이 된다. 즉 관정하는 찰나에 두 컵의 물이 서로 같이 융합되어 일체가 되면서 피차 분간이 안 된다. 이렇게 되면 비록 몸은 스승과 제자 둘이지만 결국 한 사람이 되는 것이다.

무엇 때문에 모자지간에는 서로 잘 통하는가? 너에게 내가 있고, 나에게 네가 있기 때문이다. 다시 말하면 자녀는 부모의 변화신인 것처럼, 관정한 뒤의 스승과 제자도 역시 이와 마찬가지인 것이다.

일반인들의 신식神識은 그의 습성에 따라 머무른다. 생전에 음란한 사람의 사상은 생식기에 정지하여 있기 때문에, 죽은 다음 신식은 그 생식기로 나가서 축생도(짐승도)에 들어간다. 생전에 먹을 욕심이 많은 사람들은 그 신식이 배에 정지하여 있어서, 임종때 신식은 배꼽으로 나가서 아귀도에 들어간다. 오직 관정을 거친 신식은 불러 깨우쳐서 머리 끝까지 제기되고 정수리에 정지된다(대근기 사람은 관정하는 그 찰라에 정수리로 부터 나간다). 그러면 임종때 필연코 정수리로 부터 나가서 불국으로 살 수 있나. 불교 공부하는 사람들의 귀의와 관정이 이렇게도 지극히 중요하다.

법을 닦으면 법에 얽매이고, 법을 버림에 법에 매여 굴려진다. 법을 닦지도 아니하고 버리지도 아니하면, 즉시에 깨닫게 되니 바로 도다. 그 역시 무명無明이면 마魔요, 알아차리면 도다.

총괄하여 말하면 참선해서 도를 깨치는 것은 식견에 의거해야 한다. 명命대로 삶을 마치면 공을 이루지 못한 것이다.

2
명심
明心

명심과 견성   明心與見性

  우리가 우선 분명히 알아야 할 것은 명심과 견성의 관계이다. 명심이 무엇인가는 이론적으로 설명할 수 있지만, 견성의 방법을 알려주게 되면 도리어 견성할 수 없는 결과를 초래한다. 명심은 이론적인 것이고 견성은 실질적인 조예다.
  조예가 어느 정도까지 도달하지 못하여도 명사(明師:명심한 스승)가 가르쳐 줄 수 있지만, 그래도 견성은 하지 못한다. 예로부터 오늘날까지 수많은 자칭 명심견성을 하였다는 대덕들이 있었지만, 대부분은 명심한 스승이지 견성한 스승은 아주 드물다. 조예를 얻었어도 깊은 수련을 거치지 않으면 영원히 견성하기는 불가능하다.

애초에 육조 혜능께서 오조를 만나기 전에는 평범한 명심에 불과하였고, 완전히 깨달은 견성재능을 가진 자가 아니었다. 오조께서 야밤중에 그를 위해 『금강경』을 읽어 주셨는데, "마땅히 머무는 바 없이 그 마음을 내어야 하느니라"까지 읽었을 때, 육조가 비로소 확실하게 견성을 했다. 그 뒤에 동화산 일대에 은거하면서 15년간 수련을 하였다.

정력은 어떻게 닦는가? 修定力

불성을 보는 유일한 지름길은 바로 정력定力을 수련하는 것이다. 화두를 보고, 주문을 외우고, 경을 읽으며, 참선을 하는 모든 일들이 정력을 수련하기 위하여 기초를 닦는 것이다. 명심은 선지식善知識의 일깨움을 통하여 계몽작용을 하지만, 견성은 반드시 자신의 수련을 거쳐야 한다. 불성은 비었지만 있기도 하다. 명심한 스승은 고공무상苦空無常, 즉 때로는 고통을 느끼고 때로는 공을 이루어서 평안하지만 일정하게 유지를 못한다. 그러나 견성한 스승은 항상 슬기롭고 말끔하다. 이렇게 견성이 중요하지만 명심 역시 중요하다. 만약 마음이 바르지 못하고 투명하지 못하다면 성性도 결국은 최종경지에 까지 도달하지 못한다.

어떤 사람들의 명심은 수련에서 온 것이 아니라 들어서 온 것이다. 즉 다른 사람이 가르쳐 준 답안이다. '견성은 어떠한 정형인가?' 하는 것도 역시 다른 사람이 들려 준 이야기이다. 이런 사람들은 눈으로 불성을 볼 수도 없거니와 진여眞如를 직접 체험할 수도 없다. 삼계를 넘지 못하였으니 생과 사의 끝을 맺지도 못할 것이다.

첫 단계는 무엇부터 어떻게 공부를 할 것인가? 명백하고 뚜렷하게 매 하나의 시작 동기부터 알고 있어야 한다. 두 번째 단계는 모든 환상을 멀리 해야 하고, 세 번째 단계는 명심明心해야 하며, 네 번째 단계는 견성見性을, 다섯 번째 단계는 선천적인 근본 지혜와 후천적인 후득 지혜가 하나로 되는 과정이다. 여섯 번째는 루관(牢關)을 넘어 삼계를 초월하며 생사를 해결하고 개산 조사가 되어 중생을 제도하는 것이다.

완전한 수련과정은 모두 정력을 통하여 완성하게 된다. 정定이 아니면 선禪이 안되고, 선이 아니면 증도證道를 할 수 없다. 정력定力은 조용한 곳에서도 수련할 수 있을 뿐만 아니라, 실제 사회생활 가운데서도 똑같이 정력定力을 잃지 않고 보존하는 것을 배워야 한다(즉 動 중에서 定을 수련하는 방법을 배움)

정력을 수련하는 목적은 실제사회 생활에서 정력定力을 사용하자는 데 있다. 정定에서는 정定이 필요치 않지만, 정定이 있어야만 바로 정념正念이 생겨나고 정념이 있어야 증도를

할 수 있다. 움직이는 가운데서도 똑같이 고요한 정력을 유지할 수 있음을 말한다.

모두가 말하기를 입도하는데 가장 좋은 비결은 지혜가 있어야 한다고 하지만 보다 더 중요한 것은 정定이다. 정定이란 무엇인가? 경境을 잡지도 아니하고 버리지도 아니하는 것이 바로 정定이다. 정이 있으면 경에 딸려가지 않고, 경에 딸려가지 않으니 바로 여래가 되는 것이다. 여래가 바로 지혜인 이 아닌가? 아래에 나누어서 풀이를 해 보자.

정념 正念

정념이란 무엇인가? 섬세하고 혼잡하지 않은 것이 정正이고, 정신 차려서 졸지 않는 것이 염念이다. 그 뜻은 어느 한 가지 법을 전문으로 배우는 사람은 혼매함을 없애야하고, 꾸준히 중단하지 말아야 하며, 마음과 눈이 또렷해야 하고, 밤낮으로 한결같이 지속해 나가야 한다.

무엇 때문에 정력定力을 수련하기 어려운가? 모두들 정력을 수련한다는 말을 들으면, 다리를 꼬고 가부좌를 해야만 정력을 수련하는 것으로 안다. 정력의 수련이 안 되는 가장 근본적인 원인은 몸에 배인 습성과 흠이 너무 많아서 그렇다. 습성이 많으면 그만큼 번뇌도 많기 마련이다. 습성과 번뇌를 없애버리지 못하면 아무리 좋은 선정공부도 무용지물이 된다.

습성을 어떻게 타파 하는가? 혹은 계율을 지켜야 습성을 근절하는가? 설사 습성을 타파하지 않고서 견성을 하였다고 하더라도 삼계를 초월할 방법이 없다. 도피는 바로 억압이다. 무작정 습성을 피해가려고만 하지 말고 습성을 이용하여 습성을 버려야 한다. 그렇지 않으면 인연이 성숙되어 그 습성이 다시 돌아오고 만다. 중·하근기 사람들이 습성을 없애버리는 방법은 도피의 방법으로 없애고, 상근기의 사람들은 그 습성과 더불어 습성을 이용하여 습성을 근절시킨다.

습성과 번뇌를 근절하려면 계율을 지켜야 한다. 계율을 잘 지켜야만 습성을 근절할 수 있다. 삼계를 초월한 수행자들은 지켜야 할 계율이 없고 범할 계율 또한 없다. 삼계안에서는 지켜야 할 계율이 있고 범할 수 있는 계율이 있다. 삼계는 인과因果의 세계이고 오음五陰[111]이 세계이다. 오음은 없애려면 계율을 지켜야 한다. 습성번뇌가 있는 원인은, 바로 색色의 몸이 바뀌지 않아서 물체에 따라 변화가 오기 때문이다. 몸에 변화를 오게 하려면 먼저 계율부터 지켜야하고 마음이 결백해야 습성이 없어진다. 습성이 없어야만 정력이 평안히 안

111] 오음五陰 : 색色·수受·상想·행行·식識

정된다. 정력이 있으므로 새로운 업業을 만들어내지 않고, 업력이 없어야 다시는 삼계를 드나들지 않는다.

성인도 화를 낸다 開悟的人也發脾氣

어떤 사람이 말하기를 "성인들도 화를 내는가?" 한다. 도를 깨친 사람들은 이치적으로는 정력이 있고 습성이 없으며, 그런 사람들은 성깔이 없지 않은가?" 하는데, 사실은 옛적부터 깨달음을 가진 대스승들도 모두 다 화를 내곤 한다. 뿐만 아니라 깨우치기 전 보다도 화를 내면 몇십 배, 심지어 몇백 배나 더 무섭다.

그러나 그들이 화를 내는 것은 범부들과 다르다. 깨우친 사람들이 화를 내면 마치 사자가 포효하는 듯하여, 짐승들이 들으면 모두가 간담이 서늘해진다. 요귀를 쫓아내고 마귀를 없앨 수 있는 것은 바로 이러한 폭발력이 있기 때문이다. 보통사람들이 들으면 귀가 쩌렁쩌렁 울려서 모든 망념이 순식간에 사라지고, 고집이 센 중생들이 들으면 비로 아집을 개변시킬 수 있다. 이들은 앞에서는 화를 내지만 돌아서면 아무 일도 없는 상냥한 얼굴이고, 절대로 증오심이나 보복 같은 심리는 없다. 유순할 때는 어깨위에 올라가도 될 만치 부

드러운 점이 있는가 하면, 화를 낸다 하면 그 힘이 너무 강대하여서 어떤 힘에도 무너지지 않는다. 노목금강怒目金剛이 바로 이런 것이다.

공덕과 복보 功德與福報

어떤 사람은 "공덕과 복보는 어느 때 닦은 것인가?" 하고 묻는다. 깨닫기 전에 닦은 것은 복보이고, 깨달을 때 닦는 것이 공덕이며, 깨달은 다음에는 공덕과 복보를 동시에 닦는다. 깨달았다고 하여 모든 것이 구족한 것이 아니라, 깨달은 다음에는 무엇이나 다 같이 함께 닦는다. 그렇기 때문에 도를 깨달은 다음에는 무엇이나 다 얻을 수가 있는 것이다.

보통 수행하는 사람들이 시끄러운 일에 봉착하는 것을 아주 두려워한다고 한다. 이는 사실 잘못된 인식이다. 어떤 일이 다치면 심혈을 기울여 임하고, 일이 떠나가면 깨끗이 잊어버려야 한다.

심혈을 기울여 하는 것이 바로 선禪이다. 선禪이란 바로 마음을 오로지 한 가지 일에만 열중하는 것을 말하는데, 일심으로 만사에 임하면 만사가 쉽게 이루어지지만 만 가지 흩어진 마음으로써는 한 가지를 한다 해도 성공하지 못한다. 잡초를 없앨 때는 호미 끝에 심혈을 기울여야 하고, 나무를 할 때는 도끼날에 심혈을 기울여야 하며, 친구를 사귈 때는 진심으로 대해야 한다. 이렇게 오랫동안 견지를 하면 바로 무사도인無事道人이 될 것이다.

견성을 해도 반절　見性走完一半路

또 어떤 사람들은 "깨우치고 견성한 뒤에는 큰 일이 이루어져 공을 세웠지 않은가?" 하고 묻는다. 사실은 견성해야 반절의 길을 걸어 온 셈이다. 이어서 계속해야 할 것은 지속적인 정력定力 수련이다. 사람·사물·이치 등을 이용하여 정력을 수련하고, 정력을 이용하여 습성과 번뇌를 근절해야 한다.

생생세세의 아뢰야식 가운데, 저장된 습성과 번뇌는 명심견성이 아니고는 순식간에 없앨 수가 없다. 업력 역시 습성에서 온다. 업력의 견인牽引은 바로 습성의 견인이다. 명심견성한 사람이라 하더라도 똑 같이 재색명리財色名利의 욕심이 생겨난다. 다른 점이라면 생겨났다가도 돌아서면 바로 깨어나는 것이다.

때문에 명심견성을 엄격히 구분한다면 도위道位(도의 자리)

를 보아낸 것이고, 다음 단계가 도위를 닦는 것이며, 마지막이 바로 도위를 증명하는 것이 된다. 이론은 문뜩 깨닫지만 실상 그 기능은 점차적으로 닦아야 한다. 능력을 연마할 때에 마음이 색·소리·향기·맛·촉각에 머물지 않는다면 절대로 마경에 빠져들어가지 않을 것이다.

보통 대부분의 사람들이 모두가 무의식 가운데서 이러한 것들을 좋아하기 때문에 귀신에 집착하게 된다.

심적 행위에 변화가 오면 능력은 분명히 상승하기 마련이다. 다시 말하면 진보가 없는 원인은 심적 행위가 진정한 변화를 가져오지 못했기 때문이다. 진정으로 수행을 하려고 하면서도 왜 심리를 개변시키지 못하는가? 도를 닦고 입문을 하려면 가장 먼저 해야 할 것이 바로 심적 행위를 바꾸는 것이다. 그 다음에는 어떠한 방법을 빌려서 수련을 하면 된다.

명심 견성은 수행의 시작　明心見性是修行的開始

무엇 때문에 명심견성 이후에야 수행이 시작된다고 하는가? 고등학생이 대학교에 입학을 하면 대학생이 되는 것인데, 왜 또 4년 동안 공부를 해야만 하고, 심지어 더 오랫동안 공부를 해야만 대학 졸업장을 얻을 수 있는가? 대학교 신입생도 대학교 졸업반도 모두 같은 대학생이라고 칭할 수 있는가? 십여 년 동안 해 온 노교수와 갓 올라온 교수를 같은 수준이라고 할 수 있는가? 이는 다른 것이다.

우리는 마땅히 다음과 같은 법칙을 파악해야 한다.

법신法身을 해결하지 못하면 도를 깨우쳤다고 할 수가 없으며, 보신報身과 화신化身이 없으면 진정한 부처가 아니고 설법하는 자가 아니다. 참말하는 자는 가는 곳마다 있으며, 또 어떤 곳에 가더라도 설법하는 자가 모두 다 있다. 깨닫지 못했다고 말하는 자는 보지도 못했고 듣지도 못했다.

迷則是八識 미 즉 시 팔 식	어리석으면 팔식이요
悟則如來藏 오 즉 여 래 장	깨달으면 여래장이다.
念无好壞 념 무 호 괴	염念에는 좋고 나쁜 것이 없으나
住卽壞 주 즉 괴	머무르면 나쁘고
起而无住 기 이 무 주	염이 일어나도 머무르지 않으면
念自滅 념 자 멸	자연히 소멸된다.

聖人起念能破念 성 인 기 념 능 파 념	성인은 염을 일으키면 타파할 수 있지만
凡夫起念被念轉 범 부 기 념 피 념 전	범인은 염을 일으키면 염에 얽매인다.

修而不解邪見多 수 이 불 해 사 견 다	닦았지만 깨닫지 못하니 사견이 많아지고

解而不修非眞解 깨달아도 닦지 않으면 진정 깨달음이 아니네
해 이 불 수 비 진 해

妄起生境境生妄 망념 일면 경계 생기고 경계는 망념 낳네.
망 기 생 경 경 생 망
妄是眞心生妙用 망념이 진심이니 묘용을 낳는구나.
망 시 진 심 생 묘 용

是空非空乃无住 공은 공이 아니라 머무르지 않는 것이고
시 공 비 공 내 무 주
是相卽有不住空 상은 유이니 공에 머무르지 않는 것이네.
시 상 즉 유 불 주 공

是空若住空也有 공에 머무르면 공이 유가 되고
시 공 약 주 공 야 유
是有无住有也空 유에 머무르지 않으면 유도 공일세.
시 유 무 주 유 야 공

空有未生用 공과 유는 쓰임을 내지 않으니
공 유 미 생 용
實爲幻中生 환상이 만들어 놓은 것이고
실 위 환 중 생
若是已生用 이미 쓰임이 생겼다면
약 시 이 생 용
實爲定中出 정定한 가운데서 나온 것이다.
실 위 정 중 출

妄念息處是眞如 망념이 사라지니 바로 진여眞如라.
망 념 식 처 시 진 여
眞如起用需六根 진여를 사용하는 데는 육근이 필요하네.
진 여 기 용 수 육 근

妄自本淨何需滅 망념은 원래 맑거늘 왜 멸코자 하는고?
망 자 본 정 하 수 멸
若言有滅是有住 멸한다고 말하면 곧 머무름이 있는 것이네.
약 언 유 멸 시 유 주

누구를 제도하려 하는가 度誰而來

살아 있는 사람을 제도하려 하였더니 출생도 하지 않았고, 죽은 사람을 제도하려 하였더니 죽지도 않았다. 그럼 당신은 누구를 제도하려 하는가? 수행은 나 자신이 필요해서이고 다른 사람이 원해서 하는 것이 아니다. 도대체 무엇이 필요한가? 바로 법法·보報·화化의 삼신三身이다. 법法은 이론을 모은 것이고, 보報는 깨달음이며, 응화應化는 완전히 공덕으로 수련한다.

정토淨土는 오는 것은 오는 것이지만 떠나는 것은 떠나는 것이 아니다. 사실 마음속의 정토는 오지도 가지도 않으므로, 오고 감은 모두 진상이 아니다. 그 멋진 풍광風光은 워낙 움직이지 않는 것이다.

염에 따라 돌지 않고 경지에 따라 움직이지 않으며, 염이 일면 바로 알게 되는 것이 곧 선종에서 말하는 '각지覺知'이다.

아름다운 것과 추한 것, 좋은 것과 나쁜 것, 이 모든 것은 의식에서 오는 상막삼이나. 아듬나운 섯과 추한 섯, 좋은 섯과 나쁜 것은 그 어떤 나라나 어떤 역사 단계에나 각기 다른 정론이 있기 마련이다. 일단 내재적인 근원에 들어가면 모든 일체는 일종의 존재인 것이다.

고명한 스승의 태도 金剛面菩薩心

묻는 물음에 바로 답을 해 주는 스승은 고명한 스승이라고 할 수 없다. 묻는 말에 바로 답을 해주면 학생들에게 조용히 사색하는 능력이 영원히 나올 수 없다. 사색하지 않으면 지혜의 문이 열릴 수가 없다. 가르침을 줄 때 가끔 금강金剛과도 같은 얼굴을 보여 줄 필요가 있다. 그래야만 학생들이 깊이 생각을 하고 문뜩 깨어날 수도 있는 것이다. 다시 말하면 보살의 마음에 금강과 같은 얼굴이어야 한다.

망념과 잡념 妄念與雜念

마음속에 망념이 분분하고 잡념이 몰려 들 때는 어떻게 해야 하는가? 각지가 끊이지 않으면 두려워 할 필요가 무엇인가? 영명가지靈明覺知가 출현하면 그의 오정은 반드시 망념과 잡념의 시련에 의거하여야 한다.

염불을 하고 경전을 읽으며 주문을 외울 때 마음이 산만해지면 목에 피가 터지도록 외워도 헛수고다. 염이 일어났다 사라지며, 염마다 분명하면 염이 있어도 무념이 된다.

여러 가지 모든 선법善法은 모두 수행의 조행助行이 되지

만, 유독 각조만은 정행正行이다.

青山本不動 청산은 끄떡하지 않는데
청 산 본 부 동
白雲任去來 흰구름만 제멋대로 떠돈다.
백 운 임 거 래
念念不停留 염마다 머무르지 않으니
념 념 불 정 류
念念則自滅 저절로 소실되기 마련이다.
념 념 즉 자 멸

「원각圓覺」 하나가 모든 법을 통하게 하는데, 세인들은 읽지 않으니 유감스럽기가 그지없다. 『원각경』은 수행자들이 반드시 읽어야 할 경문이고, 원각을 모르면 도를 어떻게 닦아야 하는지 방법을 모른다. 또 「능엄」을 모르면 어떤 것이 도인가 하는 것도 모르게 된다.

면면밀밀綿綿密密하게 쉼 없이 이어간다는 것은 무엇을 뜻하는가? '면'은 가늘고 길다는 뜻이니, '면면'은 '변함없이 오랫동안'이란 의미로 풀이된다. '밀'은 총총하다는 뜻이니, '밀밀'은 '앞과 뒤가 따로 없고 끊임없이'란 의미로 풀이된다. 하나의 일이고 두 개의 일이 아니라는 것이다. 쉼 없이 이어간다는 것, 그 뜻은 끊임없이 이어진다는 뜻으로, 구름같이 떠돌고 물같이 흐르는 것이다.

③ 심과 성 心與性

심心은 망妄이요, 성性은 공空이다. 3장 12부의 경전은 모두가 심성心性의 주해인 것이다. 분별이 있으니 경집境集이 마음에서 오고, 성은 또한 마음의 근원이다. 심은 성이요, 성은 체이다. 심성이 합하여 하나가 되어 쓰인다. 그러므로 체體·상相·용用 삼자가 실제는 하나이지 세 개가 아니다.

망심妄心을 밝히고 진성을 보면 생과 사는 순식간에 사라진다. 밝은 것은 진정 밝아지고, 보는 것도 진정 보인다. 밝으면 형상이 없고 보이면 성性이 진정 비었다. 체는 형상이 없는데 쓰임으로 나타나고, 상은 고정된 형태가 없으나 움직이면 바로 그 자체다.

명심明心은 상을 떠나고, 상을 떠나므로 견성見性을 한다. 견성을 하면 상이 비는데 상은 인연에 따라 빈다. 인연에 따르면 무아가 되고 무아면 진공이다. 진공이면 적적寂寂이요 적적이면 부동不動이다. 부동은 늠름하고 늠름하니 바로 부처님이시다.

심성을 알려면 우선 육근과 육진부터 알아야 한다. 경계를 보고 일어나니, 바로 심성이 마주 보인다. 일어남은 성이요 만남은 마음이다. 육근과 육진은 바로 심성의 그림자이다. 육근을 모르면 견성이 아니 되고 육진을 모르면 마음도 보이지 아니한다. 땅과 뿌리가 갈라지면 심성도 무용지물이 된다.

심과 성은 하나이지 둘은 아니다. 심성을 밝게 알게 하는 방편으로 일부러 심성을 둘로 갈라놓았을 뿐이다. 심(마음)은 싹이 되고 성은 뿌리가 된다. 뿌리가 없으면 싹도 없고, 싹이 없으면 뿌리도 보이지 않는다. 이것을 보고 싹을 따라서 뿌리를 찾는다고 하니, 뿌리가 있기 때문에 싹이 나오기 마련이고 뿌리와 싹은 본래 일체인 것이다.

성은 생명의 근원이고, 빛과 함께 다니면서 이곳에서 사라지면 저곳에서 또 생겨나게 된다. 생멸은 현상에 불과할 뿐, 뿌리(性)는 한 번도 생멸하지 않았다. 그는 만물의 어머니다. 법의 제재를 벗어나서 자유자재하는 것도 성이고, 죽었다 살았다 하는 것도 성이다.

성은 체體이고 마음은 상相이다. 체와 상이 화합하면 쓰임이 되는 것이다. 쓰임에 의해서 상이 되고 체가 드러나니, 체·상·용을 구분할 필요가 없다. 사용하지 않으면 마음(상)의 보이지 않고, 더구나 성(체)을 볼 수 없다. 가는 곳마다 쓰면 곳곳에서 볼 수 있고, 때때로 쓰면 때때로 볼 수 있는 것이다. 사람은 무어나 다 할 줄 알고, 인식이 있으면 무엇이나 다 인식할 수 있다. 깨닫지 못하고 알지 못하는 사람들은 이 치가 통하지 못해서이고, 깨닫고 아는 사람들도 끊임없이 공부를 해야 한다.

🕉 마음을 맑은 거울처럼 　心如明鏡

　마음이 거울처럼 환히 들여다 보일 때 자신의 마음에서 일어나는 하나하나의 생각을 똑똑하게 읽을 수가 있다. 마음의 생각을 읽을 수 있다는 것은 곧 자신의 마음을 지킬 수 있다는 것을 의미하며, 마음을 지킬 수 있다는 것은 주체를 할 수 있다는 것이다.
　마음에서 일어나는 염念을 그림자라면, 마음은 맑은 거울과도 같다. 그림자가 없으면 거울로 볼 수 없고, 거울이 없으면 그림자가 어디에서 비출 것인가? 마음과 성의 관계는 마치 거울과 그림자와의 관계와 흡사하여, 거울 밖으로는 그림자가 없으며 그림자 밖으로는 거울이 없다. 부처와 마귀의 관계도 이와 같은 것이다.
　그러나 말로 할 수 있다면 모두 진실한 도리가 아니다. 심성은 원래 비어 있는 것이니, 어찌 체와 상으로 쓰이는가? 있다는 것과 없다는 것은 모두 너의 필요 때문에 쓰인다. 만약 거울을 알고 그림자를 쫓을 수 있다면 우주만물은 모두가 아성我性의 나타남일 것이다.

돈오하면 점수하라 頓悟與漸修

선종이 극히 간단하고 쉽다고 하는 것은 일상 생활 속에서 매 한가지 사건마다 모두 선을 닦을 수 있기 때문이다. 일체 사물의 쓰임은 모두가 성의 현현顯現인 것이며 육통이 모두 발현한 것이다. 비록 선을 닦아서 문득 깨달았다 하더라도 점진 수련에 주력해야 하니, 오늘의 문득 깨달음은 모두 지난날에 점차적으로 닦아온 결과이고, 오늘날 닦아가는 것은 내일의 돈오, 즉 문득 깨달음을 맞이하기 위함이기 때문이다.

선은 소리없는 교육으로써 일상생활에서 닦아가는 것이 제일 중요하다. 문득 깨달음이나 지혜의 문이 열렸다고는 하면서도 일상생활에 사용하지 못하면, 깨달았다고 하거나 지혜의 문이 열렸다고 할 수 없다. 세속에서 수련을 하고 세속에서 깨달아야 하며, 세속에서 쓰여야 하고 세속에서 구현되어야 바로 불법의 정수라고 할 수 있다.

성공적인 인사人事는 사실 자체 그대로 나타남이다. 절대로 밀로써가 아니고 시혜로써도 아니고 유능해서도 아니다.

가르침으로는 선을 이해시키기에 부족하고, 이론으로써는 성공을 하지 못한다. 선은 수련하는 가운데 나타나고, 성공은 이룬 선을 수행하는 동안에 오기 때문이다.

이론만 치중해서 공부하는 사람들은 영원히 이치를 깨우치지 못하며, 더구나 사물을 인식하기는 어려울 것이며, 사물에서만 배우는 사람은 일처리를 원만하게 융통하기 어렵다. 이론과 사물을 같이 배우는 사람만이 일처리를 투철하게 융통하여 막히는 데가 없을 것이다.

물이 맑음에 달빛이 비춰 水淸月現

정토법에서 '아미타불'하며 하는 염불은 무상의 선법이다. '일심으로 흔들리지 않고 정념으로 지속해서 이어가며 하는 염불'이야 말로 선의 각조이다. 정념상속淨念相續, 각조불실覺照不失은 어찌 밀종에서 말하는 '이생에 바로 성취한다'가 아니겠는가? 선정밀禪淨密은 모두 태어나자마자 생사를 깨닫고 있거늘 무슨 귀천 구별이 있겠는가!

　선사들이 말씀하시기를 "헤매고 있을 때는 법이 사람을 좌지우지하고, 깨어 있을 때는 사람이 법을 좌지우지한다." 라고 했으니, 사람이 법을 만들어 낸 것이지 법이 사람을 만들어 내지는 않은 것이다. 사람이 사악하면 정법을 닦는다고 해도 정법이 사법으로 변하고, 사람이 올바르면 사법을 닦더라도 사법도 정법으로 변한다.

분별이 바로 집착이라, 집착이 있으면 그에 물려들어 감에 생사가 있게 된다. 분별이 없는 것이 정결이면, 정결함은 집착이 없다. 집착이 없으니 바로 불佛도 마魔도 없다. 즉 무상대정無相大定중에 있는 것이다.

无名可爲萬物 무 명 가 위 만 물	무명이 바로 만물이요
无體可爲萬體 무 체 가 위 만 체	무체 역시 만체라 할 수 있으니
有名有體 유 명 유 체	유명 유체는
是物非道 시 물 비 도	물체일 뿐이지 도는 아니니라.

부처님의 경계는 오지도 가지도 아니한다. 오기도 하고 가기도 하는 것은 망념의 소행이다. 마음이 청정한 자는 자연적으로 부처님과 상응한다. 부처님은 비록 앞에 나타났다고 해도 오고 감이 없는 것이다. 마치 하늘의 둥근 달처럼 하나일 뿐 천만 개가 아니다. 마음도 물과 같아서, 물이 맑음에 달빛이 자연히 비춰 나타나게 되는 것이다. 천갈래 강이 맑기 때문에 강마다 달빛이 어려 있다. 그렇다고 달이 천갈래로 나뉘어서 오고 가는 것은 아니다.

惟有家里人 유 유 가 리 인	오직 집 사람만이
方知家中事 방 지 가 중 사	집안의 일을 알 수 있거늘

若語門外漢	문외한이 상관한다면
약 어 문 외 한	
无疑定遭謗	두 말 많다 비방받네
무 의 정 조 방	

  명심을 하지 못하면 맹목적으로 닦았다 하고, 견성을 하지 못하면 헛 닦았다고 한다. 명심을 해야만 견성을 할 수가 있고, 견성을 해야만 수련을 시작할 수가 있다. 부처님 공부를 하는 사람은 명심견성이 이루어진 다음에야 습성을 단절할 수가 있는 것이다.

  지난날 성현들은 모두 먼저 깨달은 다음 수련을 하였다. 깨달음은 이론이고 수련은 행동이다. 이론은 문득 깨달음이고 행동은 점차적으로 닦아가는 것이다. 오랜 세월을 내려오면서 생긴 낡은 습성이 깨달았다고 해서 사라지는 것은 아니다. 모두 깨달음으로부터 수련을 시작하고 수련을 하면서 증도證道하는 것이다.

3
견성
見性

🪷 8개 층의 의식신 8層 意識身

　내재적인 각지에 들어가 보면 육신肉身이란 것이 얼마나 허황된 존재라는 것인지 이해가 갈 것이다. 백년도 못가서 소실될 것이고, 동시에 제2층의 의식신意識身을 감지할 수 있다. 제1층의 신체에는 안팎이 따로 있는데 제2층의 신체도 마찬가지이다.
　불조佛祖께서 말씀하시기를 사람은 8층의 의식신으로 구분되어 있다고 한다. 매 한 층의 신체는 마치 바람벽처럼 양면으로 나뉘어져 있는데, 그 신체는 시간과 공간을 뚫고 넘는다. 즉 다른 의식층을 뚫고 넘는다.

1층의 의식신   第1層 意識身

유독 제1층의 신체만이 진실한 몸이다. 실제로 말해서 매 한층의 신체는, 신체의 시간과 공간을 놓고 볼 때 모두 다 하나의 실체인 것이다. 이를테면 제 1층의 육신 자체를 놓고 보면 확실한 하나의 실체이다. 제2층(제2의 시간과 공간)의 신체를 놓고 보면 곧 허환불실虛幻不實(실체가 아님)인 것이다. 제2층을 제3층에 놓고 봐도 역시 허환불실인 것이다.

2층의 의식신   第2層 意識身

제1층의 신체를 뚫고 나가면 제2층의 신체를 보게 되는데 (이러한 때 당신은 그 중간에 있다), 그러면 아주 많은 자유가 있게 된다. 마치 밤에 꿈을 꾸는 듯이 자유자재로 제1층 신체가 있는 시공(사바세계의 장애를 받지 않는다)을 뚫고 넘어선다. 정좌靜坐를 하거나 또는 꿈을 꿀 때 신체를 떠나 앞에 나타나거나, 글공부를 배워주는 모든 것은 모두 제2층의 신체가 작용을 하는 것이다.

선정禪定이 깊어짐에 따라 자연적으로 제2층의 신체로 진입한다. 염만 조금 움직여도 곧바로 육신을 떠날 수가 있다.

왜냐하면 염 자체가 단독적으로 달성할 수 있기 때문이다. 육근의 작용은 바로 염에 의거한다. 수행을 하는 차례를 놓고 볼 때 제1층 육신의 돌파가 가장 어렵다. 육신은 바로 물질이기 때문이다. 육신이 물질세계를 떠난다는 것은 아주 어려운 데, 물질과 물질간에는 아주 강대한 흡인력이 있기 때문이다. 그러나 제2층 신체와 제1층 신체 간에는 서로 흡인력이 없다. 일반적으로 보면 신체가 휴식을 하여도 쉼 없이 작용하거나, 혹은 좌선할 때 갑작스레 눈앞에 나타나는 모든 것이 바로 제2층의 신체인 것이다.

제1층의 육신에 영향을 주고 정보를 접수하거나 혹은 암시를 주는 것은 주로 제2층의 신체가 한다. 일단 제2층의 신체가 접수를 하였다면 자연적으로 제1층의 육신에 반응을 하여 주게 된다.

가난과 부귀, 건강과 질병, 총혜와 아둔한 것들은 모두 제2층의 신체가 접수한 정보(다겁생에 접수한 것)들을 제1층의 육신에 반응을 준 것이다. 이것이 바로 무엇 때문에 자신감이 넘쳐나는 사람들이 쉽게 성공(진정한 자신감은 역시 스스로 자기를 잘 아는 것)하는가 하는 문제에 대한 답안이다. 자신감이 있는 사람들은 제2층 신체의 힘으로 제1층을 도와서 이루는 것이다. 보통 마음가짐을 고쳐먹고 생각을 바꾼다는 것도 바로 제2층 신체를 두고 말하는 것이다. 2층의 신체가 마음을 바꾼 다음, 다시 제1층 신체를 통하여 체현하게 하는 것이다.

제2층의 신체속으로 들어간 후에 제1층의 신체는 자연 사라지는데, 들어 갈 때 신체를 완전히 비우고 아주 들어가야 한다. 나올 때도 마찬가지로 아주 나올 것을 희망해야 한다.

3층 4층 5층의 의식신 3·4·5層 意識身

제2층 신체에 들어가면 제3층의 신체를 만나게 된다. 제2층 신체와 제3층의 신체는 아주 비슷한데 모두가 투명한 유리체琉璃體다.

제1층 신체로부터 제5층 신체까지 크기는 거의 동일하다. 바로 그들은 오근五根의 재현이기 때문이다. 제6층(의식의 몸)의 신체는 우주만큼 크고, 제7층, 제8층은 이미 우주의 크기를 초월하여 어떠한 고정적인 형상에 비유할 수가 없다. 크다고 하면 가히 우주도 포용할 수 있지만 작다고 하면 바늘 끝만한 것도 담지를 못한다.

🛐 6층의 의식신 第6層 意識身

 앞의 5층 신체의 진입은 마치 기계같이 방법의 변화가 그다지 크지 않다. 그러나 제6층 신체가 바야흐로 영적인 신체(7층 이상)에로 접근할 때는 (단 접근으로만) 다겁생에서 닦아 온 힘을 써야만 제6층의 신체를 초월할 수가 있다.

🛐 7층의 의식신 第7層 意識身

 제7층을 초월하는 것은 더욱 어렵다. 많은 수련자들이 모두 여기 제6층에 머무르고 있는데 그러면서도 아주 성취한 것처럼 생각하고 오인하는 경우가 비일비재하다. 앞의 6층은 사면팔방으로는 뻗어 나가지만 근본적으로 위로 뻗어 올라갈 수는 없다(역시 가로 세로의 관계이다).
 오직 몸과 마음을 모두 비웠을 때만이(앞의 6근을 모두 닫고 비워야만) 제7층의 신체로 진입할 수가 있으며, 비로소 영적인 힘이 위로 올라 갈 수가 있다. 이것이 바로 많은 수행법문들이 "영적인 힘이 정수리에서 나가므로 관상하라"고 하는 까닭이다. 그러나 영적인 힘이 정수리로 나가는 것은 우선 앞의 6층의 기능을 모두 연마를 해야 만이 가능한 것이다. 그렇지 못하면 의외의 일이 발생할 수도 있고 갈무리하기가 아주 어려워진다. 앞서 6층의 힘은 모두가 아래로 향한 흐름이고 7층의 힘은 위로 향한 흐름이다. 늘상 바로 이단계의 층에서 문제가 생기곤 하는데 여기만 무사히 지나가면 무사하다.

제7층은 가장 큰 아집이다. 좋고 싫음, 선과 악 모두를 제7층에서 분별하여 심사를 한다. 제7층을 초월해야만 가히 성인聖人이라고 말할 수 있고 평범한 속세인들의 냄새와 특성이 차츰 없어지게 된다. 제7층의 초월은 마치 부처님과 같아 아주 드물고 귀한 것이다.

앞의 7층은 모두 인간의 본성보다 낮아서 수시로 다른 종류로 변하거나 떨어질 가능성이 있다. 제7층에 들어가서도 아직 부족하다. 제6층의 벽을 뚫고 나와서 제7층의 벽을 뚫고 들어갔다가 다시 뚫고 나와야 제8층의 벽이 보일 것이다. 필연코 제7층을 초월해야 만이 성인이 될 수 있다. 또 7층을 뚫고 나가야 만이 자비, 지혜, 무아… 등등 성인의 품질이 모두 나타 날 수 있으며, 모든 것이 평등불이平等不二가 되고 구별이 없어진다.

7층 이전의 나는 주장이 없어 외계의 물질에 이끌려 다니며, 제6층의 아집으로 모든 것을 분별하고 7층과 완전히 작별을 못한다. 때문에 수행자가 영적인 단계에 들어 갈 수가 없어서 완전한 성인이 되지 못하는 것이다.

그러나 제7층을 초월하기란 진정 쉬운 일은 아니다. 그것은 하나의 초월할 방법이 없는 시공時空층으로써, 조금만 신경을 써도 아집이 더욱 커지게 된다. 수행자들이 늘상 "자연의 섭리에 맞게"라고 얘기 하듯이 제7층에 도달을 해야만 "자연의 섭리에 맞게"라고 말할 수가 있다.

어느 한 가지 방법을 거쳐 끊임없이 노력하면 제6층을 완전히 닦아 낼 수 있다. 제7층은 이미 모든 방법을 초월한 것이다. 옛 사람들이 말하듯이 "법이 없는 것이 법이요 문이 없는 것이 문이다."라는 뜻은 바로 제7층 단계의 수행을 말하는 것이다.

🎋 8층의 의식신　第8層 意識身

제8층이 신체는 종극에 해당한다. 그것은 이미 인까세게를 초월하였고 원두源頭까지 끝이 났으며, 본래의 모습을 보았고, 발원지에 도달 하였으며, 돌아 갈 곳으로 가게 된다. 여기에서 말하는 것은 모두가 갖추어져 있는 것들을 의미한다. 특별하게 할 것이 따로 없다. 준비도 없고 쓰임도 없고 하려고 하는 것도 없다. 또 말을 할 것도 없고 마음으로 해야 되

겠다는 것도 사라졌다. 우주만유宇宙萬有는 그 속에 있으면서도 또한 그 속에서 사라진다. 이 때는 느낌과 느끼지 못함에 아무런 의미가 없다.

🉐 3관 돌파　三關突破

수련을 하는 사람은 반드시 세 관문을 돌파해야 만이 끝을 보았다고 할 수 있다. 초관初關, 중관重關, 마지막관(末后一關)이다.

🉐 첫 관문 돌파　初關突破

초관은 명심明心을 해야 한다. 세간의 공덕과 명예, 이득과 복록 등을 깨끗이 비워야 하고, 삼계三界의 변화무상을 꿰뚫어 볼 줄 알아야 할 뿐만 아니라 수행의 길에 대해서도 분명히 알아야 한다. 진여眞如와 진심眞心을 명백히 알아야 하니, 조사祖師들의 어록들을 깊이 배워야 한다. 속칭 '식견'이라고 일컫는다. 공부의 성취는 식견이 정확한가에 달려 있다. 명심明心한 사람들은 이론적으로 벌써 통하고 있으나 아직 검증이 안 되었을 뿐이다.

🦋 가운데 관문 돌파   重關突破

중관은 견성見性이 필요하다. 착실하게 공부를 하는 것이고, 자기의 본래의 천성을 깨닫고, 본지의 풍경을 직접 체험하여야 하고, 부모들로부터 태어나기 전의 (나)의 모습을 보아야 한다. 중관은 정력定力에 의거하는 것으로써 진정한 수증修證이다. 견성 이후에 매일같이 공부하면서 삼마지三摩地 가운데서 산하대지는 모두 여래이고. 바람소리, 새 소리는 모두가 법음이며, 낮과 밤으로 항상 모든 것을 받아들여 쓴다.

🦋 마지막 관문(뇌관) 돌파   末關(牢關)突破

마지막 관(뇌관이라고도 한다)은 생사의 올가미를 벗어나 생사를 자기 마음대로 하며, 자유자재로 오고 가면서 업력의 견인에 구애 받지 않는다. 여기까지 도달해야 지혜가 거침없다고 할 수가 있으며, 비로소 중생들을 접인할 수 있고, 보살의

길을 걸으면서 자기의 심성을 단련할 수가 있다. 명심을 하지 않고, 견성을 하지 않고, 어떻게 자기의 심성을 단련한다고 할 수가 있는가? 자기 자신을 속이지 않으면 좋겠다.

삼관은 반드시 느끼면서 증명을 해야 한다. 만약 이해하며 느낀다면 자신은 아무런 수용受用을 할 수 없다. 다시 말하면 본심을 모르는 것이고 법을 배워도 쓸모가 없는 것이다. 삼관은 정력定力에 의거한다. 선정의 기능 없이 삼관을 넘어선다는 것은 절대 불가능하다. 초관은 과일을 인식하는 단계이고, 중관은 과일을 보는 단계이며, 마지막 관에 가서는 과일을 입에 넣는 단계인 것이다. 중생들에게도 나누어 줄 수도 있고, 개산조사開山祖師가 될 수도 있으며, 법과法果를 널리 보시할 수도 있는 것이다.

수련하는 사람이 만약 알음알이가 너무 많으면, 분명 불성을 만나더라도 현명하지 못할 것이니 결말을 낸다고 말할 수 없다. 정定이 많고 혜慧가 적은 사람들 역시 눈으로 불성을 볼 수도 없다. 오직 정과 혜가 똑 같은 사람만이 아무런 장애 없이 때때로 눈을 뜨고 직접 불성을 볼 수가 있다.

명심견성한 뒤에 부처님의 가르침을 받는 사람 중에 만약 명심이 투철하다면 아주 빨리 불성을 볼 수 있다. 명심견성 이후에 해야 할 일은 바로 산속에서 나와 속세로 들어가서 경계境을 상대로 마음을 다스려야 하는 것이다. 즉 육근이 육진에 대하여 언제나 불성을 관조해야 하는 것이다.

 이렇게 불성을 보호하면서 1년 혹은 2년이 지난 다음에, 경계境에 말려들어 가지 않고 볼 때마다 그 자리에 있다면 무관무조無觀無照도 가능하며 자연 그대로 내버려 두어도 된다. 만약 명심견성 이후에 보임保任 공부를 안 한다면 정력은 아주 빨리 없어져서 불성을 눈으로 볼 수가 없다. 수도修道, 견도見道, 양도養道를 거쳐 마지막으로 하는 것이 용도用道이기 때문이다.

🟢 행불퇴와 염불퇴 行不退與念不退

 행불퇴와 염불퇴는 어떠한 구별점이 있는가? 팔지보살八地菩薩이 되기 전에는 모두 의식적으로 관조를 제기하면서 항상 스스로 채찍질을 함으로써, 사상이 분산되어 도에서 떨어지지 않도록 해야 한다. 팔지에 들어선 다음에도 지속하여 도를 읽으면서 영원히 정진을 끊이지 않는다.

 염이 뒷걸음질 하지 말아야 행동도 뒷걸음이 없다. 시작할 때는 비록 도를 보지 못했고 생각도 못했지만, 행위는 억지로라도 도에 맞게끔 해야 한다. 행위가 도에 맞으면 생각도 아주 빨리 도에 들어올 수 있다. 열심히 마음을 느슨하고 평

온하게 하는 방법으로써 차츰차츰 한 계단씩 유위로부터 무위로 올라가는 것이다.

정생희락지 定生喜樂地

제3 참선에 들어가서 생기는 즐거움은 이 세상의 그 어떠한 즐거움과도 비할 바가 없다. 하지만 역시 초월을 해야 한다. 그 한곳에 머물러서 즐거움을 탐해서는 절대 안 된다. 마음으로부터 탐하는 것이 보이면 바로 마귀의 경지로 빠져 들어가게 될 것이다.

매 하나의 경계는 모두 다 마귀의 경지와도 같지만, 마음에 탐욕이 없으면 마귀도 마귀가 아니다. 보통 선정하는 중에서는 좌지우지 할 수 있으나 꿈속에서는 역시 갈팡질팡하게 된다.

또 꿈을 좌지우지 할 수는 있으나 임종시에는 좌지우지 할 수가 없을 것이다. 임종시의 혼미상태는 꿈속에서 보다 더욱 혼미스러울 것이다. 평시의 입정入定은 바로 어떻게 죽음을 맞이할 것인가를 연습하는 것이다. 임종 속에서 행해 가는 것은 마치 정定가운데서 가는 것과 같다.

염불과 접인 念佛與接引

정토법문을 수련하는 데는 방법을 알아야 할 것이다.

"어미타불이시여, 나를 접인(인도)해 주소서. 어미타불이시여, 나를 접인해 주소서……."

이것은 일종의 행위적인 방법으로 수련하는 것이다. 도道와는 상관이 없다. 명심을 하지 않고, 견성을 하지 않으면 법을 배워도 아무런 이득이 없다. 근근히 약간의 보리종자(善因)를 심었다는데 그칠 뿐이다.

염불은 그저 염불인 것이다. 접인을 하느냐 않느냐는 오직 부처님의 권리이다. 우리는 한마음으로 염불에만 몰두해야 한다. 일심불란하고 영원히 끊임없이 염불하여, 쉽고 또 아주 **빠르게** 정력이 나타날 수만 있다면, 미타를 보는 것은 걱정할 필요가 없다.

염불하는 목적이 바로 소리마다 주인공을 깨우기 위함인데, 즉 각조覺照를 위해서이다. 각조는 본래의 모습이 아니지만 본래의 모습을 떠날 수가 없다.

① 무념이 즉 염(無念卽念)이다. ― 염마다 또렷하고 분명하면 바로 정념이다.
② 유념이 즉 무념(有念卽無念)이다. ― 사념邪念이 없고 염마

다 입도하는 것이 바로 정념이다.

③ 염을 하나 무념(念而無念)이다. — 염마다 머물지 않으면 시비를 하지 않고 지나가면 흔적이 없다.

④ 염을 하지 않으나 염이다(不念而念) — 얻지도 놓지도 않으니 분별이 없는 염이다.

망념과 정력 妄念與定力

삼계가 윤회하고 육도를 왕래하는 것은 무엇 때문인가? 바로 망념이 쉼 없이 계속 반복되고 경지에 따라 흐르기 때문이다. 만약에 정력이 충분하다면 마음대로 드나들어도 아무런 상관이 없다. 염두가 일어날 때 따르지 않으면 하늘과 인간 사이를 네 맘대로 고를 수도 있다. 무슨 염두일까? 탐욕심, 분노심, 미련심…… 모두 이러한 것들이다.

흔히 말하는 귀신에 홀렸다는 것도 바로 육근이 육진에 대한 지나친 탐욕과 집착에서 오는 것이다. 육진에 머무르지 않는다면 일체 마경이 어떻게 생길쏘냐?

① 능히 자기의 신구의(身口意)를 잘 지켜보는 것이 곧 수행이다. 이것이야 말로 가장 좋은 수행이다.

② 진정한 수행은 바로 자기의 염두를 잘 지키는 것이다.

③ 마경魔境을 없애려거든, 우선 경계에 머물지를 말아야 한다.
④ 천하를 다스리려면 우선 자신의 마음부터 다스려라.
⑤ 물체는 물체라 하지 않는데 마음에서 생긴다.
⑥ 성性은 형상이 없는데다 사용을 하지 않으니 노출되지 않누나.
⑦ 마음은 본디 마음 그대로 인데 사물로 인하여 마음이 보인다.

인연의 묘용　因緣的妙用

비록 종자(因)가 있다고 하여도 기회(緣)를 주지 않는다면 성숙되지 못한다. 마치 종자가 햇빛을 보지 못하고 수분을 만나지 못하고 토양이 없다면, 꽃을 피울 수도 열매를 맺을 수도 없는 것과 마찬가지인 것이다. 운명 가운데 있다고 해도 기회를 주지 않거나, 기회가 있어도 그 기회를 피해 나간다면 모든 일은 성사되지를 못한다. 인因이 있어도 반드시 연緣을 만나야 성숙되는 것이다. 인因이라는 것은 자기가 알게 모르게 심은 것이다.

처음 각조覺照가 나타남 → 각조를 양성시킴
→ 모든 것을 다 비춤 → 여여부동에 들어감

처음으로 깨닫고 도를 봤다 → 면밀히 도를 키운다
→ 마음을 단련하고 도를 튼튼히 한다
→ 거대한 묘용작용을 한다.

망념의 처리 妄念的處理

염불하는 사람에게 망념이 나타나면 재빨리 불호佛號를 제기해야 한다. 주문을 외우는 사람에게 망념이 나타나면 재빨리 주어呪語를 제기해야 한다. 참선하는 사람에게 망념이 나타나면 재빨리 각조를 제기해야 한다. 각조가 끊이지 않으면 바로 항상 뚜렷한 염불이다.

진심은 본래 생기지도 않고 없어지지도 않는다. 생멸이 있다면 그것은 두뇌의 망념이다.

항상 '염두'가 뚜렷히고 분명히게 알면 긴정한 머무름이 없는 것이다. 진정한 머부름이 없다면 하늘과 인산세상 사이를 자유자재로 거닐 수 있어 염라대왕도 어찌 할 방법이 없을 것이다.

생과 사의 근원은 바로 망념이 꺼지지 않고 경지에 따라 인연의 밧줄에 매달려 끌려 들어가기 때문이다.

공덕이 원만할 때면 모두가 똑똑하고 명백할 때며, 역시 여여부동의 때이다. 모든 것이 명백하고 분명할 때면 못 해낼 일이 없을 때이다. 못 해낼 일이 없는 때가 바로 두려워 벌벌 떨 때이다. 두려워 벌벌 떨 때가 바로 공덕이 원만하여질 때이다.

수련의 순서 修練的順序

어느 때에 수련이 필요치 않은가? 본래의 모습을 친히 목격하였을 때에는 수련에 너무 집착을 할 필요가 없다. 그러나 각조는 잃지 않도록 잘 지켜야 한다. 어떤 때에 각조를 잃지 않는가? 팔지보살에 들어가면 각조가 필요 없게 된다. 자연스럽게 잃고 안 잃고 하는 모든 것이 존재하지 않는다.

제6의식을 염불·주문·송경·관상 등의 수련을 통해 맑고 깨끗한 종자를 제7층의 의식으로 전달하고, 또 다시 제8의식으로 전달하여 저장시킨다. 일단 제8의식이 열리면 생생세세에 저장하여 두었던 종자들을 모두 사용할 수 있게 된다.

제6의식의 염두를 움직이면 제5의식이 나서서 일을 하게 되고, 제7의식이 분별 한 다음, 제7의식이 좋아하는 것을 곧바로 제8의식에게 전달하여 창고에 저장을 시킨다.

육근이 닫히면 제5의식은 자연적으로 새 업을 다시 만들지 않을 것이다. 제7의식은 분별해야 할 물건들이 없게 되니, 제8의식은 자연 비워져서 마치 대천세계와 같게 된다.

속세의 시비, 누가 좋고 나쁘고, 누구를 사랑하고 미워하는 것, 이 모두를 제7의식이 분별한다. 제7의식을 죽여 버리면 일체가 평등성지平等性智로 될 것이다. 제 7의식을 확실하게 타도하려면 오로지 제7의식을 무너뜨리고 항복시켜서 분별도 없고 집착도 없게 해야 제8의식이 대원경지大圓鏡智로 될 것이다.

역으로 수련을 하면, 제5의식이 도를 닦아서 성공할 수 있는 지혜로 변한다. 그러면 제8의식은 대원경지로 된다.

제5의식 → 수련하면 성소작지成所作智가 됨
제6의식 → 수련하면 묘관찰지妙觀察智가 됨
제7의식 → 수련하면 평등성지平等性智가 됨
제8의식 → 수련하면 대원경지大圓鏡智가 됨

만약 수련을 하지 않는다면 제6의식은 조업造業의 뿌리이고, 제5의식은 조업의 공구이며, 제7의식은 조업의 획책자이고, 제8의식은 바로 범죄은닉자일 뿐이다.

각조의 기능이 일단 양성되었다면 곧 비추지 않는 곳이 없을 것이며, 비추지 않는 곳이 없다는 것은 즉 적조寂照를 뜻하며, 한 발자국 더 나아가면 여여부동지如如不動地에 까지 도달하게 된다.

③ 이사불이의 경지　理事不二

이사불이란 것은 원만하게 된 사람들을 두고 하는 말이다. 속세의 사람들은 이치는 이치대로 사실은 사실대로이므로, 이치와 사실은 하나가 될 수 없으며 서로의 융합은 불가능하다고 여긴다. 말을 잘하는 사람이 꼭 일을 잘 한다고 할 수는 없으나, 일을 잘 하려면 우선 먼저 이치를 잘 알아야 한다. 이치를 모르는 사람은 사실에 대한 파악이 안 되며, 사실을 이치에 맞게 할 수도 없고 이치를 사실로 나타낼 수도 없는 것이다.

마치 『심경』에서도 쓰여 있듯이 "물질(색)이 곧 공이요, 공이 곧 물질이다(色卽是空 空卽是色)." 여기서 말하는 도리도 역시 마찬가지다.

성색性色이 진공眞空이라면, 성이 공이고 색이 진이다. 색과 공은 둘이 아니니, 공과 색은 구분이 없으며 구분할 수 없는 것이다. 본체는 하나이고 둘이 아니기 때문이다. 앞뒤의 염이 끊어지고, 비춰짐이 환하며, 영명靈明이 밝아지니 어디라 할 것 없이 나의 존재이고, 모두 여여불이다. 머무름 없는 열반이고 불생불멸이며 주인공이 불러 깨워졌다.

일심불란한 수련 一心不亂

염불念佛을 하고, 주문(持呪)하며, 관상觀想을 하는… 이 모든 것은 일심불란一心不亂을 양성시키려는 목적이다. 일심불란 해야만 주인공을 일깨울 수 있으며, 주인공이 깨어나지 못하였다면 모두가 마음 밖에서 서성이면서 부처공부를 하게 되는 것이다. 마음 밖에서 부처공부를 하는 사람들은 모두 분별이 있다. 분별이 있으면 새 업을 만드는 것이고, 업이 있으면 필연코 윤회를 하게 될 것이다.

염이 없는 자라고 할지라도 일념조차 아주 생기지 않는다는 것이 아니라, 염이 일어나도 머무름이 없다는 것이다. 만약 머무름이 있다면 바로 염을 따라 끌려 들어올 것이며, 염에 따라 끌려 들어오면 바로 자신을 좌지우지 할 수가 없다는 것을 말한다. 만약 염에 끌려 들어오지 아니하면 비록 중음신中陰身12)에 있다고 하더라도 여전히 자유로울 것이며 자주적일 것이다.

어떻게 해야 자기의 마음이 염에 따라 움직이지 않고 경지에 끌려 다니지 않도록 할 수 있을 것인가? 자리에 앉아 정좌를 하면 마음을 연마하고, 자리에서 내려앉으면 일상사에서 단련을 하여야 한다. 마음가짐의 연마는 공을 들여야 한다. 기능(功夫)이란 무엇인가? 이치에 통하는 것을 학문이라고 하고, 내려놓으면 그것이 곧 기능이다. 귀로 듣기만 하는 것은 깨우치기가 어려운 것이지만, 또 언어를 떠나야만 깨우칠 수가 있다. 능지能知란 무엇인가? 아무것도 아닌 것이다.

능소能所(능위와 소위)가 모두 사라지고, 근진根塵도 모조리 비우며, 앞 뒤의 염도 근절이 되어 분명하고 똑똑하게 되면, 이것이 무엇인가? 그는 바로 부처님이고 인간이며 두루 이러한 것이다. 이러한 것들은 이러한 것이라, 인연 따라 나름대로 옮기고 자유롭게 거닐며, 세속과 더불어 지나가면 흔적이 없지만, 인연이 닿으면 나타나고 인연이 없으면 보이지도 않는다. 보이지 않는다는 것은 보지 않았다는 것이 아니라 보

---

12) 중음신中陰身 : 지금의 이 육신은 떠났지만 아직 다른 육신에 들어가지 않은, 중간상태에 있는 몸을 중음신이라고 하는데, 보통 이 중음신은 빛 덩어리로 되어 있다. 사람이 살아 있으면서 육체를 떠나면 신식神識이라 하고 죽어 육체를 떠나는 것을 중음신이라 한다.

았지만 모르는 것이다. 만약 능소能所가 있다고 하면 이미 편차가 생긴 것이다.

🈷 능각과 소각 能覺與所覺

그럼 능각과 소각이란 도대체 무엇인가? 말로 하면 아니되고 알았다고 하면 그것도 아니다. 만물이면서도 또한 만물이 아닌 것이다.

문(육식-六識)으로 들어 간 것이 자기의 재산(自家財富)이 아니었으므로 틀림없는 자업자득이다. 그럼 어떻게 해야 할 것인가? 무정하면 들어 갈 수 있다. 무엇을 무정하다고 하는가? 귀로 듣고는 알지 못한다. 눈(마음의 눈-心眼)이 닿아야 알 수가 있는 것이다.

이 눈은 어디에 있는가? 밤낮으로 잠을 자지 않는 자이다. 무엇을 보이지가 않는다고 하는가? 서로가 만났지만 알아보지 못하고, 가는 곳마다 다 있는데도 알지를 못하니, 결국은 니는 니대로요, 니는 니대로이다.

불타의 수행 길은 소승小乘 경계와 대승大乘 경계, 원교圓敎 경계를 거쳤다.

① 소승교小乘敎는 머무름도 있고, 이룰 수 있는 도가 있

고, 열반도 있으며, 생과 사 모두가 있다.
② 대승시교大乘始敎는 머무름이 비었고, 열반, 생과 사, 죄와 복 모두 비었다. 진정 아무 것도 없다.
③ 대승종교大乘終敎는 머무름이 비지도 아니하고 있지도 아니하다.
④ 대승돈교大乘頓敎는 머무름이 비어 있는 것이기도 하고 있는 것이기도 하다.
⑤ 대승원교大乘圓敎는 머무름이 빈 것도 아니요, 있는 것도 아니다. 있는 것도 아니고 빈 것도 아니다. 모든 일체는 막힘없이 완벽하다. 지나면 있으나 있는 것도 아니고, 비었지만 빈 것도 아니며, 있기도 하고 비기도 한다. 있지만 형상이 없고, 비었지만 물질이 있는 것이다.

환경이 너무 좋구나 修行環境太好

수행을 할 때는 조용하고 깨끗한 곳을 찾아서 하는 것이 당연 좋지만 장구한 방법은 아니다. 진정한 정력定力은 번뇌 가운데서 닦아야 된다. 환경의 시련을 이겨내지 못한 정력은 정력이라 할 수 없는 것이다.

경계境界가 없을 때의 무심은 진정한 정定이 아니다. 반드

시 경境을 마주하고 무심해야만 정定이라고 할 수 있다. 마치 온실 속의 어린 새싹은 드넓은 벌판의 광풍 폭우와 폭염과 엄한을 전혀 이겨내지 못하는 도리와 마찬가지로, 온실속의 수행자도 단지 잠시적인 것이다. 수행을 하는 목적은 바로 속세에서 큰 작용을 하면서도 속세의 유혹에 말려들지 않기 위함이다.

  지금의 수행인들은 경전을 적게 읽은 것이 아니라 오히려 너무 많이 읽었고, 환경이 없는 것이 아니라 오히려 환경이 너무나 좋은 것이다. 외재적인 경전을 많이 읽을수록 내재적인 심경이 나오지를 못하며, 환경이 좋을수록 내재적으로 잠재된 에너지가 더 깊이 잠을 자게 되는 것이다.

能否受用靠根基 수용할 수 있는가는 근기에 딸린 것이니
능 부 수 용 고 근 기
見性不能告訴你 네게 견성을 가르쳐 줄 수가 없구나.
견 성 불 능 고 소 니

隨境能出入　　경계에 따라 드나들 수 있다면
수 경 능 출 입
方爲自在人　　바로 자유자재한 사람이요,
방 위 자 재 인
百花酣睡時　　백화가 꿈속에서 잠을 잘 때에
백 화 감 수 시
我已笑枝頭　　나는 이미 가지 끝에서 웃고 있도다.
아 이 소 지 두

4
폐관
閉關

일반적으로 사람들은 폐관하는 것을 아주 예사롭게 생각한다. 묻노니, 각조도 하지 못하는 사람이 어떻게 폐관을 넘볼 수가 있겠는가? '폐閉'자는 몸과 마음을 닫아야 하는 것이고, '관關'자는 육근을 닫아야 한다는 말이다. 단순히 자신의 몸을 집안에 가두어 놓는 것을 '폐관'이라는 거창한 이름을 지어 불러서는 안 된다. 보통 사람들은 보지 못하거나 보고도 비추지 못한다, 역시 보고는 그 자리에 머물고 만다.

폐관하기 전에 명심해야 한다   閉關先明心

자신도 모르게 알기도 느끼기도 하고, 느끼기도 비추기도

하며, 비추기도 들어가기도 하고, 들어가기도 나오기도 한다. 출입을 할 수 있으면 무아가 되고, 무아가 되어야만 자유롭고, 자유로우면 흔적이 없다.

누구누구가 지금 폐관에 들어갔는데 얼마 되지 않아서 바로 출관을 하였다고 하는 말을 자주 들었다. 그것은 왜일까? 사람의 인내력에 한계가 있기 때문이다. 만약 이러한 일에 재미를 느끼지 못했고 법의 환희도 아직 생기지 않았는데, 지속해 나가면 아무런 소득이 없을 것이 뻔한 것이다. 때문에 자동적으로 포기를 하게 되고 평생을 두고 싫증을 느끼게 될 것이다.

일단 기능(功夫)과 한덩어리가 되면 법의 환희가 생기고 즐거움이 끊임없을 것이며, 심신안팎으로 빛이 환하고 하루가 마치 손가락을 튕기듯이 빨리 지나가 버릴 것인데, 어찌 동굴 속에 앉아서 날짜를 헤아리고 있을 것인가! 인연이 성숙되고 법法·재財·려侶·지地 모든 일체가 구비되어야만 폐관을 할 수 있다. 폐관을 만약 경전이나 읽고 부처님 공양이나 하는데 그친다면 겨우 겉치레 밖에 안 된다.

만약 폐관하는 방법도 모르고 어떻게 공을 들여야 하는 것도 전혀 모른다면 폐관을 어떻게 하는가? 심리적 바탕이나 신체적인 바탕이 아주 튼튼하고 건강해야만 폐관을 할 수 있는 것이다. 몸이 건강하지 못한 사람은 어느 정도 수련을 하다 보면 아주 쉽게 환각이 나타날 수가 있다. 거기다가 심리적으로도 건강하지 못하면 부처와 마귀가 오는 것 같은 환각을 느끼게 된다.

대다수 사람은 보통 부처가 오는 환각을 느끼곤 한다. 이런 것들은 폐관 전에 일찍 명심明心을 해야 할 것이다. 명심을 하지 않고서 어떻게 공을 들일 수가 있는 것인가? 명심은 이치적인 것이고, 견성은 기능, 즉 수련을 하는 등 공을 들이는 것이다. 자고로 이치적으로는 도리를 문득 깨닫고 일에서는 차츰 닦아 나간다고 하는데, 이치적으로 도리를 차츰 깨닫는다는 말은 없다.

폐관은 몸소 불성을 만나기 위해서인데, 폐관을 시작하기 전에 일찍 심성을 밝히고 수행의 과정을 깊이 파악하면 폐관시에 직접 본지의 풍경을 겪는 것이다. 앞으로 나아가지 않으면 뒤로 도망가는 것이다. 최초의 원두로 돌아와서 고향집으로 간다는 의미란 바로 이것이다.

폐관의 과정을 이해해야 한다 修行路途掌握在手

만약 한 사람이 진정으로 마음이 움직여서 도를 닦기 위해 폐관을 하고 싶을 때는, 반드시 밖으로는 인간세계를 잊어버려야 하고 안으로는 몸과 마음을 잊어 버려야 한다. 법法·재財·려侶·지地 모두가 구비되어야 할 뿐만 아니라 반드시 폐관의 과정을 아주 익숙히 알고 마음대로 응용할 수 있는 정도가 되어야 한다.

소위 '득심得心'이란 것이 바로 명심을 뜻하는 것이고, '응수應手'라고 하는 것은 바로 방향을 명확히 해야 한다는 것을 말한다. 선종에서는 이를 보고 "식견을 명백히 하고 방향을 정확히 한다"고 한다.

▎수행 중인 만행 스님

성심성의로 한 가지 일에 몰입 做事要全心全意

명심이 인因이면 견성이 바로 과果이고, 견성이 인이면 입도가 과이다. 입도가 인이면 무아가 과이다. 에누리 없는 무아가 있기 전에는 속세의 이득, 복록, 친정, 사랑 등을 깨끗이 내려놓아야 한다. 이러한 것들을 내려놓지 않으면 매일 아무리 공을 들이고 도를 닦아도 모두가 '도'와는 상관이 없다.

이러한 상태에서 "공을 들여 도를 닦는다고" 하면 할수록 세속의 명예, 사랑, 탐욕이 더욱 짙어져 간다. 이쪽 면에다 투입을 많이 하면 할수록 저쪽으로 들어오는 것이 더 많아지기 때문이다. 언제 입도를 하여 자신의 심성을 보아냈다고 하더라도 지속적으로 끊임없이 수련을 하지 않는다면, 조만간에 각조가 업력에 의해 끌려가고 말 것이다. 한 사람의 업력이 크면 클수록 생기는 힘도 역시 아주 크다. 때문에 일단 그 힘을 항복시켜서 입도 하는데 쓴다면 입도의 큰 힘이 될 것이다.

밖에서 일을 볼 때 어떤 일에서나 성심성의로 임할 수 있는 사람들은 환경이 바뀌어진 곳, 즉 폐관을 한다고 하여도 똑같이 성심성의로 몰입을 할 수가 있다. 반대로 밖의 일을

함에 있어서 목숨을 아끼고 죽음을 두려워하며 움직이기를 싫어하고 배려 할 줄 모르는 자들은 수련을 함에 있어서도 본성 그대로 나타나게 될 것이다.

폐관을 하고 수련을 하는 것은 어떤 향수를 느끼기 위한 것이 아니다. 폐관수련은 밖의 일 보다 애를 더욱 많이 써야 하고, 더 많은 대가로써 고생과 시련을 겪어야 하지 않는가? 옛사람들이 말을 하듯이, "지혜를 쓰면 지혜가 나오고, 힘을 쓰면 힘이 나오는 것이다." 지혜와 힘을 보시하기 싫어하는 자들……이러한 사람들이 무슨 수행자이겠는가?

지혜와 복덕은 보시에서 온다   智慧與福德是布施中培養

부처님 공부를 하지 않는다 하더라도 지혜를 사용하고 힘을 쓴다면, 어떤 면에서 놓고 볼 때 확실히 한쪽 면에는 유리할 것이다. 그렇다면 여기서 한 가지 묻고 싶은 것은, 당신은 도대체 무엇을 잃어버렸는가? 사람의 지혜와 힘은 보시를 하고 공양을 하는 가운데서 양성이 되는 것이다.

우리 모두가 잘 알다시피 인간의 재능은 선천적인 재질과 후천적인 양성이 모두 연관이 있는 것이다. 사실상 인간운명의 절반은 하늘이 벌써 정해 놓은 것이고 이미 안배가 되어 있는 것이다. 아무리 뛰고 달음질 하고 발버둥을 친다고 해도 그 누구도 이미 형성되어 있는 그 반쪽을 바꾸지는 못한다. "운명을 바꾼다"는 말이 있는데 그 말뜻은 단지 그 절반을 바꾼다는 것이다.

그러나 한낱 범부로써는 그 절반의 운명도 바꿀 방법이 없다. 오직 세상에 현존하는 명사明師들만이 그의 운명을 바꾸는데 도움을 줄 수 있는 것이다. 과거에 이미 왕생한 명사들도 운명을 바꾸는 데는 아무런 도움이 안 된다. 마치 지금 사람들이 병이 걸렸을 때는 반드시 병원에 가서 현존하는 의사를 찾아서 병을 치료 해야지, 옛날에 의술로 유명했던 편작이나 화타를 부른들 지금의 병을 치료해주지 못하는 도리와 같은 것이다.

사람들의 복보·공덕·지혜 등 각종 시련을 이겨나가는 힘들은 모두가 베푸는 가운데서, 지불하는 가운데서, 공양을 하는 가운데서 배양이 되고 훈련이 되는 것이다. 무엇 때문에 '육도만행六道萬行' 중에서 보시를 가장 첫자리에 놓는 것인가? 우리가 문제를 보는 데는 겉모습만 보는 것이 아니라 깊이 들어가서 문제의 실질을 봐야 하고 그 핵심을 봐야 할 것이다.

한 사람의 마음가짐이 올바르게 바뀌지 않았을 때는, 흔히 말하는 부처님 공부와 도를 닦는다는 것이 마치 톱니바퀴마

냥 매일 순서 있게 돌아가기만 하는 것이다. 이렇게 백년을 돌아가도 깨우치지 못할 것이다. 도를 닦게 한다 할지라도 닦지 못한다. 왜냐하면 매일 틀에 짜인 그 모양 그대로이기 때문에, 몸과 마음이 거대한 진동과 충돌에 흔들려 보지 못하기 때문이다.

부처님의 도량을 가져라 佛菩薩的心量

자기가 '스스로 수행을 할 수 있을까?' 하는 의문, 혹은 '자신이 이미 수행을 하고 있는가?'를 알고자 하고, 또는 '하고 있는 수행이 어느 정도까지 도달했는가?'를 알아보려면 일상생활가운데서 하고 있는 매사, 그리고 매일 상대하는 사람들로부터 충분히 우리가 수행하여 온 등급을 검측할 수가 있다. 구태여 무슨 경전을 보거나 명사를 찾는 특별한 인증이 필요하겠는가?

부처님이 자비심을 갖게 될 수 있는 것은, 그들이 형용하기조차 어려운 바다 같이 넓고 깊은 도량을 가졌기 때문이다. 만약 이러한 넓고 깊은 도량이 없다면 그러한 자비심이 어디에서 오는 것이며, 자비심이 없다면 지혜를 어떻게 얻을 수 있는가? 지혜가 없다면 신통력은 또 어디에서 올 수가 있겠는가? 이 모든 것들이 한결 같은 '량量'이 있기 때문에 가능한 것이다. 바로 이 량이 존재하기 때문에 끊임없는 지혜·신통력·복록·공덕 등 모두를 충분히 갖출 수 있는 것이다.

인생은 아주 짧다. 눈 깜짝할 사이에 30세, 40세, 50세, 60세가 된다. 모든 것을 얻어도 이와 같고, 얻지를 못하여도 역시 이와 같은 것이다. 세상 일이 모두다 이와 같을진대 왜 우리가 이와 같은 것을 초월하는 '이와 같은' 것을 찾지 않고 있는가?

사람이 실행해 본 것이 많을수록, 그가 초월하거나 내려놓는 것도 많고 빠른 것이다. 여기에서 말하는 '실행해 보았다'는 것은, 많은 것을 겪었다는 것이 아니라 마음으로 진지하게 몰입을 했다는 말이다. 어떤 사람들은 많은 것들을 겪어

봤지만, 마음으로 몰입을 하지 않았기 때문에 당연히 깊은 '실행을 해보았다'가 있을 수가 없는 것이다. 때문에 그의 몸에서는 완전한 초월이 있을 수 없다.

그러면 몇 사람이나 감히 한 마음 한뜻으로 완전히 한 가지 일에 몰입할 수 있겠는가? 그는 모르기 때문에 느끼지를 못하고, 느끼지를 못하기 때문에 비추지를 못하는 것이며, 비추지를 못하기 때문에 들어가지를 못하는 것이다. 들어가지 못하기 때문에 나오지도 못하는 것이고, 출입이 안 되기 때문에 자유자재가 안 되는 것이다.

경계에 따라 드나들 수 있다면/ 바로 자유자재한 사람이요/ 백화가 꿈속에서 잠을 잘 때에/ 나는 이미 가지 끝에서 웃고 있도다.

총괄하여 말하면
명백한 자는 명백할 거요/ 헤매는 자는 헤맬 것이나/ 이것을 언어로 말하면/ 모두 실제 의미가 아니다.

수행을 하려면/ 반야의 이끌음으로/ 웅대한 포부를 힘으로 하고/ 정토淨土를 돌아가는 고향 땅이라 하여라.

유심이면 생각이라 하고/ 무심이면 비춤(照)이다.

심식心識의 사용을 없애지 않고는/ 진심이 드러나지 않으며/ 망령된 심식이 멸하면 곧 열반이다.

알고 보니 도이고/ 밝지 못하니 마로다/ 맘속의 죄를 없애지 않으면/ 부처님 뵐 날이 없다.

헤매는 사람은 염불해서 불국에 가고/ 깨인 사람은 정결한 마음으로 불국에 오네.

우둔한 사람은 있어도/ 법은 높고 낮음이 없네./ 복과 지혜 구족되면/ 죽고 삶에서 해탈된다.

진정眞定한 사람은 필연코 지혜가 생길 것이며/ 참 지혜가 있는 사람은 진정眞定도 있도다.

노정路程은 집안일이고/ 집안일은 노정이다./ 고요하면 비춰짐이 항상하고/ 비춰지니 고요함도 항상하다.

겉이 화려함을 부러워 말고 정수精髓를 추구하며/ 죽은 다음을 기대하지 말고 현재에 힘을 다하라.

5
음념
音念

무엇 때문에 음념을 이렇게 중요하다고 하는 것인가? 굵게 나오는 소리는 성聲이라고 하고 가늘게 나오는 소리는 음音이라고 한다. 성聲은 닫혀 있고 음音은 열려 있다. 음류音流는 일종 자연을 초월하는 음진音振(음파라고도 함)이다. 음류는 그의 진동력을 통하여 심신의 에너지, 즉 본신에 잠재하고 있는 에너지를 일깨워 몸과 마음속에 갇혀 있던 에너지를 해탈시키는 것이다.

🌀 나의 자아와 우주의 대아를 합치시킨다 走出自我與大我合二爲一

이를테면 "아미타불阿彌陀佛" 하면서 염불을 할 때 '아'자는 바로 심신 속에 오랫동안 지니고 있던 에너지를 불러 일깨워서 심신으로부터 뛰쳐나오도록 하고, 자아自我(소아小我)로부터 한걸음 나와 대아大我와 화합하여 하나로 되게 하는 것이다.

소아 자체는 바로 대아 중의 한방울 물과도 같다. 때문에 소아와 대아 본신은 서로가 흡인하고 응하고자 하는 갈망과 기능의 존재인 것이다.

이러한 힘을 불성佛性이라고도 할 수가 있다. 실은 뭐라고 부르는 게 중요한 것이 아니고 어떻게 불러도 다 좋은데, 중요한 것은 어떻게 그것을 찾아내고 어떻게 그것을 사용하느냐에 있다. 우리는 일종의 방법(법문이라고도 함)을 통하여 그것을 찾을 수 있다. 법문의 이름이 중요한 것이 아니라 방법이 중요하다.

이를테면 우리가 '옹'자를 읽을 때 음념吽念법을 사용할 수 있다. 일단 이 음념법의 기교를 알게 되면 분명히 아주 빨리 가장 높은 힘과 연결될 수가 있다. 그것을 무엇이라고 부르는가는 중요하지 않다. 근본적인 것은 그것의 힘을 얻는 것이다. 만물의 근원은 그곳에 있으며, 언제라도 그 속으로 다시 회귀되어야만 원만하다고 할 수 있고 귀원歸源되었다고 할 수 있는 것이다.

공경심이 하나로 연결하는 힘이다   恭敬心

영적인 힘과 연결이 닿으려면 우선 먼저 공경심을 키워야 한다. 그러지 못하면 아무런 얘기도 할 필요가 없다. 한 사람의 공경심이 진짜로 우러날 때 무아의 사람이 된다. 무아가 되어야만 만물에 융합될 가능성이 있고 만물과 하나의 동일체로 될 수가 있다.

공경심이 우러나지 않으면 헛된 수련이 된다. 겸손하게 무아로 삼가 바쳐야만 진리를 만날 수 있다. 아집(범부의 마음)은 영적 세계의 힘과는 거리가 아주 멀다. 범부의 마음으로는 절대적인 진리를 체험하고 깨닫는 것이 불가능이다.

불문에서 늘상 "신·구·의를 스승께 공양하리라" 하는 말은, 실제는 바로 한 사람의 공경심, 겸손한 마음, 보시심, 무아의 경계 등을 훈련시키는 수법이다. 이러한 수법이 유일하게 영적인 힘과 연결하는 방법인 것이다. 가피력(加持力)을 얻자면 바로 이런 방법을 써야 한다.

6
그림공부

學畵

　사람들은 천성적으로 아름다운 경계를 그리워 하지만, 아름다운 경계는 문자로 쓰지도 못하고 말로도 표현할 수가 없다. 문자로 쓰거나 말로 표현한다고 해도 그 원형의 수려한 경계와는 거리가 너무 멀다.
　어떤 때는 그 뜻을 구사할 수가 없으며 참으로 애매할 때가 많다. 원래 나는 천성적으로 말을 하기 싫어하는 편이다. 그러나 스님이 되고나서 가는 곳마다 신도들이 항상 법문의 개시開示를 요청하여, 형의상적인 경계까지 얘기를 할 때면 매번 언어와 문자의 궁핍함을 느끼곤 한다.

중국음대에서 공부 　上中國音樂學院學習

　설명을 하는데 형의상적인 것은 정확하게 표현하지도 못하고 할 수도 없다. 겨우 비슷하게 할 수밖에 없다. 그러나 필경은 정확 그 자체가 아닌 것은 어쩔 수가 없다. 혹은 어떤 소리로, 아니면 한 폭의 그림으로 그 형의상적인 경계를 그려낸다면, 내 마음속의 생각과 형상을 완벽하게 표현할 수 있을 것만 같았다. 출관이후 이러한 영적인 기운이 항상 나의 심신을 두드리곤 하였다. 나로 하여금 말을 하도록 하고, 뭔가를 쓰도록 하고, 거문고를 배우도록 하며, 그림 그리는 법을 배우도록 하였다.

　그리하여 출관이후에 나는 곧바로 북경에 있는 중국음악학교에 가서 거문고를 배우고 수묵화를 배우게 되었다. 비록 나는 음악이나 회화의 전문가가 되려는 생각은 없었고, 고수가 되려는 생각도 없었지만, 오직 내 마음에서 우러나오는 소리를 거문고소리로 들려주고 싶었고 화폭에 그려서 보여주고 싶었을 뿐이다. 재현하는 방식으로 삼기 위해서였다. 이렇게 하면 필경 좋은 작품이 될 것만 같았다.

　듣기 좋다거나 보기 좋다는 것은 별로 중요한 것이 아니지만, 중요한 것은 바로 내재적인 그 경계를 충분히 표현할 수 있는가에 있다. 금琴·화畵·도道 이 삼자는 서로 통하는 것이다. 모든 마음을 다 기울여야 한다. 차츰차츰 자신을 잊을 때까지 몰두를 해야만 비로소 물체와 나는 하나로 융합이 된다. 가까이 하여 두 가지를 모두 잊어버려야만 작품의 신비롭고 고상한 운치가 비친다.

   그림은 점·선·면 세 가지로 구성된 것이고, 거문고는 21가닥 선으로 구성된 것이다. 거문고와 그림을 어느 정도 까지 연습하고 나면, 모든 작품들이 웅대하지만 거칠지 않고, 유창하면서 경박하지 않으며, 풍만하면서 비둔하지 않게 된다.

예술 작품의 목적은 신의 경지이다 藝術作品是以神的境界爲目的

   불교대학교에서 수년간 붓글씨를 배운 적이 있어서 지금 그 기초를 그림그리기에 접목시켰다. 놀랍게도 옛 사람들의 "한 가지 요령이 트이면 백가지 요령이 자연 통한다"는 말이 실감이 났다.

   백가지 요령이란 것은 사실상 한 가지 요령의 지휘하에서 이루어지는 것이다. 이를테면 붓글씨 쓰기에서 붓대를 바로 하면 필봉이 감춰지고, 붓대가 기울어지면 필봉이 빗나가는 것이다. 그림을 그리는 것도, 손가락으로 거문고를 튕기는 것도 역시 마찬가지이다. 그러지 못하면 아주 거칠어질 것이며, 원만하지도 풍만하지도 못할 것이며, 유창한 정도는 생각도 못할 것이다. 예술이라는 것은 형形은 연결하는 다리고 신神은 목적으로 삼으면 된다.

이론은 실천을 대신할 수 없으며, 단지 굽은 길을 적게 걷게 할 뿐이다. 도道라는 것은 소금이 물에 내포되어 있는 것과 같이, 눈으로는 볼 수 없지만 그 맛은 느낄 수 있다.

요리를 하는 것, 옷을 입는 것, 거실을 장식하는 것, 모두 다 예술이다. 훌륭한 예술은 바로 한 수의 시다. 그 시 속에는 그림이 있고, 그림 속에 시가 있는 것이야 말로 멋있는 경계에 도달한 것이라고 볼 수 있다. 불문에서 "동심童心은 도의 경지에 들어가기 쉽다"고 하듯이, 예술방면에서 봐도 역시 같은 이치인 것이다. 동심적인 예술은 늙을 줄을 모르고 생명력이 있는 것이다.

🌕 많은 경험이 좋은 예술을 낳는다   藝術家的心境

성인聖人도 똑같이 일치리를 잘 못할 때가 있다. 그러나 성인들은 똑같은 시행착오를 계속 범하지 않지만, 범부들은 똑같은 실수를 재삼 반복해서 범한다. 성인들은 한 가지 일을 통하여 많은 일들, 심지어 모든 일들의 도리를 깨닫고 느낄 수 있다. 학문을 배우는 것과 참된 사람이 되는 것도 같은 도리이다. 한평생 실수를 하지 않는다는 도리는 없다.

성인들이 실수가 없게 되는 원인은, 그들은 사물을 잘 관찰하고, 경험 총결을 잘 하고, 반복적으로 반성하며, 어떤 일에 봉착하여도 자기의 모든 힘을 다하여 해결해 나가기 때문인 것이다. 이렇게 하면 의지를 배양하고, 사고능력을 배양하며 어떠한 일에도 이겨내는 능력을 배양할 수 있다. 만약 생각도 없이 쉽게 결정을 하거나, 혹은 생각 없이 사람들에게 묻는다면, 자기의 내재적인 잠재력을 개발해 낼 수가 없다.

진정한 사고는 마음을 가다듬어 삼마지三摩地에 들어가는 것인데, 이것은 사회에서 말하는 깊은 생각으로 명상에 잠긴다는 것과는 차원이 다른 것이다. 그러나 명상도 극치에 달하면 무상無想이다. 무상이 되면 그 속에서 지혜가 솟아 나오는 것이다.

파도와도 같이 기복이 심한 인생은 사람들의 심경을 더욱 넓게 하고, 순풍에 돛단 듯한 인생은 큰 성취를 이루지 못할 것이다. 역경 속에서 강자는 더욱 강해지고, 약자는 더욱 약해지는 것이다.

예술가의 심경은 모두 그의 작품가운데서 나타난다. 생활 경력이 많을수록 그의 사상경계는 더욱 높을 것이며, 사상경

계가 높을수록 그 작품의 경계 역시 높을 것이다. 예술가의 작품은 시대에 따라서도 안 되고 환경에 따라서도 안 되며, 반드시 자신의 사상경계에 따라야 한다. 이렇게 해야만 그의 작품은 개성이 있는 작품이 될 것이고, 생명력이 있을 것이며 독특한 길을 개척할 수 있을 것이다.

운치가 있어야 예술이다 　有韵味才是藝術作品

　명예와 이익을 위한 예술은 예술이라고 부르지 못한다. 그의 영혼 속에는 진선미가 없기 때문이다. 예술가는 반드시 자기의 예술을 위해 온몸을 바쳐야 그의 작품 속에 완전한 영혼을 내포할 수 있다. 그렇지 못하면 영혼의 10분의 1 정도 밖에 없을 것이며 심지어 영혼이 전혀 없을 것이다. 부처님 공부를 하는데도 똑같은 도리이다.

　예술가들의 작품 속에는 반드시 운치가 넘쳐나는 멋이 있어야 생명력이 있다는 말을 들을 수 있다. 내가 거문고를 배울 때 매일 무려 10여 시간씩 연습했다. 처음 시작할 때는 온몸이 쑤셨다. 아무런 요령 없이 억지힘을 써서 그런 것이다. 한 일주일이 지나서야 많이 수월해졌다. 차츰차츰 익숙해지면서 어느 정도 우아한 멋도 생겨나는 것이다.

수묵화를 배울 때 처음 그린 작품은 하나같이 죽어있는 것 같아서 스스로 봐도 엉망이었다. 얼마나 그렸는지도 모르게 많이 그려서야 차츰 흉내를 낼 수가 있었고 그럴 듯 해 보였다. 때문에 예술작품은 반드시 운치가 있어야만 예술이라고 할 수 있다.

🎨 모방으로 경지에 이르지는 못한다 內在的神韵是無法模倣

나는 선생이 튕기는 거문고소리를 아주 부러워했다. 그때 맘속으로 평생에 선생만큼만 할 수 있다면 만족할 것이라고 생각을 했다. 그렇지만 선생과 같은 그러한 풍격이 나온다는 것은 불가능하다. 또한 선생의 그 풍격을 배워 낼 수도 없는 것이다.

다만 꾸준히 10년이나 20년간 노력을 하면 나 자신의 풍격이 형성될 수는 있을 것이다. 선생의 풍격을 안 배운다는 것이 아니라 완전히 배울 수가 없다는 것이다. 배운다고 할지라도, 겉모양은 배울 수는 있지만 내재적인 신운神韻은 모방할 수 없는 것이다.

왜냐하면 사람마다 업력이 다르고, 경력이 다르고, 사상이 다르기 때문에 내재적인 신운도 다를 수밖에 없다. 선생의

　풍격을 배운다는 것은, 우선은 선생의 풍격을 참고로 하고, 선생의 풍격을 뛰어넘어서 자기의 풍격을 형성시키는데 있다. 무릇 모방해서 나온 것은 모두가 영혼이 없는 것이다. 높은 수준의 기교는 모방해 낸 것이 아니다. 그것은 아주 오랜 세월을 거쳐 수련해 낸 것이다. 모방해서 나온 작품은 엄격히 말하면 자기의 작품이라고 할 수 없다.

　거문고를 튕기고 그림을 그리는 것도 모두 자기의 독특한 창조의 길을 개척해야 한다. 심혈을 쏟아서 창조해낸 것이라면 모두 자기의 영혼이 들어 있는 것이다. 기본적인 방법은 선생님의 가르침이 없으면 안 되지만, 신운神韻적인 것은 반드시 자기가 직접 깨달아야 한다. 부처님 공부와 도를 닦는 것도 역시 같은 도리이다.

　예술을 단순히 모방에 그친다면 내재적인 영적인 요소가 영원히 나타나지 않을 것이며, 마지막에는 '영혼'마저 죽고 말 것이다. 모방은 바로 지팡이를 버릴 수 없다는 것이고, 독립을 할 수가 없고, 자기 뜻대로 표현을 못하며, 마지못해 남에게 끌려다니는 격이 된다. 예술품이란 무엇인가? 참으로 정답을 찾기가 어렵다.

예술품의 조건은 무엇인가 藝術作品的條件是形神

　대체로 예술품이라면 아래 같은 두 가지를 반드시 겸비해야 할 것이다. 하나는 형상(즉 구조)이고, 다른 하나는 신운神韻(즉 내재적인 경계)이다. 단지 외재적인 형상만으로는 마치 껍데기나 죽은 송장같이 보일 것이고, 그리고 내재적인 경계만으로는 많은 사람들이 인식할 수가 없고 받아들이지를 못한다.
　하나의 훌륭한 예술품은 베테랑의 인증을 받아야 할 뿐만 아니라 아마추어들도 좋아하는 것이어야 한다. 그래야만 차원이 있는 예술품이라고 할 수가 있다. 진정한 예술가의 작품은 관중들로 하여금 외재적인 형상으로부터 형의상적인 경계로 이끌어가기에 충분하다.
　한 폭의 예술작품은 얼마나 형상과 신운을 적절하게 운용하느냐에 달렸다. 마치 한 사람이 문화수준이 아주 높다고 하면 선생으로서의 자격은 충분하지만 명사明師는 아닌 것과 같다. 문화는 일종 형상일 뿐이지만, 명사는 내재적인 경계도 갖추어야하고 외재적인 형상(즉 지식)도 갖추어야 한다. 허다한 예술인들이나 부처님공부를 하는 사람들은 보통 외적인 형상을 지나치게 모방하기 좋아한다. 이러다 보면 자연적으로 내적인 경계를 잊어버리게 된다. 모방은 어느 한 시기에는 필요하지만, 처음부터 마지막까지 끊임없이 모방을 해서는 안 되는 것이다.

나는 어릴 때 음악공부를 하지 않아서 음악지식은 전혀 없다. 그래서 거문고를 배울 때 무척이나 어려웠었다. 당연히 선생이 가르치는데도 어려웠다. 고전음악도 잘 모르기는 하지만 현대 음악 보다는 듣기를 즐긴다. 사실상 리듬이라는 것은 음악에만 있는 것이 아니라, 일상생활 가운데서의 매 한가지 사물마다 모두 '리듬'이라는 두 자가 적용되는 것이다.

예술가는 반은 성인이다   藝術家是半個聖人

예술을 하는 사람들은 영감靈感을 많이 말한다. 영감은 선천적이라고 착각을 하는 사람들이 많은데, 사실은 사람들의 대부분 영감은 후천적인 지식과 인생의 경험에서 오는 것이다.

지식이 쌓여가고 생활의 경험이 낳아심에 따라 사물을 관찰하는 능력과 사람들의 사상경계가 자연히 넓어지고 연상도 자연 풍부해지는 것이다. 내재적인 기초가 없다면 영감도 떠오를 수 없는 것이다. 지식이 없는 사람이나 생활 경험이 없는 사람, 그리고 사물을 관찰하는 능력이 없는 사람들은 영감이 나올 수가 없다.

　예술을 하는 사람들을 보면 반은 성인聖人이라고 볼 수가 있다. 왜냐하면 예술인들은 반드시 고도로 집중하고, 심지어 무아의 지경에서 창작을 하게 된다. 이러한 작품이라야만 훌륭한 작품이다. 두뇌는 좋은 작품을 창작할 수 없는 것이다.

Ⅰ 만행스님이 그린 시와 서화

㉛ 훌륭한 작품과 도 藝術作品和道

　진정한 예술품은 바로 자성에서 솟구쳐 나오는 것이며 요동치는 힘이다. 그가 연주를 하지 않거나 노래를 부르지 않으면, 또 글을 쓰지 않거나 그림을 그리지 않으면, 더욱이 춤을 추지 않으면 몸과 마음이 진정을 못한다. 심령에서 이러한 것들이 용솟지 않으면 해낼 수 없는 것이다.

　그러므로 진정으로 신운이 있는 시와 화폭들은 모두 만들어 낸 것이 아니라, 수련이 어느 정도 되면 자성에서 저절로 용솟아 나오는 것이다. 모든 불후의 작품들은 모두 신이 내린 붓으로 단숨에 그려낸 것이다.

　훌륭한 작품은 이것도 아니고 저것도 아니며 딱히 무엇이라고 귀결할 수가 없다. 같지 않은 근기根器가, 보는데 따라 같지 않은 감수感受와 인식이 있다. 너무 비슷한 예술은 진정한 예술이라고 볼 수가 없다. 예술하고 도道는 서로 통한다. 그 속에는 아무것도 없지만 심혈을 기울여 살펴보면 무엇이나 다 그 속에서 발견할 수가 있다. 모두 있는 것 같으면서 또한 아무것도 없다. 모두 맞는 것 같지만 또한 아무것도 아니다. 너무 비슷한 것, 혹은 똑같은 것은 물건일 뿐 예술이 아니고, 도道는 더욱 아니다.

말로 표현을 할 수 있는 예술은 예술이라고 할 수 없다. 말로 표현이 되는 도道는 더욱이 도가 아니다. 단 비슷하다거나 근사하다고는 할 수가 있으나, 필경은 그 자체가 아닌 것이다.

道非定　　　도는 정定이라 할 수 없지만
도 비 정
也非不定　　정定이 없을 수 없다.
야 비 부 정
定是斷滅　　정定은 단멸斷滅이고
정 시 단 멸
不定是散亂　정이 없으면 산란해진다.
부 정 시 산 란

道非修　　　도는 닦는 것이 아니고
도 비 수
也非不修　　닦지 않는 것도 아니거늘
야 비 불 수
修是妄　　　닦으면 망념이요
수 시 망
不修是放縱　닦지 않으면 방종이로다.
불 수 시 방 종

도라는 것은 있음과 없음이 동반하며, 시와 비가 함께 따른다. 다만 말을 할 것이 있다면 모두 가설이다. 가설이라면 왜 말을 하는가? 모두 무명無明 때문이다.

멀리 하지만 하는 것이 아니고, 초월이지만 초월도 아니며, 도라고 할 수 없지만 또한 도라고 할 수도 있다. 능소가 모두 비었지만 빈 것이 아니고, 얻는 것도 없고 포기할 것도

없다.

　명심은 수월해도 견성의 증도는 어렵다. 그러나 도리를 모르면 견성을 어떻게 할쏘냐? 마음이 환하면 성이 보인다. 성을 보았다는 것은 바로 자성의 부처님을 보았다는 것인데, 이 자성의 부처님은 원래부터 갖추어져 있는 것이어서 닦아서 된 것이 아니라 단지 찾으면 되는 것이다.

　미술을 미술이라고 하는 것은, 거기에는 예술가의 표현 기능이 있으며, 예술가의 생명이 있고, 예술가의 인격, 예술가의 형상이 있기 때문이다.

2부
심법십론
心法十論

만행상사는 수행과정에서 아래와 같은 기본적인 이념理念을 깨우쳐서 이론화 했다.

1. 깨달은 뒤에 계속해서 수련해야 한다.(頓悟不離漸修)
2. 공유를 초월한다.(超越空有)
3. 일은 원활하게 처리한다.(理事圓融)
4. 도는 세속에 있다.(道在紅塵)
5. 부처는 인간 세상에 있다.(佛在人間)

한 가지 일이 끝나면 모든 일이 뒤이어 끝난다, 즐겁게 생활하고 안심하고 사업하라! 천당도 좋지만 인간세상을 더욱 좋아한다. 부처님도 사랑스럽지만 인간은 더 사랑스럽다! 불교를 사랑하지만 나라를 더욱 사랑한다! 전생 후생이 있음을 믿지만 이승을 더욱 사랑한다.

이상의 기본이념들은 만행의 모든 언행에 관통되어 있다. 아래의 심법 십론을 읽으면서 주의하여 이해하기 바란다.

심법 1
명사를 논함
論明師

🌀 **깨달은 사람은 평범해 보인다**   大徹大悟的人是最平凡的人

철두철미하게 깨달은 사람은 가장 평범한 사람이다. 그가 평범하기 때문에 신비스럽고 짐작을 할 수 없다. 평범하지 않은 포부를 버리고 눈앞의 상황에 만족해하며 현재의 생활을 즐겁게 누린다. 어떻게 득도를 하겠다고 궁리하지 않으며, 무슨 일을 하겠다고 서두르지도 않으며, 어떤 목적을 가지고 무슨 일을 하지도 않는다.

생활 속에서 생기는 사소한 일들은 철저하게 평범해진 사람에게는 모두 향수로 여겨진다. 생활 속에 들어가서 생활을 겪어 보며, 어떤 목적을 가지고 생활하지 않으며, 다만 생활을 경험하면서 생활로 자기를 풍부히 하여 철저히 생활과 하나로 융합된다.

　성인聖人은 태양처럼 빛나며, 사람들이 자기에 대해 좋다 나쁘다 하는 평가를 대수롭지 않게 여긴다. 어느 사람을 좋다고 하면 자연 나쁘다고 욕할 사람이 있을 것이고, 어느 사람이 필요하다고 한다면 자연 필요치 않은 사람도 있을 것이다. 그러나 태양은 사람들이 꾸지람을 하거나 칭찬하거나를 막론하고, 자기가 지켜야 할 바를 지키고 해야 할 일을 하면서 자기의 행위규칙을 바꾸는 법이 없다.

③ 일진법계란 무엇인가　一眞法界

　"일진법계—眞法界"란 무엇인가? 도를 얻은 사람은 능히 하나에서 무량無量(무한)한 일체를 알아보며, 무량한 가운데서 하나를 찾아낸다. 한 법에서 만가지 법을 알고 만가지 법에서 한가지 법을 찾아낼 수 있다. 법과 법이 한데 융합하였지만 서로가 엇갈리는 것이 아니다. 하나는 바로 모든 것이며 모든 것이 바로 하나라, 하나가 일어나면 필연적으로 모두가 잇달아 일어나게 되며 하나가 풀리면 모든 것이 다 풀리게 된다. 만사만물은 모두 부처요, 법이요, 평등하여 다를 바가 없다.

중생이 없으면 명사도 없고, 명사의 공덕은 중생을 기초로 해서 키워낸 것이다. 중생은 토양이고 명사는 거목이다. 그러나 거복이 토양을 필요로 하는 것이지, 결코 토양이 거목을 필요로 하는 것이 아니다. 그러나 나중에는 거목의 잎과 과일이 모두 땅 위에 떨어지듯이, 중생의 복지는 명사를 공양하는데서 오게 되는 것이다.

명사는 인연 따라 응대할 뿐이다   明師做的一切都隨緣

득도한 사람은 정체整體 속에 융합되기에 '아집我執'의 공간이 사라진다. 그가 하는 모든 일은 전체 속에서 하기에, 그에게는 얻었다는 느낌도, 잃었다는 느낌도 없다. 생사生死라는 공간은 벌써 사라졌기에, 지금 생활하고 있지만 지금이란 개념조차도 없다. 애를 쓰기도 하고 화도 내고 욕도 하지만, 이런 것들은 그의 존재 속에 있는 것이 아니다.

득도한 명사는 그 어떤 것도 추구하지 않고 그 어떤 것도 두려워하지 않으며, 그가 하는 모든 것은 다 인연 따라 하는 것이다. 그는 친구도 없고 적도 없다. 그의 눈에는 좋고 나쁨이 없으며 선악을 분간하지 않으니, 남녀구별, 선악구별, 천당지옥, 생과 죽음을 분별하지 않는 성인이다.

그의 눈에 중생이란 없으며 모두 부처이다. 자아를 초월한 사람, 도에 들어선 사람에게 어찌 선한 것과 악한 것, 미운 것과 고운 것, 나쁜 것과 좋은 것의 구별이 있겠는가? 그가 얻은 성과는 분별이 없는 지력智力으로써, 신용이란 것도 없거니와 신용을 잃지도 않는다. 그는 다시 업장業障을 만들지 않기에 업장을 없애지도 않는다. 명사가 하는 모든 것은 인도人道에도 맞고 천도天道에도 맞다.

성도하면 '나'가 없어진다 內在的存在徹底改變

깨달은 사람은 사랑과 미움이 몽땅 사라져서 누구를 사랑하지도 않고 미워하지도 않는다. 그러나 그의 앞에 다가서면 그가 베푸는 뜨거운 사랑을 느낄 수 있다. 그의 사랑은 순수한 자체로써, 당신이 느끼기에 따라 느껴지며 당신의 근기에 따라 그를 느끼게 되고 반응하게 된다. 오도한 사람의 마음은 단순한 존재이기 때문에 그를 미워할 필요도 없고, 사랑할 필요는 더욱 없다. 만약 그를 사랑하고 싶다면 그는 곧 선체적인 사랑의 화신이 된다.

성도한 후의 몸은 예전과 별다름이 없지만 내 속의 내적인 존재만은 철저히 개변되었다. 나는 그냥 나대로 이지만 이전의 내가 아니다. 과거의 나는 이미 죽었고 새로운 내가 출생했다. — 무량겁無量劫 이전에 있던 내가 오늘 다시금 출현하였다. — 다시 말하면 지금 나의 두뇌(심의식)가 죽었기 때문에 무량겁 전의 내가 부득불 나타나게 되었던 것이다.

🟢 시시각각으로 각지하다   時時刻刻覺知

수행하는 사람이 도를 닦는다고 목석처럼 아무 것도 모른다 생각하지 말라. 수행하는 과정에서는 혹시 목석같을 때가 없지 않으나, 그것은 세상 밖의 일을 추구하지 않고 그 힘을 내재적인 핵심으로 돌리게 되는데서 생기는 현상이다. 이 과정을 지나면 모든 힘과 기교가 몽땅 각지覺知로 변하게 되는데, 하늘을 나는 새도 자기의 가슴을 날아 지나는 듯 하고, 걸어 다니는 사람들도 자기의 가슴 속을 밟고 지나는 것만 같다. 물론 이런 경계는 몹시 괴로운 것이지만, 그때는 아주 예민해진 탓으로 쉽게 영향을 받게 되는 것이다.

다른 측면으로 본다면 이때는 부처님들과 천당지옥이 모두 자기와 같이 있게 되며 모두 자기와 하나의 통일체로 된다. 당신은 이미 집에 도착한 듯 다시 더는 시킬 일도 할 일도 없게 된다. 당신의 여정旅程은 이미 끝났고 당신의 모든 결과

는 바로 각지覺知로 된 것인 즉, 시시각각으로 각지하고, 꿈도 생시도 다 각지로 된다. 과거의 일체가 당신의 각지상태와 연결되어 기억으로 살아온다. 모든 방법은 일깨움이 되어 당신의 내재의 각지를 일깨운다. 각지가 된 다음 방법이란 필요가 없으며, 과거의 방법은 뒤에 오는 자들에게만 필요한 것으로 된다.

명사는 너의 심의식을 끊는 역할을 한다 明師能切斷你的心意識

명사는 아무 일도 할 줄 모른다. 오로지 너를 잠에서 깨워 일으켜줄 뿐이다. 당신의 머릿속에 자리잡고 있던 습관은 명사가 깨워줬지만, 일어나기 싫어서 여전히 침대에 누워 있다가는 잠깐 사이에 또 다시 꿈나라로 가버린다. 명사가 당신의 머리를 두드려 부숴야만 당장에 각지가 든든해 질 수 있는 것이다. 이것은 오랜 시간이 아니라 순간의 기능으로 완성될 수도 있다. 혹은 십여 년의 노력도 역시 이 순간을 위해서일 수도 있다.

명사가 할 수 있는 일은 오로지 당신의 머리, 즉 심의식心意識을 잘라버림으로써 그 자리에서 당신으로 하여금 내재한 각지와 연결되게 하여 당신이 각지가 되게 하는데 있다. 이 순간을 놓친다면 일년, 혹은 십 년, 심지어 몇 세대를 지나야 이런 순간이 나타날 수도 있다. 일단 이 순간을 놓치지 않게 되면 당신은 영원한 각지로 될 수 있다. 이 순간에 영구불변이 만들어지는 것이다.

인류의 고통은 절반 이상이 모두 서로 비교하는데서, 즉 자기와 주위 사람들을 비교하는 데서 오는 것이다. 내재內在에 들어서서 영성의 꽃을 피울 수 있다면 곧 외계의 사물과 비교하지 않게 될 것이다. 부처님들이 선정할 때 그들이 즐겁고 고요하며, 만족을 느끼며 박애博愛할 수 있는 것은 내심에 영성의 꽃이 만발했기 때문이다.

크게 도를 깨우친 명사가 하신 말씀은 한마디 한마디가 모두 교리다. 어떤 말을 하거나 행사를 하거나 모두 여래불로부터 나왔기 때문에 명사를 공양하는 것이 바로 삼세 부처님(三世諸佛)을 공양하는 것이다. 명사를 얕잡아 본다면 삼세불을 얕잡아 보는 격이다. 명사와 삼세 부처님들의 마음은 서로 통한다.

득도하면 욕망이 없어 보인다 *得道之人沒有欲望*

득도를 한 사람은 외계의 도움을 받을 필요 없이 자기 내

재로만도 충실히 살 수 있다. 그는 자체만으로도 살 수 있고 세상 만물과도 어울릴 수도 있다. 겉으로 보았을 때 사람들의 눈에는 그가 아주 고독해 보이지만 그의 내심세계는 실상 만물과 통일체로 이루어져 있다. 그는 아무런 욕망도 없고 자기라는 것을 나타내지도 않으며, 남들의 옳고 그른 시비를 몽땅 받아준다. 그리고 자기를 중요하다고 여기지도 않으며 노력도 분투도 하지 않아서, 남들이 보건대 멍청스러워 보이게 되고 아무 쓸데없는 무골충 같아 보인다. 원칙도 없고 입장도 없으며, 그와 합작하면 어이가 없을 것은 분명하지만 절대로 남의 신경을 건드리지는 않는다.

왜냐하면 그는 성인聖人으로 되는 것밖에 다른 것은 아무 것도 할 줄 모르기 때문이다. 이 성인이란 칭호도 다른 사람들이 듣기 좋게 지어서 부르는 소리인데 실상 그에게 있어서는 아무 것도 아니다. 절대로 그가 어느 유형에 속한다고 분류하거나 구별하지 말라. 그렇게 했다가는 실망할 것이니, 반드시 기억하고 기억할 지어다.

부처님은 어디라 할 것 없이 곳곳에 다 계신다. 온다 간다고 하는 소식이 없을 뿐이고, 중생들이 그 채널(頻道)을 맞추지 못해 교류를 못하는 것뿐이다. 득도한 명사는 바로 부처님과 교류할 수 있는 채널을 알아낸 것이다. 비록 중생들에게 모두 부처의 심성(佛性)이 있다고 하지만, 명사의 지도가 없으면 결국 도를 깨우치지(悟道) 못한다. 일단 채널의 패스워드와 기술을 알아낸다면 그 즉시로 부처님들과 교류할 수 있다.

🔅 선입견을 버려야 명사가 보인다 惟有空掉成見后才能明師的力量進去

 득도한 명사가 만약 정감이 없다면 어떻게 중생의 정감을 요해할 수 있으며 또 어떻게 중생을 도울 수 있겠는가? 인간 세상에 태어났으므로 인간의 특징을 가지고 있지만 명사들은 또 인간의 특징을 초월해 있다. 마치 물속에서 자라난 연꽃처럼, 비록 물속에서 자라지만 또 수면 위로 올라와 있는 격이다.
 명사는 가장 어렵다. 명사 앞에 다가서는 모든 신도들은 저의 모두가 다 선입견을 가지고 있는데, 그들은 "내 마음속의 명사는 꼭 이렇고 저러며, 또 이러고 저래야 내 마음속의 명사며 그렇지 않으면 그는 명사가 아니다."라는 생각을 가지고 있다. 오는 사람마다 자기의 명사에 대한 표준을 가지고 명사를 가늠하며, 명사에게 아무런 자유도 주지 않으려고 한다. 오는 사람들은 원래 명사에게 배우려 왔는데 도리어 명사를 조각시키려고 한다.

　당신이 명사 앞에 다가섰을 때 기존의 성견을 버리지 않는다면 아무 것도 배우지 못한다. 만약 당신이 명사에게 자기를 얼마만큼 바친다면 곧 명사에게서 얼마만큼 얻게 된다. 이는 명사에게 물건을 바치라는 말이 아니다. 명사에 대한 믿음을 가지고 명사에게 마음을 활짝 열어놓으라는 말이다. 오직 너의 성견을 몽땅 버려야만 명사의 힘이 들어갈 수 있다. 명사 앞에 다가섰다면 당신은 우선 죽음부터 배워야 한다. 과거의 사상개념을 몽땅 죽여 버려야 한다.

　즉 심의식心意識을 죽여 버려야 한다. 오로지 그 복잡한 두뇌를 죽여 버려야 그 깨끗하고 반짝이는 원래의 본성이 나타난다. 그렇지 않으면 당신은 복잡한 두뇌에 묻혀 버리게 된다. 우리는 너무나도 오랫동안 윤회에 떨어져 있었기 때문에, 우리의 머릿속에는 너무나도 많은 나쁜 습관들이 배어 있어서 우리의 그 반짝이는 것들을 덮어 버리고 있는 것이다. 그러나 우리의 본성에 있는 그 반짝이는 것들은 비록 덮여 있다고는 하지만 변질하지는 않는다. 일단 과거의 개념을 분쇄粉碎해 버리고 현재를 맞이한다면 본성이 곧 나타나게 된다.

③ 있는 그대로를 인정해야 한다 明師是一面鏡子

　남을 의심하기 좋아하는 사람은 마치 남이 버리는 쓰레기를 모으는 격이며, 남을 잘 믿는 사람은 바로 남의 몸에 칼과 족쇄를 채우는 것과 같다. 득도한 사람은 이 두 가지 경우를 초월했기에 남을 의심도 하지 않고 믿지도 않으며, 명실상부한 말 밖에 할 줄 모르며 진실한 본성 그대로 모든 의사를 나타낼 뿐이다. 오직 머리가 흐리터분한 사람만이 양극兩極의 상황에 머물러 있게 된다. 즉, 의심과 믿음, 죄악과 공덕, 성공과 실패……, 초월한 두뇌 ― 심의식은 바로 명석하고 투명한 두뇌 ― 역시 분별이 없는 두뇌 ― 바로 투명한 거울이라고 할 수 있다.

　만사만물들은 그 거울 앞에서 자기의 본성을 그대로 나타내게 된다. 발생하려고 하는 일이거나 이미 발생한 일이든지 간에, 발생한 것은 다만 발생했을 뿐이고 거기에 어떤 개념을 씌울 필요가 없다. 즉 시와 비, 선과 악 등등이 개념을 붙일 필요가 없다. 발생하는 일들을 분별도 못하며 판단도 못하며, 오로지 그 모양 그대로 받아들일 수 있을 뿐이다. 각기 자기의 속성이 있기 때문에 인위적으로 포장한다면 자연의 아름다움을 잃어버리게 된다. 거기에 모종 개념을 씌운다면 꼭 어떤 동기를 말하게 되며 목적을 가지게 된다.

발바닥의 진흙을 보고 누가 좋다거나 싫다거나 말하는가? 말하지 않는 까닭은 우리가 진흙에 대한 동기와 목적이 없기 때문이다. 개념은 인류 욕망의 투사投射이다. 욕망을 사물에 다 투사한다면 형태가 변하며 분별이 있게 된다. 성인이 바로 거울이라는 것을 기억하라! 그는 분별도 없고 목적도 없으며 욕망의 투사投射도 없기 때문에 그 거울 앞에 서면 영원히 당신의 본성을 돌려준다.

득도한 명사는 마치 한 떨기 곱게 핀 꽃처럼 시간적 제한을 받기도 한다. 백년이 지나면 모두 왕생한다. 그러나 그의 가피력은 ― 즉 에너지의 마당을 말하면, 삼계 속에 있는 명사의 에너지 마당은 백년이 지나면 사라지지만, 삼계를 초월한 명사의 에너지 마당은 천년이 지나도 사라지지 않고 계속하여 가피력이 있다.

③ 명사를 모방해서는 안 된다 千萬別模倣明師

명사는 다만 손가락 하나로 가리킬 뿐이다. 당신이 명사의 손가락을 따라 앞을 내다본다면 둥글고 밝은 달(明月)을 볼 수 있게 된다. 그렇다고 해서 명사를 모방하려 하지 말라. 오직 명사를 믿어야만 자기의 목적에 도달할 수 있다. 명사를 모방한다면 너는 꼭 내재한 부처의 심성을 잊어버리게 된다. 큰 능력은 모방해서 얻는 것이 아니다. 다만 천박한 표면 현상만 모방할 수 있다. 당신의 몸에 내재한 영성靈性은 완전히 자아를 찾은 뒤에만 꽃이 필 수 있다. 모방은 자기를 산산조각 나게 흩어버림을 의미한다.

모방하지 않는다 해서 명사를 믿지 않는 것이 아니다. 득도한 사람마다 다 각자의 다른 방법이 있는 것이다. 중생들이 발자국을 뗄 때는 다 같은 방법으로 걷게 되지만, 내심으로 들어가면 갈수록 분기가 생겨 자기의 독특한 방법을 가지게 된다. 그러나 또 내재한 핵심에 들어가면 갈수록 방법은 다시 또 같아진다. 즉 방법이 없다는 것이다. 몇 발자국은 당신에게 수련하는 방법을 가르칠 수 있지만, 마지막 발자국은 무법위법無法爲法(법이 없음을 법으로 하며)하며, 무문위문無門爲門(문이 없음이 문이 된다)한다. 방법은 있다 → 방법이 없다 → 또 방법은 있다 → 방법이 없다. 이렇게 반복되는 것이다.

명사의 마음은 오직 하나, 즉 그가 달성한 바를 당신도 달성하도록 하려는 것뿐이다. 그러나 그가 쓰는 수법手法은 각양각색 기괴하다. 명사를 괴이하게 여기지 말라. 왜냐하면 당신이 득도하는 인연이 곧 각양각색의 괴이한 방법이 필요되므로, 당신이 괴이하다고 생각해야만 이 기괴한 방법이 효력을 볼 수 있기 때문이다. 알아 차렸을 때가 바로 당신이 득

도한 때이며, 때문에 괴이함도 괴이함이 아닐 때이며, 역시 무법의 시각이다.

🌙 명사를 가까이 하면 육체도 바뀐다 親近明師具有同樣的震動力

명사를 사랑하는 것이 바로 도를 사랑하는 것이다. 명사가 바로 도의 화신이기 때문이다. 명사는 비록 육체로 있지만 그의 진동률은 도와 같은 것이다. 때문에 그와 접근하면 자기의 내적인 진동도 변하게 된다. 왜 그렇게 많은 도깨비와 귀신들이 당승唐僧의 고기를 먹자고 헤맸겠는가? 여기에 도리가 있다. 명사의 머리카락 하나, 그가 쓰던 물건까지 명사와 꼭 같은 진동력이 있기 때문이다.

비교적 예민한 사람이라면 명사 옆에 섰을 때 곧 명사의 진동력이 자기의 몸을 꿰뚫고 지나가는 것을 감각하게 될 것인데, 그렇게 되면 그 역시 명사와 똑같은 진동력을 가지게 된다.

득도한 역량도 질병처럼 전염성이 아주 크다. 감기도 전염되고 간염도 전염되듯이, 득도한 역량 역시 전염성이 있는 것이다. 명사는 바다처럼 아무런 필요도 없지만 모든 것을 다 용납할 수 있으며 줄 수 있기 때문에, 당신이 명사 앞에 가슴을 풀어 진솔해진만큼 얻어 받게 된다. 혹시 당신이 창문을 열지 않았다고 하더라도 햇살은 여전히 당신의 집을 비춰주고 봄바람은 여전히 당신의 창문가를 스쳐 지날 것이다.

어머니는 다만 물질적인 것만 당신에게 줄 수 있을 뿐 영성靈性은 줄 수 없다. 어머니는 건강한 신체를 주고 명사는 영성을 키워 준다. 어머님이 주는 것은 대나무요, 명사가 주는 것은 꽃과 과일이다. 명사를 한번만 봐도 깊게 잠들었던 당신의 영성이 깨어나게 되며, 명사의 관정灌頂을 받는 즉시로 해탈하게 될 것이다. 그러나 다시 새로 만든 업은 각자가 담당해야 한다.

명사는 진실만을 말한다　明師實話實說

이렇고 저렇고 하는 시비는 모두 결론이 없으며 결론을 내릴 수도 없다. 인간들은 보통 선입견으로 모든 것을 평가하기 좋아한다. 만약 먼저 불교를 믿었다면 기독교 사상을 받아들일 수 없고, 먼저 기독교를 믿었다면 불교사상을 받아들이지 않으며, 심지어 서로 상대방을 사도邪道라고, 상대방의 교리를 말도 되지 않는 것이라고 공격하기까지 한다.

모든 종교는 각기 자기의 고정된 개념이 있다. 보통 자기

에게 부합되지 않는 개념을 모두 외도外道라고 한다. 문벌(門戶)사이의 견해 차이와 내려온 인습으로 서로 용납을 하지 못하게 되는 것이다. 철저히 득도한 사람에게 정사正邪의 구별은 없으며, 모든 언론은 방편가설(方便假說)로써 중생들을 이끌어 내재한 자기의 핵심으로 들어가게 하자는 데 목적을 두고 있다. 법조차 버려야 하는 것인데 하물며 법이 아닌 것임에랴?

명사가 방자하게 큰 소리를 칠 수도 있겠지만 오늘의 명사는 어느 누구도 석가모니 부처님과 예수님에 못 미친다. 싯달타 석가모니는 출생하자마자 큰 소리로 "천지간에 오직 나만이 홀로 존귀하도다."라고 외쳤다. 예수도 "나와 하나님 아버지는 통일체다. 내가 바로 진리요, 내가 바로 도로다."라고 말씀하셨다.

명사가 자신을 높인 것이 아니라, 곧이곧대로 말했을 뿐이다. 진리는 진리일 뿐, 진리를 겸손과 자대自大로 여기면 안 된다. 진리는 반드시 자기 본래 모양대로 나타내야 하며 또 역시 자기 모양대로 존재한다. 보통 사람으로 놓고 말하면 겸손과 자대는 똑같은 동일한 마음가짐이다. 모두 '아집我執'의 표현이며 동일한 에너지의 플러스와 마이너스 극이다.

작은 지혜를 가진 사람은 음모陰謀(뒤에서 꾸미기)하기를 좋아하지만, 큰 지혜를 가진 사람은 양모陽謀(진실하게 나타내기)하기를 좋아한다. 득도한 승인(스님)은 항상 자기의 모양대로 내보인다. 음모와 양모, 겸손과 자대는 모두 동일한 성질로써 모두 '아집'의 재현이다. '아집'이 사라졌을 때 명사가 말하는 모든 것이 어떤 사실에 대한 진술陳述이라는 것을 안다. 즉 자대도 아니고 겸손도 아니며 오로지 실사구시, 곧이곧대로 말했을 뿐이다. 부처와 예수 역시 사실을 사실대로 말한 사람들이다.

아부阿富가 전생에 확실히 관세음보살이었고 육조혜능六祖慧能이었다고 하자. 하지만 이승에 와서 결국은 아부가 됐는데 전생과 후생과는 아무 관계도 없다. 다만 지금 생활을 잘하고 잘살면 되는 것인데, 왜 하필 내가 무엇에서 비롯해서 전세轉世되었는가를 증명해야 하는가? 이것을 증명한 자는 또 무슨 근거로 당신을 인증印證하는가?

명사는 소망이 없어 윤회가 없다 明師從來不發願

성인은 종래로 소원을 나타내지 않는다. 소원을 나타내는 사람은 속된 인간이다. 지금 구하기를 소원하는 것이 내세에 좋아할 것인지 모른다. 때문에 많은 사람들이 항상 자기 몸에서 발생한 일들을, 모두 전세에 소원한 일이 이승에 와서 풀렸기 때문이라고 원망한다. 주위의 사람들을 돌아보아라. 모두들 향불을 피워놓고 귀신에게 빈다. '나'를 귀신하고 통하게 해달라고, '내'가 아무개하고 통하게 해달라고, 오늘 소원을 풀어주지 못한다면 내세에 가서라도 꼭 소원을 풀어달라고. 그래서 도깨비와 귀신이 몸에 붙는 것이다.

오늘의 모든 것, 이를테면 질병, 재산 등등은 전세에서 남겨 놓은 일들이다. 만약 장래에 편안히 살자면 오직 이승에서 없애 버려야 한다. 미래의 생활방식은 전적으로 이승에서 자신이 결정하는 것이다. 하느님은 절대로 당신의 무엇을 결정하지 않는다.

다만 독립적이고 개체적인 빛 덩어리를 보존할 것만을 소원한다면 윤회에 떨어지게 된다. 자신의 이 빛 덩어리의 질량에 근거하여 다른 시공간에 떨어지게 된다. 혹은 천당에, 혹은 인간 세상에, 혹은 지옥에. 만약 이 빛 덩어리를 수련해서 우주에 융화 시킨다면 다시는 생과 멸滅이 없게 되어 불생불멸할 것이다.

부처님, 나한羅漢, 속된 인간, 귀신 등등은 모두 부동한 에니지(能量體)로서 획일힌 존재들이다. 우주진체는 미치 덕구공처럼 둥근 구체球體다. 육도의 중생들은 여섯 가지 에너지로 이루어져 우주의 부동한 단계에서 존재해 있다. 본각本覺 중의 부처님들은 무형무상無形無像이지만, 삼계에 내려와 중생들을 인도할 때면 형체가 있을 수도 있고 모양이 있을 수도 있으며 또 무형무상으로도 존재할 수 있다.

윤회도 스스로 원해서 되는 것이다. 사람들이 인간 세상에 너무 집착하고 인간세상을 떠나기 싫어하기 때문에 명사님들도 천당으로 인도해 갈 방법이 없는 것이다. 오직 윤회를 겪을 때만이 당신은 소원을 이룬 듯하여, 때로는 천당으로 되돌아 갈 생각을 가지게 되는 것이다.

업장業障이란, 곧 자기의 과거 습성을 너무 많이 남겨 놓은 것일 뿐이며, 너무나 많은 소망을 가져도 그것이 곧 업장으로 된다. 업장이 없다면 인간으로 되돌아올 이유도 없다. 명사들도 인간 세상에 내려오려면 중생들의 업장을 빌려야만 하고, 업장이 끝나지 않았으므로 윤회가 생기게 되는 것이다.

윤회는 해탈의 문을 찾지 못하여 생기는 것이며, 태초로부터 생긴 습성에 싸여 집안에서 나오지 못하고 왔다갔다 하기만 하는 것이다. 일단 명사의 인도를 받게 된다면 대문을 대뜸 찾아 해탈하게 되며, 또 자연 명사가 될 수도 있는 것이다.

소원이 있는 한 필연코 윤회가 있게 된다. 윤회와 인간세상으로 내려오는(下凡) 것은 본질적 구별이 있는데, 윤회는 자기를 제어할 수 없어 업력業力에 끌려서 돌아다니는 것이

고, 인간세상으로 내려오는 것은 자기의 마음에 따라 자기가 맡은 배역을 똑똑하게 출연하는 것이다.

크게 득도한 사람에게는 윤회나 하계로 내려오는 것이나 크게 차별이 없고, 단지 이승의 생명단계를 빌어 인생을 노닐 뿐이다(人生游戲). 왜냐하면 득도한 사람의 사상개념은 철저한 변화를 가져 왔기에 자기가 무얼 한다고 여기지도 않으며, 자기가 또 아무 것도 하지 않는다고도 여기지 않는다. 모든 것은 다 자연히 존재하는 것이요, 또한 자기의 존재가 있는지 없는지도 생각지 않는다.

나 자신에 대한 공과는 나 자신이 평가한다 功過獎懲都有自己決定

죽음은 자신의 빛 덩어리와 우주 전체적인 대형의 빛 덩어리와 하나로 융합되어 일체로 된다. 융합되지 못하는 것은 당신의 습성인데, 이 습성이 당신을 윤회에 떨어지게 한다.

당신이 어떤 일을 하든지 하느님은 모두 승낙한다. 나중에 벌을 주는 것은 하느님이 아니라 자기 자신이다. 믿지 못하겠으면 두고 보아라. 얼마 가지 않아 당신은 자기 스스로 자기에게 벌을 주게 될 것이라는 것을 알게 될 것이다. 오로지 득도한 사람만이 자기를 사랑할 줄 알며, 남도 사랑하고, 모든 사물도 사랑하여 인과因果의 벌을 받지 않을 수 있다.

심리상태는 마치 여러 가지 기능을 가진 자석처럼 무엇을 생각하면 무엇을 끌어들인다. 심지어 생각(念頭) 마저도 소원력으로 되어 장래에 소원의 열매를 가지게 되는 것이다. 사람들이 이 세상에 소원을 풀려고 왔고, 다음은 전세에서 심어놓은 소원의 열매를 거두러 온 것이다.

존재자체가 바로 불성이다 佛性只是本來面目

우주의 네 가지 종류, 날아다니는 것과 헤엄치는 것, 동물과 식물, 심지어는 돌조차도 모두 불성을 가지고 있어 모두 다 성불할 수 있다. '불성佛性(부처의 본성)'이란 바로 '존재 자체'를 말한다. 돌 같은 종류의 부처 본성은 매우 세밀하고 세밀하며 깊수하고도 깊수하다. 그들의 불성은 동면冬眠에 처한 것과 같고 죽은 것 같다. 오직 삼마지三摩地에 들어가야만 돌 같은 사물의 불성을 알아 볼 수 있다. 돌은 진화되어 초목으로 되고, 초목은 또 진화되어 각종 날고 기는 동물로 되며, 이것들이 또 계속 진화하여 사람으로 되며 나중에는 모두가 성불한다.

기도란 祈禱

　부처와 하느님께 기도하는 것은 사실 자기에게 기도하는 것도 포함하고 있다. 왜냐하면 부처와 하느님은 고립적으로 있는 것이 아니라 중생들과 한데 어울려 있으며, 중생들과 동일체이기 때문이다. 우주전체는 바로 하나이다. 한 사람이 수행하면 중생들이 모두 이익을 보게 되며, 한사람이 나쁜 짓을 하면 역시 전체 우주가 모두 그 나쁜 영향을 받게 된다. 한 개체가 사망되면 그의 업력과 습성이 우주에 용해되어 들어가지 않을 뿐, 업력과 습성외의 것들은 모두 다 우주와 하나로 융합된다. 나머지 업력은 절로 자기에 알맞은 주파수를 찾게 되는데 이 주파수는 다만 인간 세상에만 있다. 때문에 윤회라는 것이 생기는 것이다.

　운명이란 무엇인지 모르는 사람만이 운명을 개변하려고 애를 쓰는데, 일단 운명을 알고 난 다음엔 개변하려고 생각하지도 않는다.

심법 2
수행자를 논함
論行者

 **중생을 사랑해야 한다** 愛衆生

능력이 큰 사람이 덕(德品)이 없다면 도의 시각에서 보면 그는 마귀일 뿐이다. 공도 있고 덕도 있어야 중생을 위해 헌신할 수 있다. 덕은 공부의 본체이며 공부는 덕에 의해 쓰이게 된다. 공과 덕 중에 어느 한 쪽으로 기울게 수련해도 안 된다. 생명의 가치는 삼가 바치는데(奉獻) 있고 인류의 타락은 추구追求에서 온다.

진정한 불교 신도라면 반드시 출세出世하는 마음으로 입세入世의 일을 해야 한다. 국가를 사랑하고 한마음으로 단결하여 나라와 백성을 위해 헌신해야 한다.

진정한 수행자라면 시시각각으로 중생을 마음에 두고, 육도의 중생은 다 내 전세의 부모님들이며 그들과는 본래 한 몸이라고 생각해야 한다. 다만 그들은 삼계를 초월 못함으로 윤회한다. 오로지 불도만 윤회에 떨어지지 않는다. 나머지는 모두 지옥에 아귀로 짐승으로 윤회하는 등 고액을 면치 못하게 된다. 비록 수련해서 신선이 된다고 하더라도 삼계내의 열매에 지나지 않으며, 나중에 역시 윤회에 떨어지는 것을 면치 못하게 된다.

공유에 머물지 말아야 업이 사라진다 空有不住業才空

공유에 머물지 말아야 업이 사라진다. 머무르게 된다면 반드시 옛 빚을 갚아야 하는 법이다. 법에 집착해 끝이 없거나 깨우침의 흔적을 없애지 않고는 업이 그림자처럼 몸에 붙어 다니는 것을 어쩔 수 없다. 이는 반드시 몸소 실증을 해야 하는 것이고, 이치로서 깨닫는다고 해서 될 일이 아니다.

🔵 선정이 깊어야 오묘한 진리를 이해한다 深入禪定才能理解諸佛妙心

달마達摩 조사께서는 이렇게 말씀하셨다. "만약 견성見性(본성)을 보아내지 못했다면 십이부경十二部經의 가르침이 다 까귀 말로밖에 들리지 않는다. 내가 하는 말을 알아듣지도 못하고 나의 법을 함부로 강론한다면 그것이 바로 부처를 비방하는 것이다." 십이부경은 모두 조사님들이 수행과정에서 체험한 기록들이다. 글로만 이해한다면 삼세 부처님들이 얼마나 억울해 하겠는가? 오로지 깊은 선정禪定에 들어가야만 여러 부처님 말씀에 담긴 오묘한 진리를 이해할 수 있을 것이다.

관념이 변하지 않으면 심성心性을 새로운 차원으로 끌어올리지 못하게 되고, 또 이렇게 되면 자연 높은 차원에 있는 중생들과 교통할 수 없게 된다. 관념에서 돌파가 많으면 많을수록 내려놓는 것이 많고 심성도 그에 따라 더 빨리 진보하게 된다. 먼저 머리속에 남은 나쁜 관념들을 깨끗이 쏟아 버려야 부처님의 힘이 들어올 수 있게 되는 것이다. 그렇지 않다면 부처님의 힘이 당신의 복잡한 잡념에 밀려 두뇌 밖으로 나가게 된다.

차원마다 다 자기의 시간과 공간의 제한을 가지고 있다. 다만 어느 차원을 초월했다면 곧 그 차원의 공간과 시간의 제한을 받지 않을 뿐이다. 삼계를 초월한다는 말 역시 매 차원의 공간과 시간의 제한을 초월했다는 말이다. 시공을 초월했다면 역시 삼계를 초월한 것이고 인과因果를 초월한 것이다. 초월한 사람은 인과응보라는 것이 없다. 초월하지 못한 사람은 마치 바다 속에서(인과응보적 차원) 작업하는 격으로 여전히 인과의 속박을 받으며, 그가 하는 모든 것도 역시 인과응보를 받게 되는 것이다. 강둑에 뛰어 올라야 비로소 물에 젖지 않을 수 있다.

신통력을 탐내지 말아야 한다 不可貪小神通

수련하는 사람들은 꼭 올바른 염두(正念)를 마음속에 둬야 하고, 작은 신통력(神通)을 탐내지 말아야 한다. 탐내면 무형 중생들이 몸에 들어붙게 된다. 음태(정령, 도깨비)들은 연고 없이 몸에 붙는 것이 아니다. 청하지 않으면 오지 않는다는 말이 있는데, 온 뒤에는 귀신을 통해서 당신의 양기를 싹 바꿔 버린다. 그들이 당신의 양기를 몽땅 도둑질해가게 되면, 당신은 죽어서 귀신이 되고 그들은 양기陽氣를 얻어서 사람으로 된다.

보통 사람이 말하는 느낌은 철저한 느낌이 아니며, 이치로서의 이해에 지나지 않으며 아직도 두뇌의 범위에 속하는 것이다. 철저히 득도한 사람은 이사理事에서 이미 원두源頭에 도달했기 때문에, 제일 근본적인 지혜를 얻은 것이니, 마치 물의 원두에 이르러 다시는 목이 마르지 않는 것처럼 심령心靈이 깊은 만족 속에 잠겨있게 된다. 이 역시 옛날 사람들이 말한 것처럼 "큰 느낌은 열 여덟 번, 작은 느낌은 헤아릴 수 없이 많다."는 것이다. 때문에 머리를 파묻고 능력을 연마해야 한다.

지혜를 얻기 전에는 역류하라 逆流而修

정말로 선을 수련(修禪)하는 사람을 세상 사람들이 이해하지 못한다. 그는 밖으로는 인간세계를 잊어버리고 안으로는 몸과 마음(身心)을 잊어버렸기 때문에, 생활에는 동반자도 없고 인정도 끊거져 인아人我(다른 사람과 나)가 사라졌다. 이렇게 하면 몸은 편안하고 마음은 도에 들어서게 된다. 그렇지만 수련하는 사람이 세상 사람들에게 주는 인상은 몹시 냉정하고 인정머리 없어 보인다. 그때 선자의 마음속에는 중생도 없다. 그러나 그 누가 알랴? 이렇게 하지 않으면 어떻게 입도하고 또 득도하여 인간 세상에 되돌아와서 중생들을 이끌어

교화하겠는가?

도를 닦으려면 진정하게 닦고 깨닫자면 철저히 깨달으며, 말로만 알았다고 하는 수행자가 되지 말아야 한다. 해행합일 解行合一(이해와 행위가 하나로 됨)되며 수행이 일상생활 및 사업 등과 융합되어야 한다. 불법은 생활을 이탈한다면 발붙일 자리가 없게 되며 또한 아무런 의미도 없게 된다.

자연의 순리를 따르라(順其自然)라는 이 말은 큰 지혜를 얻은 후의 행실을 말하는 것인데, 일반 사람들이 순기자연(順其自然)하면 필연적으로 타락하게 된다. 처음 수련하는 사람은 반드시 역류逆流(물을 거슬러 올라감)해야만 성공할 희망이 있다. 지혜를 얻은 후의 성인들은 모두 순기자연한다. 성인은 무심無心하면 부처가 되지만, 일반인이 무심無心하면 허공에 떨어지게 되며 죽은 뒤에는 짐승으로 된다.

수행하는 사람이 가까스로 공空과 유有, 시是와 비非, 좋은 것과 나쁜 것, 성공과 실패, 고苦와 락樂, 해탈과 속박 등에 지나치게 마음을 두고 나누지 않는다면 괜찮을 것이다. 이런 것들에 지나치게 집착한다면, 자기 몸에 무형의 족쇄를 채우는 것이나 다름이 없으니 고통이 막심할 것이다.

🉐 세속에서 닦아야 한다 紅塵中修練

속세의 재색명리財色名利(재물과 여색과 공명과 이익)를 멀리하면 물론 수행이 있다고 할 수 있겠지만, 재색명리와 한데 어울리면서도 재색명리에 빠져들어 가지 않는 것이야말로 진정 수행이 있고 능력이 있다고 할 수 있다. 소나한과小羅漢果는 세속을 떨어져 수행하지만, 진정한 큰 보살도는 세속에서 수련하여 세속을 이용하여 수련하고 세속이 나에게 쓰이게 한다. 전자는 편협한 것이지만 후자는 가장 원만한 것이다. 오직 원만함에 있어야 원만하게 수련할 수 있다.

🉐 아집을 버려야 한다 消除我執

수행하는 사람들은 대개 온종일 신통력, 경계境界, 지혜智慧를 추구하지만 '아집'을 버리지 못하고야 어떻게 신통력이 오며 또 지혜가 오겠는가? 오직 '아집'을 버려야 어떤 '존재'가 나타나게 된다. 유有는 진공眞空 이후의 유有를 말하는데, 대개 이런 '공空'으로 출현하면 거의 모든 사람들이 이런 공을 감히 쳐다보지도 못한다. 무량겁 이래로 사람들은 모두 유有에 지탱해 왔는데, 일단 유有가 사라지면 사람들은 미치게 된다. 공空의 경계는 유有의 경계보다 더욱 무서운 것이다. 공空이란 일종 죽음인데, 나의 아집我執이 죽게 되고 나의 존재마저 죽어 버리는 것이다.

그러니 나라는 존재조차 없는데 살고 싶은 생각이 있겠는가? 사람들이 제일 갈망하는 것은 나라는 존재이고, 다른 사람의 맘속에 내가 있게 되기를 바라며, 남들이 나를 중요시해 줄 것을 갈망한다. '무아無我'는 곧 '진아眞我'의 존재다. 다시 말해서 다른 하나의 본래 내가 출현하기 시작한 것을 말한다.

🟢 잡욕을 끊어야 한다 舍事棄欲

마음을 조용히 하자면 먼저 사事부터 버려야 하며, 사事를 버리려면 반드시 욕慾부터 버려야 한다. 사를 버리지 않고 욕을 버리지 않는다면 어떻게 눈앞에 빛이 환히 밝게 빛나겠는가? "일을 함에(理事)는 다를 바 없고 진속眞俗은 여일하다"고 하는 것은 오도悟道한 사람을 두고 하는 말이며, "앉으나 서나, 걸으나 누우나, 모두 선정이라."는 것은 성인들에게나 맞는 말이지 일반 사람에게는 맞지 않는 말이다. 만약 처음 수련을 시작한 사람이 사事와 욕慾을 버리지 않고, 문을 닫아걸고 집안에 들어앉아 홀로 수련하지 않는다면 필연코 구두선口頭禪이 되고 말 것이다.

수련하는 사람들은 육식을 멀리하지 않으면 몸이 가벼워지지 않으며, 사려思慮를 끊지 않으면 정신이 안정되지 않으며, 성색聲色을 멀리하지 않으면 몸이 건강해지지 못하고, 공명功名을 버리지 않는다면 마음이 편안해지지 않는다.

진정한 수도자가 능히 눈앞의 일념一念만 다잡아 자기 생각대로 할 수 있다면 천당지옥을 자기 마음대로 골라갈 수 있다. 비록 유위有爲는 아니지만, 말이 없고 법이 없고 능력이 없는 것은 아니다.

사람들이 정좌만 하고 마음은 다른데 가 있다면 어느 때 가서야 마음을 비우고 어느 때 가서 식識을 지智로 이끌어 갈 수 있겠는가? 마음을 비워서 지혜로(心空轉智) 만드는 것은 문자나 언어로 이해하는 것이 아니다. 반대로 마음을 비울 수 없고 지혜를 이룰 수 없는 것은 문자나 언어를 너무 많이 읽면서도 그것을 투철하게 읽지 못한 데 있다. 진징 투칠히 아는 사람은 꼭 착실하게 수련하고 실속 있게 참선參禪할 것이다.

🟢 죽음은 새로운 삶의 시작이다 死亡是進入另一個世界的開始

　사람들이 죽음을 두렵고 무서워하는 이유는, 자기가 아는 세상에서 모르는 세상으로 들어가게 하기 때문이다. 만약 생전에 육체를 이탈해서 자기가 모르던 죽은 뒤의 세상을 돌아봤다면, 죽음이 올 때 죽음은 이미 익숙한 일로 되는 것이다.
　임종하는 그 찰나의 욕망이 내세의 방향을 결정하거나, 임종 때 마지막 기억이 내세의 방향을 결정하게 되는 것이다. 평시에 마음을 조용히 가라앉히고 입정入定하는 것은 죽음에 대한 훈련이랄 수 있는데, 죽음은 입정과 별 다를 바가 없다. 죽음과 입정은 모두 맑은 정신으로 아는 세계로부터 모르는 세계로 들어가는 과정이다.
　입정(사망)은 부처님 세계에 이르는 문으로, 이 세상을 버리고 다른 세상으로 들어가는 시작이다. 그 영원히 없어지지 않는 물건(영혼)은 죽음을 아주 즐긴다. 오직 죽음을 거쳐야만 가장 자유로울 수 있기 때문이다. 죽음은 생명으로 놓고 보면 종점이 아니며, 이 단계를 매듭짓고 다른 단계로 들어가는 시작이다. 평생을 완벽하게 살아온 사람만이 임종 때 이 세상을 떠나는 것을 아쉬워하지 않을 것이다. 그렇지 않으면 이 세상이 그리워 떠나기 싫어한다. 마음속의 부처와 같은 본성(佛性), 즉 본래의 당신은, 신선과 귀신을 참배할 것을 요구하지 않으며 부처님을 참배할 것은 더욱더 필요로 하지 않는다.

이 모든 것을 필요로 하는 것은 바로 당신의 두뇌이며, 그것은 당신이 자기 마음속에 있는 불성을 찾지 못했기 때문이다. 당신이 아직 바보처럼 멍청하기 때문에 어리석게도 "내가 죽는가?" 한다. 당신이 각지覺知와 각오를 꿰뚫어 봤다면, 당신은 어떤 사람이든지 진정으로 죽는 사람이 없다는 것을 알게 될 것이다.

신체의 죽음과 생명의 죽음　身體的死亡和生命的死亡

신체의 죽음과 생명의 죽음은 완전히 다른 개념이다. 신체의 죽음은 백년을 넘지 못하는 것이고 누구나 회피할 수 없는 것이다. 죽음은 제일 공평하다. 제왕장상帝王將相이거나 거지거나 농부를 막론하고 누구든 다 죽음을 거쳐야 한다.

생명의 죽음은 뜻밖의 사고 이외는 죽지 않는다. 이를테면 비행기가 폭발할 때 사망자의 영혼이 놀라 혼비백산魂飛魄散하므로 다시는 환생하지 못한다. 한 영체가 형성됨은 돌부터 시작해서 수목 → 벌레 등등의 과정을 거치면서 억만년의 진화를 거쳐야 비로소 사람으로 된다.

실험적으로 의식을 머리 꼭대기로부터 위로 공중을 향해 뿌리면서 시시각각으로 당신의 신체를 지켜보라. 그러면 당신은 어느 날인가는 뜻밖에도 자기가 이미 육체를 떠났고 이미 육체와 이탈이 되었으며, 자기는 관조자觀照者(지켜보는 자)가 됐다는 것을 발견할 수 있을 것이다. 그때면 당신은 이미 각지자覺知者가 된 것이다.

이렇게 시일이 오래 지난다면 당신은 어떻게 육체를 떠나고 또 어떻게 육체로 되돌아오는가를 차츰 똑똑히 알게 될 것이다. 그렇게 된다면 당신에게 죽음은 두려울 것도 없고 어려울 것도 없으며, 간다면 가고 온다면 오는 것으로 되는 것이다.

생활은 생명의 일부이며 죽음은 생명의 다른 한 부분인데, 후자는 오로지 정심靜心함으로써만이 향유할 수 있는 것이다. 정심이란 사망을 느끼는 것인데, 정심 과정의 부귀영화를 포기하고 육체와 사상을 포기하며 세상의 모든 것, 자기까지 포기하는 것을 말한다. 죽음 역시 마찬가지이다.

다르다면 정심이란 자발적으로 모든 것을 포기하기 때문에 쉽게 갈 수 있지만, 죽음은 부득불 세상을 버리는 것이기에 이 세상에 미련을 두게 되는 것이다. 움직이던 몸이 차츰 움직이지 않고 활약하던 사상이 잠잠해지면서, 나중에는 육체가 완전히 움직이지 않고 사상이 몸을 떠난다. 이것이 죽음이다. 이것 역시 입정入定인 것이다.

③ 방관자가 되어 나를 살펴보자   以傍觀者靜觀身體

우선 앉아서 자기의 육체를 조용히 보아라(靜觀). 그가 뭘 하고 있으면 계속 뭘 하게끔 내버려두고, 그저 곁에서 똑똑히 보기만 하라. 그리고 어떤 생각이 일어나더라도 내버려 두라. 절대적인 방관자가 되고 참여자가 되지 말라. 참여하려고 하면 그 찰나에 사라진다. 무엇을 생각하든지 가만 내버려 두라. 오직 관조자라는 자세를 가지기만 하라. 즉 방관자가 되고 절대로 뛰어들지는 말라. 시간이 지나면 당신은 자기의 신체와 두뇌가 갈라짐을 느낄 것이다.

이렇게 된다면 죽음이 어떻게 두려움이 되고 어려움이 될 것인가? 관조觀照는 거울이 되어서 주위의 물건들을 하나도 빠짐없이 똑똑히 비출 것이다. 이것을 신통력이라고 생각하지 말아라. 이것은 아주 작은 일로써 수련의 첫 발자국에 지나지 않는다. 우주의 모든 것이 이 하나의 거울 안에 들어 강산(山河大地)은 당신의 손안에서 돌게 되고, 세상만사가 이 거울 안에서 오락가락 하지만 아무런 흔적도 남기지 않을 것이다. 그것들이 오겠으면 오고 가겠으면 가게 가만 내버려두

고, 오는 것은 막지 말고 가는 것도 잡아두지 말라. 그러면 귀신도 도깨비도 당신을 어쩌지 못할 것이다. 당신은 백 프로 방관자가 되며 하나의 둥근 거울이 되어 위로는 천당을 비추고 아래로는 지옥을 비추게 되는데 그때 가면 모든 고통이 다 사라지게 된다.

다음은 이 거울을 부수는 것이다. 아는 자와 알려지는 자(知者知被知者), 비추는 자와 비춰지는 자(照者知被照者)를 몽땅 깨어 버린 뒤 넓고 광활한 본각本覺으로 흘러 들어가면 된다. 그때 가면 내가 바로 너고, 네가 바로 나며, 있음도 없음이고(在也無在), 아는 것 역시 모르는 것이라(知也無知).

네가 하는 일이 바로 내가 하는 일이요, 일을 함도 하지 않음이 되니 원본이 바로 이러하니라. 오로지 『심경心經』에 있는 '관觀, 행行, 조照, 도度, 공空, 무無'라는 이 여섯 글자를 읽기만 하여라.

죽음은 도를 얻은 사람의 입장에서 말하면 아는 것이 아니라 일종의 경험이다. 즉 다른 한 쪽의 문을 여는 경험이며, 다른 한쪽의 문에 들어서게 되면 다시금 젊어지고 새로운 차원의 생활을 시삭하게 된다. 같은 이치로 이 차원의 생활을 다한 다음에는 다시금 사망하게 된다. 생명은 이렇게 쉬지 않고 윤회하는데, 마치 봄이 오면 꽃이 피고 가을이 오면 지며, 봄이면 다시 피는 것처럼 생명은 강물 마냥 영원히 흐르느니라. 죽음도 역시 삼마지三摩地다.

사랑하는 마음이 득도의 길이다 愛是入道的門徑

사람들이 아껴 쓰고 아껴 먹으면서 출가한 화상들을 공양하기보다, 이런 재물로 고독한 노인들을 공양하는 것이 나을 것이고, 또 절을 짓고 승려僧侶들이 쉴 곳을 마련해 주기보다 자선단체를 세우는 것이 더 나을 것이다.

주저 말고 사랑하라, 나의 아이들아! 부처님은 아이들마다 무궁한 사랑을 베풀었거니, 오직 당신이 선뜻 사랑을 봉사한다면 당신은 자기의 사랑도 부처님의 사랑처럼 너르고 크다(博大)는 것을 알게 될 것이다.

남이 가지고 있는 재물을 발견하느니 자기가 가지고 있는 것을 발견하는 것이 낫느니라. 다른 사람의 사랑을 보아내는 것이 자기의 사랑을 보아내는 것만 못하느니라. 남을 철저히 사랑하고 자기를 철저히 사랑하는 것도 도道의 문턱을 넘어서는 길이다. 해탈하는 가장 빠른 법문이 바로 사랑이라, 사랑의 마음이 없다면 해탈은 꿈도 꾸지 말라!

무엇을 깊이 사랑할 때 잘 살아 가야겠다고 마음을 먹을 것이고, 또 자기를 더욱 사랑하게 되는 것이다.

자기를 진정 사랑하는 것 역시 남을 사랑하는 것이다.

삼마지에 있는 사람만이 진정한 박애를 느낄 수 있다. 사랑은 삼마지로 통하는 유일한 길이며, 삼마지의 절대적인 경계境界가 바로 사랑이고 사랑이 바로 대자비大慈悲이다.

득도한 명사는 자기 혼자만 해탈하는 것을 가슴 아파하기 때문에, 중생을 내버려두고 자기만 독행獨行하지 않는다. 어느 시각에서 보면 중생은 바로 명사의 일부분이며, 득도하지 못한 중생이 하나라도 있다면 부처님은 역시 철저하게 해탈할 수 없는 것이다.

득도한 사람은 능히 자기 몸에 병이 나지 않게 할 수 있다. 그러나 만약 이렇게 한다면 중생들의 몸에 병이 날 것이다. 명사가 되자면 우선 먼저 중생들의 업장을 자기가 대신 하여야 한다.

사랑은 제일 빠른 법문이며 제일 위험한 법문이다. 가장 멋진 경치는 험한 봉우리에 있기 때문이다. 자신이 없다면 착실히 십계十誡부터 지키는 것이 상책이다. 조급해 말고 천천히! 만행도 역시 십여 년 동안 온갖 고생을 다 하고 피눈물을 흘리고 나서야 오늘처럼 떳떳이 사랑할 수가 있고, 사랑하고 난 뒤에야 보살의 자비심이 저절로 샘솟아 오른 것이다.

모든 오솔길은 다 정상으로 통할 수 있지만 관조觀照란 두 글자를 가져야 정상에 올라갈 수 있다. '관'이란 관찰한다는 뜻이요, '조'는 각지覺知 라는 뜻으로, 관조는 비춰 본다는 말이다. 선정禪定, 봉헌奉獻, 경건한 믿음(虔信), 박애博愛, 그 어느 길이든 관조觀照를 잊어서는 안 된다. 봉헌과 경건한 믿음과 박애는 선정보다 더 쉽게 정상에 이르는 지름길이다. 애석하게도 십여 년 전의 만행은 이 말을 도무지 믿지 않았는데, 오늘 박애의 길을 걸으니 과연 석가모니 부처님의 자비를 따라잡을 수 있었다.

원만의 성과를 얻으려면 사랑밖에 다른 문이 없다. 나한과 羅漢果만 얻자면 사랑을 몰라도 된다.

미움이 생기는 까닭은 진실한 사랑을 하지 않았기 때문이다. 끝까지 사랑한다면 미움이 어떻게 생기겠는가?

사랑은 생명의 본질과 하나로 융합되는 가장 빠른 법문이다. 그러나 사랑은 사랑이지 절대 성욕性慾이 아니다. 사랑은 심리적인 것이고 성욕性慾은 생리적인 것이다. 만물을 사랑해야 만물과 융합되어 하나로 된다.

박애는 고통스러운 차원이지 누리는 차원이 아니다. 중생의 질병이 바로 자기의 질병이며 중생의 일이 바로 자기의 일이다. 왜냐하면 자아가 생명의 본원本源을 찾았기 때문에, 그와는 하나가 되어 하나의 '물건'을 쓰고 있기 때문이다.

❸ 사랑은 먼저 주는 것이다 愛是應當給予的

진아眞我는 일종 상서로운 힘으로 마치 석가모니의 자비와 같은 것이요, 예수의 박애와 같은 것인 바, 석가모니나 예수는 바로 이런 상서로운 힘을 얻어 명사가 되었던 것이다. 이런 힘은 희열의 따사로운 사랑의 에너지이며 생명을 이어가는 원천이기도 하다.

이런 사랑의 힘은 자기도 녹이고(融化) 만물도 녹이는 다정하고 자비스러운 것으로, 자기를 희생하면서도 자기를 보전하는 방법이기도 하다.

철저한 사랑은 바로 철저한 해탈이다. 또 철저한 해탈은 철저한 획득獲得이다. 불생불멸하는 힘을 얻음을 말한다. 이 양자는 한데 어울려 하나가 되면서 피차彼此를 가리지 않으며 또 서로 피차를 가릴 수도 없다.

사랑을 해탈하는 방법이라고 하지만, 먼저 주는 방법으로 사랑을 해야만 해탈이라고 할 수 있다. 그렇지 아니하면 도리어 자기 몸에 더 큰 족쇄를 씌우는 격이다. 사랑은 베푸는 것이며 시주하는 것이고 희생하는 것이다. 하지만 사랑을 끝까지 하고 나면 나중에는 얻을 수도 있고 살릴 수도 있다. …

사랑은 베푸는 방식으로 해야지, 절대로 빌리는 방식으로 하거나 점유하는 방식으로 해서는 되지 않는다.

진정 상대방을 사랑한다는 것은 상대방에게 자유를 주는 것이다. 자유는 가장 큰 애정으로써 석가모니 부처님의 자비심으로 들어가는 일종의 방식이다. 남녀사이에 거리가 멀면 멀수록 흡인력도 강해지며 애정도 깊어진다. 피차간 익숙하지 않은 사람일수록 서로간에 애정의 마음이 쉽게 생기게 되며, 매력魅力 또한 커져 상대방을 더 강하게 흡인한다. 매일같이 있는 남녀는 애정이 생기기 쉽지 않다. 제일 행복한 연인은 서로 보지 못했거나 혹은 피차간 서로 모르던 남녀간에 생기는 애정이다. 그리고 이런 애정은 쉽게 고조에 이를 수 있고 진정한 애정을 깊이 느낄 수도 있다. 그러나 또 이런 애정은 더 쉽게 고통에 빠질 수 있으며 역시 얼마가지 않아서 헤어질 수도 있다. 상대방을 오해해서 사랑하게 되었고 상대방을 오해함으로써 갈라지게 된다.

접촉이 잦은 남녀사이에 생긴 애정은 연애과정에 격정을 느끼지 못하고 속도 또한 늦지도 빠르지도 않다. 그들은 결혼 전이나 결혼 후나 다투기를 잘 하지만 큰 싸움은 하지 않으며 백년해로 할 수 있다. 이런 부부들 사이에 생기는 일들은 결혼 전에 벌써 짐작한 것들이기 때문에 큰 고통 역시 생기지 않는다.

성을 방종放縱하는 사람은 심령心靈이 교류되지 못하였기 때문에 육체로 교류하려고 애를 쓴다. 마음은 내재적인 것을 찾으나 육체는 외적인 것을 찾는다. 결국 육체의 만족을 느낄수록 마음은 점점 더 공허해진다.

사람의 제일 큰 욕망은 탐욕이다. 그러나 헌신하는 방법으로 자기의 영성을 수련제고하여 자기 몸에 있는 탐욕을 떼어 버릴 수 있다.

수련으로 최후의 공덕을 원만히 이루는 유일한 길은 곧 행원行願하는 것이다. 인류를 위해, 사회를 위해, 인간세상에서 노고를 마다하지 말고(任勞任怨) 공덕을 쌓고 자기의 덕행을 더 나무랄 데 없이 완전히 하여라.

③ 마음이 자유로워야 한다 開悟的人內外不著

어떤 경계境界든지 그것에 묻혀 들어가면 생멸生滅이 있게 되고 좋고 나쁨이 있게 된다. 때문에 경계境界를 보았다면 그 경계에 묻히지 말아야 한다. 오직 득도한 사람만이 안이든 밖이든 묻히지 않고 자유롭게 오고 갈 수 있다.

신익에 밈추지 밀아아 세속을 빗이닐 수 있고, 승패에 무심해야 진인眞人이라 할 수 있다.

생각마다 머무름이 없다면 바로 근본을 수련하는 것이다. 근根이란 땅이고, 본本이란 하늘이다. 땅이 가득차고 하늘이 열리면 곧 오도이다.

　돈오頓悟(문득 깨달음)라 함은 자성自性이 부처와 차별이 없다는 것을 명백히 알게 되었음을 말한다. 그러나 예로부터 형성된 습관과 두뇌 속의 사념은 천천히 개조하면서 없애 버려야 한다. 철저히 깨달은 사람은 이 세상에 올 때나 저 세상으로 갈 때나 다 빈손으로 가고 오기 때문에 아무런 업장도 가지고 다니지 않는다. 큰 지혜를 얻은 사람이 생전에 세계를 개변했다 할지라도, 그가 하는 모든 일은 인연에 따라 인연의 힘을 빌어 한 것이지 그가 한 것이 아니다.

　선禪은 닦아서 오는 것이 아니다. 자기의 요동치는 마음을 길들인다면 곧 입도入道하게 되는 것이다. 도에 집착하고 일에 집착하게 된다면 도리어 도의 길을 가로막게 되며 또 다른 업장을 만들어 놓게 되는 것이다.

　심리자세를 바꾸지 못한다면 팔만 사천 개의 법문이 생기게 되고, 팔만 사천 개의 법문도 이런 심리자세를 위해서 가설해 놓은 것이다.

　심리자세를 해탈하지 못하면 어느 곳에 가더라도 해탈하지 못하게 된다. 명사가 당신을 데리고 불국토佛國土에 갔다고 하더라도 당신은 여전히 범속한 인간에 지나지 않는다. 범속한 인간이란 해탈을 하지 못한 사람이며, 해탈을 한 사람이 곧 부처이다.

밤낮 자지 않고 도를 닦는다 해도 '아집'이 존재하는 한 입도入道할 방법이 없다. 수행하려면 우선 먼저 '아집'을 버려야 한다. 무아의 경지에 이른 사람이 하는 일에는 업장이 없다.

🌀 세속의 개념을 바꾸어야 한다　要轉變世俗的心態

해탈하려고 한다면 반드시 세속의 각종 사상개념들을 개변해야 한다. 사람이 태어나자마자 받는 교육은 정확한 교육이 되지 못할 뿐더러 받은 것은 전부가 독약이나 다름이 없다.

이를테면 "만가지 악의 근원은 음란함에 있다, 백가지 선한 일 중에 효孝가 제일이다. 원수를 갚지 않으면 대장부가 아니다, 임금이 신하보고 죽으라 하면 신하는 부득불 죽어야 한다, 좋은 이름을 남겨 조상의 가문을 빛내라…." 등등이 그런 것들이다.

도道의 눈에는 꼭 하지 말아야 하는 일도 꼭 해야 하는 일도 없다. 또 존재해야 하는 것도, 존재하지 말아야 하는 것도 없다. 만약 도의 눈에 아직도 안 된다는 것이 있다면 그 깃은 진정한 도가 아니다. 오로지 속된 사람만이 결과가 나쁠 때 원망을 하기 좋아하며, 잘못에서 진리를 찾아내려 하지 않는다.

부처님께서 말씀하시기를 "도에 이르기는 쉬운데, 분별을 하지 않는 것이 귀하다."라고 하셨고, 장자莊子도 말하기를 "도는 어디에 있는가? 도는 똥 무더기에 있고, 도는 모래가운데 있으며, 도는 없는 데가 없다."라고 했다. 하지만 사람들은 보통 아름다운 곳에서 도를 찾기를 좋아한다. 도가 정말 좋고 나쁘고, 곱고 밉고 하는 것을 가린다면 그것은 진정한 도가 아니다.

부처님께서 말씀하시기를 "잡념이 일어날까 무서운 것이 아니라 각지가 늦어질까 두렵다." 라고 하셨다. 두뇌가 무슨 생각을 하든지 막지 말고, 무얼 하는가만 각지하면 된다. 숨을 쉬고 사는 두뇌는 영원히 생각하면서 산다. 그렇지 않으면 마른 나무나 돌덩어리와 무슨 차별이 있겠는가?

선한 것과 악한 것, 옳은 것과 그른 것, 아름다운 것과 추악한 것, 이기는 것과 지는 것! 이 모든 것은 다 두뇌의 산물이며 도道와 자성自性안에는 이것들이 근본적으로 존재하지 않는다. 그러니 세속에 사는 너야 녀, 남녀들은 두뇌로 살아가느냐, 아니면 진여자성眞如自性으로 살아가느냐? 대답은 간단하다. 두 가지가 다 필요되며 동시에 쓰게 된다. 다만 두뇌가 일을 할 때 여여부동한 진여眞如는 각지만 할 뿐이다.

두뇌의 한계를 벗어나게 되면 불교도 도교도 기독교도 없고, 오로지 진리만 있을 뿐이다. 진리에는 종족, 민족, 국적,

교파 등 구별이 없다.

나는 우주이고 부처이다   宇宙的一切是完整的有機體

  마음을 조용히 하는 것은 자기를 고립시키는 것이 아니라 자기를 광활한 우주와 하나로 융합시켜 우주의 존재와 한데 어울림을 말한다. 우주의 모든 것은 다 완전한 유기체有機體로서 피차간 서로 함께 존재하며 연결된 밀접한 관계를 가지고 있다. 죽음 역시 다른 것과 연결된 형식으로 존재한다.
  범속한 사람들은 보통 신神을 광光으로, 광을 기氣로, 기를 정精으로 만들며 그것을 밖으로 배출한다. 그러나 성인들은 정精을 기氣로, 기를 광光으로, 광을 신神으로 만든 뒤 자아의 본래 모양, 즉 하나의 빛 덩어리 ― 신광神光으로 승화시킨다. 이 신광神光은 다시금 우주의 만사만물에 골고루 분포된다. 때문에 본래모양은 우주만물의 형상을 닮은 것으로, 산하대지山河大地 수목이나 가옥같은 것들은 모두 너와 나와 타인의 본래모양이나.

나는 자재보살이다 自在菩薩

'나(我)'라는 것은 본래모양을 놓고 말하는데, '나'와 '나의 것'은 두 가지 부동한 성질이다. '나의 집, 나의 부인, 나의 자식' 등등 '나의 것'이라는 두 글자는 '아집'을 말하며, 두뇌 역시 본래모양의 껍데기에 지나지 않는다. '아집'이 사라짐에 따라 '본래면목(本來面目)'이 나타나게 된다. '나'는 주인이고 '나의 것'은 부속품이다.

중생들의 본래면목은 오직 하나 뿐이다. 이 본래면목은 우주와 동일체면서도 또 개체인 것이다. 마치 전기선에 많은 채색 등을 달아 놓은 것처럼, 껍데기가 다를 뿐 전원만은 다 같은 것이다. 실상 '나'는 무엇이든 다 될 수 있지만 무엇이든지 '나'의 형상을 개변시키지 못한다. 전세에 '나'는 이씨네 넷째였지만 오늘의 '나'는 만행이 되었고, 내세에는 또 장씨네 셋째가 될 수도 있다. 그러나 '나'는 변한 적이 없다. 오로지 '나의 것'이 왔니 갔니 하면서 변한다. 이 '나의 것'이라는 것이 옷걸이 마냥 자꾸만 변하고 변하는 것이다.

이 '나(本我)'는 방관자이면서도 관조자觀照者이다. '나'는 불생불멸, 불구부정不垢不淨(더럽지도 깨끗하지도 않음)하는 자재보살自在菩薩이다. '나'는 안이비설신의가 없고 색성향미촉법이 없다. '나'는 만행이 아니라 바로 만행의 주인이다. 만행이 출가한지 15년, 7년을 폐관수련 하고서야 겨우 찾은 것이다.

극락세계와 사바세계는 서로 통한다. 마치 사람의 앞이마가 하반신과 이어져 있는 것과 같은 이치이다. 그렇지 않으면 곧 혼란이 생기게 된다.

사람들은 "내가 병이 났다, 나는 죽는다, 나는 밥을 먹겠다…."라고 하는데 사실 '나'는 병도 나지 않았으며 죽지도 않고 먹을 필요도 없다. 병이 생기거나 죽거나 먹거나 하는 모든 것은 다 '나'가 아니라 '나의 것'이다. 사람들은 나의 것, 나의 것, 하는 데 이들은 나의 것을 진아眞我로 잘못 인식하고 진정한 진아眞我를 잃어버린 것이다.

수련과정은 곧 자기 사상을 개변시키는 과정이다. 만약 사상이 개변되었다면 득도, 해탈, 성불 등에 성공했다고 할 수 있다. 그렇지 않으면 득도, 해탈, 성불에 말려 들어가 영원히 나오지 못하게 된다.

무엇 때문에 큰 지혜를 갖춘 사람은 일반 사람보다 더 민감하고 쉽게 외부의 소식을 받아들일 수 있는가? 큰 지혜를 갖춘 사람의 존재형식이 바로 둥글고 커다란 거울이기 때문이다. 둥글고 큰 거울로 되기 전에 벌써 갖가지 고통, 속송 시달림, 각종 사물들을 태풍을 겪듯이 겪었기에 대수롭게 여기지 않을 뿐이다. 인간세상의 태풍이 아무리 커 보아야 큰 지혜를 가진 사람의 마음속 — 자성 중의 각지로는 들어가지 못한다. 마치 바다에 거센 파도가 일고 있지만 바다 밑은 끄떡도 하지 않는 것과 마찬가지로 말이다.

❸ 어쩌겠다는 마음을 두지마라   自然而然面對現實

  마음속에 사랑하는 마음을 품으면 무의식 속에서는 미워하는 마음을 가지게 되고, 마음속에 만족감을 가지면 무의식 속에는 탐욕을 가지게 되며, 마음속에 앞으로 꼭 무엇을 얻겠다는 마음을 품는다면 앞으로 꼭 무엇을 잃는 마음이 생기게 될 것이다. 큰 지혜를 얻은 사람의 내심은 단 한가지 일이라도 품고 두지 않으며, 그는 모든 일에 무심할 뿐만 아니라 아무 일도 속에 품어 두지 않는다.
  포용심包容心을 갖지 말라. 오늘 누구를 용납하고 내일은 또 무슨 일을 담아 두어야겠다고 생각하지 말라. 만약 이렇게 된다면 앞으로 꼭 가슴에 품었던 기쉉의 일들이 몽땅 밖으로 폭발되어 나올 때가 있게 된다. 몇 배로 폭발하게 될 것이다.
  동정심을 베풀고 남을 불쌍하게 여긴다는 마음을 가지지 말라. 그러다가는 필연적으로 눈을 부릅뜨며 미워할 때가 생길 것이다.

부처님들은 일을 할 때 자기가 어떤 일을 한다고 생각하지 않는다. 언제나 자연스럽게 현실을 대한다.

자기가 위대하다는 것을 발견했을 때, 자기가 제일 보잘 것 없다는 것도 발견하게 되는 것이다. 그렇지 않다면 그 것은 진정한 발견이 아니며 진정한 위대함도 아니다.

득도한 분은 모든 것을 인연에 따라 한다. 어떤 일을 하겠다고 노력할 수도 있지만 그것에 집착은 하지 않는다. 그는 개방적이며 조용하고 유유자적하면서 즐긴다. 그가 하는 모든 것은 두뇌의 힘이 아니라 자성의 힘으로 하는 것이다.

도道의 형상은 생활이고, 도道의 수련도 생활이고, 도道의 능력도 역시 생활이다.

대자연은 출생시킴으로써 우리를 노동시키고, 세월로써 우리들을 늙게 하며, 사망으로 우리들을 휴식시킨다. 대자연의 법칙에 순종하는 사람이 바로 해탈한 사람이다. 예로부터 많은 사람들이 대자연과 대항하겠다고 해보았지만, 죽지 않은 사람은 하나도 없었다.

감히 사물의 본체를 받아들일 수 있다는 것이 바로 해탈인데, 철저히 받아늘인다는 것은 바로 철저히 해발함을 발한다. 받아들이는 것이 바로 소멸하는 것이므로 대항하지 말라. 대항한다는 것은 그 존재를 인정하는 것이며, 이런 인정 때문에 그에게 새로운 생명력을 주입하게 되는 것이다.

🏵 모든 사물에 스승이 있다 生活就是你的老師

　모든 번뇌는 다 희망에서 온다. 불법이요 도법道法이라고 하지만 안정된 생활자체가 바로 정법正法이다. 천도는 쉽게 닦을 수 있지만 인도는 걷기 어렵다. 부처님이 무서운 것이 아니라 속된 인간이 더 지독하다. 인도人道의 힘을 나타내자고 하면 반드시 천도天道의 이치를 알아야 한다. 천도의 힘을 나타내자고 하면 오로지 인도의 길을 걸어야 한다.
　인생은 파도처럼 가라앉을 때도 있고 뜰 때도 있으니 바람 부는 대로 인생을 유희遊戲하라. 도에는 오직 사랑과 재부財富밖에 없다. 죄악·질병·지옥 등등은 모두 사람들이 만들어 놓은 것이다. 도는 사람마다 자기의 즐거움을 찾도록 한다. 부처님은 다만 너에게 지혜를 주고 자유를 주고 선택을 주며 사랑과 재부財富를 줄 뿐이다.
　부처는 비록 인상人相, 아상我相, 중생상衆生相, 수자상壽者相이 없다 하지만 육신이 존재한다면 고통이 있을 것이다. 깨달았다는 것은 본체를 깨달았다는 말이지 육체를 깨달았다는 말이 아니다. 육신이 존재하기 때문에 중생들이 희로애락을 느낄 수 있는 것이다.
　세상 모든 것이 다 변하지만 오로지 변화만은 변하지 않는다. 세상의 만사만물은 다 완전하지 못함을(이 완전하지 못함도 사람들의 마음으로 만들어낸 것이다) 완전함으로 여기는 방식으로 존재한다. 실패를 근심하지 말고 성공에만 얽매이지 않는다면 통하지 않는 길이 어디에 있으랴? 유일한 결과는 곧 성공이다.

생활 속의 모든 것을 체험하되 소유하지는 말라. 체험만 하려고 한다면 그것은 곧 자기의 것이 되겠지만, 소유하겠다고 생각하면 그것은 곧 사라져 버린다.

착오를 겁내지 말지니 사람마다 다 있을 수 있기 때문이다. 착오를 남의 탓으로 미루지 않고, 내 탓으로 받아들이면 그게 바로 진보다. 성공한 사람들은 다 성공하기 전에 많은 실패와 착오를 거듭했었다. 위대한 사람들도 위대한 사람이 되기 전에는 모두 다 평범한 사람이었다. 손해도 보고 꾀임에 빠지는 것은, 사람들이 성숙하는 과정에 바치게 되는 대가로써 부모도 자녀를 위해 대신할 수는 없다.

사람은 글로 된 책은 읽을 줄 알지만, 글로 되지 않은 세상의 책은 읽을 줄을 모른다. 심혈을 기울여 보고 듣고 하면 하늘 땅 사이에 가는 곳마다 모두 글로 되지 않은 책들이 있다. 옛날 사람들은 저녁에 자기진과 아침에 일어난 후 모두 조용히 정좌한다는 말이 있다. 이것은 바로 내재된, 글자로 되지 않은 책을 찾아내자는 목적이다.

금전과 명예와 지위는 한 사람의 부속품이지 그의 주인이 되어서는 안 된다.

세속에 법이 있다 世間法

　다른 사람들이 자기를 이용할까 두려워 말라. 이용한다는 것은 나의 공덕을 성취시켜주는 것이고, 명예를 가져다주는 것이며, 인생 가치를 이루어 주는 것이다. 물건은 쓰면 쓸수록 그 가치가 나타난다. 자기를 큰 능력이 있는 사람으로 여기면서도 주변 사람들에게 의미 있는 일을 한 가지도 하지 않는다면, 주변 사람들이 어떻게 나에게 가치가 있다는 것을 알 수 있겠는가? 가치 있는 사람이 되자면 우선 중생을 위해 복무해야 한다.
　추구追求는 할 수 있다. 하지만 반드시 중생의 이익에 부합되어야 한다. 다만 후회하지 않는다면 '해야 한다, 하지 말아야 한다.'라는 것은 없다. 세상에 만족이란 없다. 오로지 마음이 만족되어야만 만족이다. 욕심이 많으면 많을수록 잃는 것도 많게 된다. 오로지 도와 소통해야만 만족을 느끼고 또 잃지 않을 수 있다.
　자기가 가난하다고 생각하지 말라. 만약 이런 마음이 있다면 너는 영원히 부유해질 수 없으며 영원히 행복하지 못할

것이다.

『법화경法華經』에 이런 말씀이 있다. "모든 법이라고 하는 것은 세속에 다 있다." 능력(功法)은 산에서 닦아야 이루어질 수 있지만 심법心法은 오직 세속에서 닦아야 한다. 진정한 불법과 수행은 세속을 이탈하지 못하며 진정한 불법은 바로 세간법世間法이다.

모르는 일이면 더 해야 한다. 일을 해야만 전에 모르던 것을 알 수 있다. 사람은 태어날 때 아무 것도 아는 것이 없다. 일을 하고 난 뒤에야 그 일이 어떤가를 알 수 있는 것이다.

자기가 한 일을 떳떳이 책임지는 것이 바로 해탈이다. 일을 해놓고 책임지지 못한다면 해탈했다고 할 수 없다. 해탈도 마음이요, 정토淨土도 마음이요, 열반涅槃 역시 마음이라. 마음을 바로잡지 못하면 다리를 꼬고 앉아서 수련할 줄밖에 모른다. 그러나 가부좌만 틀고 앉아서는 마음을 바로 잡을 수 없다. 오히려 세속과 한데 어울려야만 마음을 바로 잡을 수 있어 아무런 일도 하지 않는 사람은 부처가 될 수 있다.

심법 3
법문을 논함

論法門

　어떤 종교를 신앙하거나 어느 법문法門을 수련하나를 막론하고, 동방 사람이든 서방 사람이든 자기의 진면모를 보아내지 못하고 도와 소통하지 못한다면 그는 곧 외도하는 것이다. 진면모를 보아내고 도와 소통하면 그것이 바로 진정한 도이다.

　무릇 불법을 증명하려는 사람은 반드시 배움을 닦는 것부터 해야 한다. 수학의 가장 좋은 방법은 또 선정禪定부터 시작하는 것이다. 부처를 믿는 것과 부처를 배우는 것은 본질적으로 구별된다.

🔅 의식을 먼저 수련해야 한다 先修意識

　수행은 반드시 유상有相으로부터 시작해서 무상無相에 도달해야 성공했다고 할 수 있다. 최고의 경계는 상相이고 또한 상相을 떠나는 것이다. 상이 없다면 상을 떠난다는 말이 어떻게 있을 수 있으며, 또 어떻게 실상實相의 열매를 걷을 수 있겠는가?
　밀종密宗의 관상觀想은 심리적인 힘을 빌어서 생리에 영향을 주어 변화를 가져옴으로써 어떤 경계에 도달하게 한다. 기氣가 통하는 감각이 있다면 그것은 실상 통하지 않는 것이며, 진정 통한다면 기가 통하는 감각조차 없다.
　선정禪定을 통해서 생명력을 정점까지 승화시킨 다음 육체를 떠난다면 신의 경계(出神入化)에 도달할 수 있으며, 더 나아가면 비로소 득도할 수 있다.
　밀종이나 선종이나 모든 법문은 의식意識으로부터 시작하여 관상觀想하고 화두를 깨우치고(參話頭) 주문을 외우고 하는데 모두 의식의 작용이다. 이것을 유식학唯識學에서 '작의作意'라고 하는데, 무의식無意識하다면 제도해야 할 부처도 없고 교화해야 할 중생도 없다. 최후의 성취공덕은 바로 의식을 통해 지혜를 얻는데 있는 것이다.

도가道家와 밀종密宗은 육체로부터 시작하지만, 불교는 의식의 수련을 기맥氣脈(기와 맥)의 수련 보다 더욱 중시하는데 우선은 작의作意로 시작한다. 참선參禪과 지관止觀은 육체로부터 시작하지 않지만 역시 작의로부터 시작하는데, 일심전력으로 몰두해서 작의해 나가면 성공할 수 있다.

참선은 행문으로부터 시작한다 參禪從行門入手

참선은 행문行門으로부터 시작하는데 즉 먼저 수련하고 후에 느낌을 얻는다. 지관止觀은 혜문慧門으로부터 시작하기에 먼저 느낀 다음에 수련한다. 지금 수행하는 사람들은 대부분 혜문으로 시작하기를 좋아하는데, 결국은 광선분자狂禪分子 (선에 미친 사람)가 되어서 도에 조금 입문하고는 마치 종극의 도를 다 깨우친 듯이 오해하게 된다. 실상은 이런 자그마한 도도 자신이 힘으로 느낀 것이 아니라, 법사님들이 가르친 (開示) 이론을 좀 이해하고 느꼈을 뿐이다. 이론으로 느낀 후 능관지지能觀之智(볼 수 있는 지혜)와 소관지경所觀之境(보여진 경지)을 보면서 볼 수 있는 것과 보여진 것, 이 양자를 병용해야 부처의 열매를 딸 수 있다.

여래선如來禪은 수련하면서 느끼지만 조사선祖師禪은 느낀

다음 능력(功夫)을 키운다. 조사선은 대부분이 계리契理(이치에 맞음)하지만 여래선은 계리하는 동시에 또 계기契機(기회, 시기에 맞음)하기도 한다. 계기계리契機契理하는 것은 경經이고, 계리契理만 있고 계기契機가 없다면 어록語錄이며, 계기만 하고 계리하지 않는다면 헛소리에 지나지 않는다.(리理는 이론이고, 기機는 시대 기회를 말한다)

🌀 주문와 결수인은 우주와 통하게 한다 咒語和結手印通宇宙

경을 읽고 주문을 외우며 결수인結手印(불교에서 손으로 어떤 특정 의미를 가진 모양을 만드는 법)을 하고 관상을 하는 기능의 용도와 효과는 다 같다. 마치 TV 안테나의 기능과 같은 것이다. 안테나는 TV가 받아들이는 고유한 기능으로 방송국과 교통하게 하는 것이다.

열 손가락은 오장과 통하고, 인체에서 내보내는 음파는 우주와 서로 통한다. 관상觀相과 결수인 및 음률의 진동을 통하여 자신의 소식을 밖으로 발송하며, 또 우주의 소식도 받아들인다.

결수인과 관상은 밀종이나 도교가 발명한 것이 아니라 인류가 생긴 그날부터 생긴 것이다. 옛날 사람들에게는 언어가 없다. 음파音波의 진동으로 공명을 일으켜 교류하므로 그것으로 충분하였다. 그러나 인간들이 수행하지 않았기 때문에, 퇴화된 다음에 문자와 언어를 발명하게 되었던 것이다. 문자 가운데서 우리는 아직까지 천음天音을 발견할 수 있는데 그것이 바로 옹(嗡)자이다.

밀종의 세 수련방법 密宗的三種修練法

밀종의 각종 수련 방법은 대체로 아래와 같은 것들이 있다.

첫째는 고랍법考拉法이다. 즉 남녀가 함께 수련을 함이다(男女雙修). 성을 자극해서 피차의 생명 에너지를 활성화시켜 정점頂點에 도달하게 한 다음, 각각의 의식이 최고의 의식과 합하여 하나로 되면서 육체를 버리고 삼마지三摩地에 이르는 방법이다.

둘째는 밀스랍법(密斯拉法)이다. 이것은 혼합적인 수련 방법이다. 인체의 고유한 에너지가 수련을 통해 일정한 정도까지 이르면 인간은 생리적으로 따라가지 못하게 된다. 이럴 때 특수한 방식으로 에너지를 활성화시켜 심장부위까지 끌어올린 다음 하반신을 몽땅 비워버리는 방법인데, 이 방법으로 쉽게 도를 깨우칠 수 있다. 이상 두 방법은 보통 정력이 부족한 노인들이거나, 혹은 성욕이 강하여 저절로 초월하지 못하는 수련자들에게 적합하다.

세 번째 방법은 산마야법(山瑪雅法)이다. 이 방법은 출가한 사람들에게 가장 적합하다. 이 법은 성性과 절대 관계가 없으며 성 에너지도 필요 없다. 의식을 정수리까지 올린 다음 밀주密咒(밀교의 주문)의 음파 진동력으로 정수리를 터트리는 것을 말한다. 이 방법은 제일 쉽고 빠르지만 또 제일 위험하기도 하다. 때문에 이미 수련을 해서 성공한 사람이 직접 전수해야 한다.

❸ 음파의 감응   音波的感應

주문의 음파 사이클은 대자연과 쉽게 교통한다. 주문의 발음 자체가 곧 우주의 소리를 모방한 것이기 때문이다. 때문에 상상할 수 없는 효력을 가지고 있다.

신체에서 음파는 모든 세포들을 불러 춤을 추게 할 수 있다. 빛은 광파光波, 맛은 미파味波, 소리는 음파音波가 있으며, 생각하는 것도 상파想波가 있다. 지금의 과학은 빛에 광파가 있다는 것을 증명했다. 그러나 소리에는 음파音波가 있다는 것을 발견했지만 아직 증명하지는 못했다. 소리에 음파音波가 없다면 사람들이 음악을 들을 때 어떻게 절로 몸을 비틀며 각종 동작으로 춤추는 자세를 할 수 있는가? 친구나 혈육 사이의 그리움은 서로를 생각하는 상파想波의 공명에서 생긴 것이다. 그래서 감응感應이란 말이 있다.

  인류의 현대음악은 일곱 개의 음부音符밖에 없지만, 고대의 종교음악은 적어도 열 개 이상의 음부音符가 있었다. 음부마다 서로 다른 소리 차원을 대표하여 인체에 있는 각 의식 차원의 공명共鳴을 일으키도록 한다. 무엇 때문에 어떤 음악은 듣기만 하면 흥분되고 초조해지기도 하며, 또 사람을 조용하게 하며 졸음도 오게 하고, 노여워하게도 하는가? 그리고 왜 종교음악은 듣기만 하면 마음이 깨끗해지고 차츰 입정入定할 수 있게 되는가?

  밀주密呪는 우주소리이다. 똑똑하게 외우면 자기 몸에 있는 정보와 에너지가 쉽게 우주와 교통하여 더욱 큰 에너지를 얻게 되며, 기매이 마힘없이 통하도록 도아주며, 선정禪定에 빨리 들며 자신의 신통력을 개발하여 부처의 경지에 도달하게 한다.

  불교의 핵심은 선禪이며 선은 불교를 제일 잘 나타내는데, 과학 전체는 모두 선을 둘러싸고 변해 왔다. 불교의 학설은 모두 선을 두고 하는 말이고, 선이 바로 가장 투철한 심리학

이다. 선은 종교 논리에는 부합되지만 철학의 논리에는 부합되지 않는다. 종교 이론과 철학 이론은 본질적인 구별이 있는데, 종교 이론은 사람의 심령에 부합되지만 두뇌에는 부합되지 않는다. 철학의 이론은 두뇌에는 부합되지만 또 심령에는 부합되지 않는다. 이 논리는 저 논리와 같지 않으며 이 철학도 또한 저 철학과 같지 않다.

언어와 문자의 부족함으로 종교의 논리와 사회의 철학논리는 동일한 어휘를 사용한다. 하지만 이 양자의 의미는 완전히 다르다. 다시 말하면 종교에서 말하는 사랑과 사회에서 말하는 사랑은 본질적인 구별이 있다는 말이다. 문자와 언어의 부족으로 부득불 같은 문자와 언어를 쓸 뿐이다. 이를테면 언어로써 선정의 즐거움을 형용할 때 그 어떤 어휘도 선정의 즐거움을 형용할 수 없으며, 어떤 문자도 그 경계를 묘사할 수 없다. 아무리 언어와 문자를 골라써도 겨우 도道에 접근했다고 밖에 할 수 없다.

✿ 능과 소를 비우면 입도한다 能所雙空才入道

개맥開脈(맥을 통하게 하는 것)하는 것은 득도가 아니다. 건강한 사람의 맥은 언제나 열렸기 때문에 열 필요가 없다. 병이 있는 사람도 수련하여 일정한 정도에 이르면 맥이 열리는 감이 든다.

그러나 득도는 마음대로 정하지 못하는 일인 바 어떤 준비도 득도하도록 강박하지 못한다. 하지만 노력은 필요하다. 오직 노력을 하여야만 노력이 필요 없다는 것을 알게 되며, 이 역시 노력의 결과이기도 하다. 다시 말하면 '관행조도觀行照度'의 네 가지 노력의 단계를 거쳐 '공무空無'라고 하는 노력이 필요 없는 두 단계에 들어서게 된다. 앞의 네 개 단계는 '손님(客人)'을 요청하는 단계이고, 다섯 번째(空)와 여섯 번째(無)의 두 단계는 노력을 포기하고 조용히 기다리는 단계인데, 오고 오지 않는 것은 그 손님에 딸린 것이다.

요청(관행조도觀行照度)을 한다면, 손님은 오늘 오지 않으면 내일, 내일 아니면 모레, 모레 아니면 글피, 이렇게 어느 땐가는 꼭 오게 마련이다. 손님은 당신과 만나고 싶어하지만 당신이 보낸 초청서가 너무 많기 때문에 어찌할 바를 모르고 있는 것이다. '이것이 정말로 청하는 것인지 아니면 거짓으로 청하는 것인지? (이 말의 참뜻은 오늘은 이 스님을 따르고 내일은 또 저 스님을 따라가며 법문을 수련한다는 말이다)'를 판단하지 못하는 것이다.

수천 년을 내려오면서 팔만 사천 개의 법문이 생겼지만 이 많고 많은 법문도 모두 '능소能所(능히 수련할 수 있는 것과 소위 수련하는 대상)'라는 두 글자를 벗어나지 못한다.

　수련할 수 있는 것은 마음이며 수련하는 대상은 법문이다. 차를 모는 자는 사람이요 모는 차는 벤츠이라는 뜻이다. 어느 법문이나 수련하는 것은 마음뿐이다. '소所(수련하는 대상)'는 보조(配角)에 지나지 않으며 지팡이일 뿐이다. 마음을 진정하지 못하고 독립하지 못하기 때문에 '소所'라는 것을 가져다가 보조를 시키는 것이다. '능能'과 '소所' 이 두 가지를 모두 비워야만 입도入道할 수 있다. ─ 비출 수 있는 마음이 있고 비춰지는 경계가 있다면, 아직까지 문밖의 손님에 지나지 않는다. 능能과 소所가 모두 사라지는 그 순간에야 입도할 수 있다. 아는 자와 앎을 배우는 자, 비추는 자와 비쳐지는 자도 모두 사라진다. ─ 이런 것들이 사라지는 것은 '그'가 발생했기 때문이다. ─ 그가 발생했기 때문에 없어지는 것이다. 바로 이 순간, 이 찰나에 모든 것이 이루어지는 것이다.

③ 간과 관을 잘 이해하라　要把看和觀

　지금 '간광법문看光法門'이라는 법문이 유행되는데 실상 많은 사람들은 간看과 관觀을 잘못이해하고 있다. 눈으로 보는 것을 간看이라 하고, 마음으로 보는 것을 관觀이라 한다. 간

은 두뇌로 진행되는 것으로 아직 사유思維가 들어 있고, 관觀
은 심령心靈이 하는 일로 두뇌의 모든 사유가 사라진다.

　관觀이란 한 물건에 대하여 넋을 잃고 보는 것을 말하는데,
그때 가서는 관자와 피관자(觀者和被觀者)가 존재하지 않으며
두뇌도 움직이지 않는다. 바로 이 순간에 탈바꿈(蛻變)이 생
기고, 바로 이 순간에 사람이 가지고 있던 본성이 나타나게
되는 것이다.

　관觀의 경계에 이르면 사람은 좀 멍청하고 바보 같이 보인
다. 하지만 일단 관觀의 경지에 이른 자는 밝은 거울이 천하
를 비추는 듯 하고 날마다 해가 중천에 떠 있는 듯이 밝은
것이다. 이때에야 비로소 스님을 떠나 법에 따라 수련할 수
있는데, 이때가 되면 스님도 도움을 줄 수 없기 때문에 오로
지 혼자 걸어야 하는 길밖에 다른 방법이 없다.

옹가홍과 들숨날숨　翁家烘和一呼一吸

　사람의 생명은 숨을 들이쉬고 내 쉬는 사이에 존재한다.
들숨만 쉬고 날숨을 쉬지 못하면 생명은 살아 있으나, 날숨
만 쉬고 들숨을 쉬지 못하면 곧 죽음을 뜻한다. 들숨을 쉰다
는 것을 사람이 재생할 수 있고 살 수 있으며 아직도 활력이

있음을 말한다. 날숨만 쉰다면 그것은 죽음을 말하며 내장이 에너지를 흡수할 능력이 없음을 말한다. 들숨은 생명의 존재를 말하고 날숨은 죽음을 뜻한다.

옹(嗡)음을 신체로 비유하면 머리에 해당하고, 가(嘎)음은 신체의 중부 즉 내장이며, 홍(吽)음은 신체의 하부 즉 단전 혹은 성 중심性中心이라고 하는데, 물리세계物理世界에서는 지음地音이라고도 한다.

그 어느 주문(呪語)이나 글자를 막론하고 모두 숨을 들이쉬고 내쉬는 속도로 읊는다. 그리고 매번 호흡할 때, 들이쉬고 내 쉬는 사이에 들이쉬지도 않고 내쉬지도 않는 잠깐의 공백이 생기는데 이 사이에는 무엇을 하는가? — 그때 바로 바보가 된 것이고, 생명을 낭비한다.

만약 이 틈 사이에 발생할 수 있다면 — 사실 깨우치고 성도하는 모든 것이 이 틈 사이에 이뤄지는 것이다. 전념前念(앞에 있던 생각)이 꺼지지 않고 후념後念(뒤에 오는 생각)이 일어나지 않은, 그 사이에 들어가면 들어가게 되는 것이고, 들어가지 못하면 다음 호흡사이까지 기다려야 한다!

그러면 어떻게 이 들숨을 쉬고 날숨을 쉬는 순간 시간을 연장하는가? 숨을 들이 쉴 때 단전丹田까지 들이 쉬어 온몸에 가득 차게 한 다음 약 십 초 가량 멈추었다가 다시 날숨을 쉰다. 마음은 호흡에 따라 들어갔다 나갔다 한다. 즉 '심식합일心識合一(마음과 숨을 쉬는 것이 하나로 됨)'하면 신통력을 얻을 수 있으며 맥의 매듭(脈結)도 풀어진다. 기가 입에 있는데 심념心念이 아직 단전에 있어도 안 되고, 또 기를 입으로 내쉴 때 마음을 단전에 두어서는 더욱 안 된다. 반드시 기와 마음이 하나(一體)로 되어 함께 들어갔다 나왔다 해야 한다.

 사람들은 보통 숨을 목까지 들이쉬었다가 내쉬거나, 길어야 가슴까지 들이쉬었다가 내쉰다. 오랫동안 수련한 사람들은 숨을 아랫배 즉 단전까지 들이 쉰 다음에 내쉰다. 성인聖人의 호흡은 기氣를 발끝까지 들이쉬어 발끝까지 가득 찬 후에야 내 쉰다.

 성인의 호흡은 십 초를 정지하는 것은 말할 것도 없거니와 마음대로 공제할 수도 있다. 이렇게 수련하다 보면 들이쉬지도 않고 내쉬지도 않는 경지에 도달하게 된다. 즉 호흡을 정지하게 되는 것이다. ― 이때가 바로 본래 면목이 뚜렷이 나타나는 때이다. 이상은 도道가 아니지만, 방법이 아닌 방법이다. 이와 같은 방법으로 입문을 하면 바로 도에 들어갈 수 있다.

🌀 우주의 모든 생물들은 한 몸이다 宇宙萬物爲一體

모든 생물은 서로서로 통한다. 본질적으로 말한다면 서로 연결되어 있는 것이다. 다만 어떤 생물들이 각지覺知는 좀 둔할 뿐이다. 사람의 각지는 영민할 뿐 아니라 내부의 잠재기능은 그 어떤 생물의 잠재기능보다도 낫다. 삼마지三摩地에 있는 행자行者는 바로 이런 잠재능력을 통해 우주의 다른 생물들과 교통한다. 우주 생물들과의 교통이 바로 자기와의 교통이며, 모든 생물들은 다 자기의 법신法身이 나타남이다. 육도의 중생들은 모두 삼신三身이 온전히 갖추어져 있지만 깊이 잠든 상태로 있을 뿐이다. 모든 감각 기관을 닫아버리고, 즉 육근을 관폐하고 의식을 미간에 집중시켜 생명의 불빛을 정윤頂輪까지 올리면서 의식과 결합하여 그것을 허공에 뿌려 우주의 만물과 한 몸으로 융합되도록 하라. 오랫동안 이렇게 하면 자연 삼신三身이 뚜렷하게 나타날 것이다.

심법 4
생명을 논함

論生命

🕉 우리는 모두 부처로 이 땅에 왔다   佛菩薩本來加持和淨化這個世界

중생들은 원래 모두가 부처였다. 이 세상에 부처의 도를 펼치려고 왔지만, 너무도 많은 유혹에 이끌려 항상 밖에 있는 것만 추구하고, 오랜 시일이 지나 드디어 자기가 어느 부처로서 이 세상에 온 것인지도 잊어버렸을 뿐만 아니라, 내재적 역량이 있는지도 잊어 버렸다. 명사의 지도를 받고서야 비로소 원래부터 가지고 있던 본래 모습을 알게 되는 것이다.

부처님들이 이 세상에 내려 올 때는 이 세상을 보살피고 정화淨化하려고 왔는데, 오랫동안 세속에 묻혀서 인간 세상

을 탐닉하다가 자신의 사명을 잊어버리게 될 뿐만 아니라, 불국토도 잊어버려 자신의 존재도 부인하게 된 것이다.

자기의 본래 모습을 찾지 못하면 영원히 윤회의 바퀴에서 헤매게 된다. 이 세상에 온 목적은 첫째로 자기의 본래 모습을 찾는 것이고, 두 번째는 세상을 보살피려고 온 것이다. 따라서 자기의 본래 모습을 찾지 못하면 영원히 만족할 수 없으며, 왜 우리들이 일상생활에서 항상 만족을 느끼지 못하고, 계속 외재적인 것을 추구하여 내재적인 공허함을 채우는가에 대한 원인이기도 하다.

윤회란 如此輪回

신체(사람의 몸)는 실상 진아眞我를 나타내는 하나의 기계적인 요소에 지나지 않는다. 진아는 이것을 빌어 자기의 일을 하게 되는 것이다. 백년이 지난 다음 이것을 못 쓰게 되면, 진아는 다시 자기에 적합한 다른 기계적 요소를 찾게 된다. 이와 같이 끝없이 윤회히게 되는 것이다.

만약 생전에 진아를 수행하여 허공과 하나로 될 수 있다면, 임종의 그 찰나에 진아는 광활한 우주의 본각本覺 속에 녹아 들어갈 수 있게 된다. 그렇지 않으면 또 다시 이 세상에 내려와 환생하여 윤회한다.

생명은 우연적이지만 죽음은 필연적이다. 중요한 것은 어떻게 죽느냐 하는 것 보다 어떻게 살아가느냐 하는 것이다. 오직 착실하게 살아가야만 죽을 때 마음을 놓을 수 있다.

운명은 다른 사람이 좌우하는 것이 아니라 바로 자기가 개척하는 것이다. 한 사람의 개성個性이 바로 그 사람의 평생 운명을 결정한다. 개성은 또한 금후의 운명에 대한 묘사(寫照)로 반영된 것이며, 운명의 형상이기도 하며, 앞으로의 전도를 결정하게 된다.

죽음을 무서워하는 까닭은 생명의 근원을 잘 알지 못하기 때문이다. 생명은 죽지 않는 것이며 순환하는 것이며, 한 번도 사망한 적이 없는 것이다. 선정에 깊이 들어갔을 때는 자신이 헤아릴 수 없을 정도로 여러 번 죽었다 태어났음을 알게 된 것이고, 육체도 두뇌도 심장도 모두 자기의 것이 아니라는 것을 알게 된 것이다. 그리하여 이미 발생한 모든 사망과 출생이 모두 사기의 신체이고 두뇌이며, 이깃을 백년에 한 번씩 계속 바꾸게 된다는 것을 알게 된다. 이 바꾸는 과정에서 시종 불생불멸하며 바뀌지 않는 것이 있는데, 그것이 바로 영원히 불변不變하는 진아이다. 육신은 죽기도 하고 살기도 하며, 헤아릴 수 없이 죽음과 삶을 반복했지만, 진아는 영원히 살아있다. 한 번도 태어난 적이 없었는데 어떻게 죽

을 수 있겠는가? 진아는 선천적인 것으로 우주가 생기기 전에 존재했으며, 우주는 탈이 날 수 있어도 진아는 탈이 나지 않는 것이다.

🔘 도의 경지에 들어가야 욕망이 없어진다　入道才會滿足

인생은 마치 긴 강물처럼 한 시각도 멈춤 없이 흐른다. 강물이 흘러 각기 다른 곳에 이르면 그 모양도 각기 다르게 변하지만, 계속해서 흘러 스며들어 적시는 맑고 물의 깨끗한 본성은 변하지 않는 것이다.

　사람들은 각각 다른 연령 단계에 따라 같지 않은 심리상태를 나타내게 된다. 사람의 인생은 계속 변하며 평생 동안 추구하고도 영원히 만족을 느끼지 못한다. 도道의 경지를 열지 못하거나 종극의 바다에 들어가지 못하면 영원히 추구할 수밖에 없는 것이다. 때가 되어 바다(海洋·道)에 흘러들어가야 비로소 만족할 수 있는 것이다. 다시 말하면 사람이 계속해서 추구하는 이유는 도의 경지에 들어가지 못했기 때문이다. 득도한 사람들은 비록 열심히 일을 하지만 욕망에 끌려 추구하는 것이 아니다.

　생명은 마치 한줄기 강물처럼 끊임없이 흐른다. 의식적으로 막지 않는다면 자연히 자기의 길을 가게 될 것이며, 또 생명의 종극인 대해大海에 도착하게 될 것이다. 인연에 따라 주위의 모든 것을 받아들이고 물의 흐름세를 따른다면, 생명의 여정은 풀 한 잎, 나무 한 그루도 헛되이 지나치지 않을 것이며 일절의 모든 것을 얻을 수 있게 될 것이다.

습성과 기호에 따라 왕생한다   習氣嗜好決定往生

임종의 그 순간은 더 없이 중요하다. 임종 때 무엇을 기억하느냐에 따라 바로 그 곳으로 왕생하게 되는 것이다. 예를 들면 당신이 부처만 기억했다면 불국佛國으로 왕생하게 될 것이고, 평상시에 성욕만 생각하고 남녀간의 일만 생각한다면 자연히 성욕에만 집념하게 되어 축생도畜生道(짐승으로 태어남)에 들어가게 되는 것이다.

생선의 습성과 즐기는 것이 임종 뒤에 가는 곳의 방향을 결정한다. 이 일생 동안의 행위는 내세의 운명을 결정한다. 당신의 지금 현재 모습은 전생에서 내려져 온 습성이다. 지금 어떤 습성을 가지고 있다면 빨리 이 세상에서 타파하여라. 그렇지 않으면 또 내세까지 가지고 가게 된다. 다시 말하면 지금의 습성은, 자신이 전생에 돌파하지 못하였다는 것을 말하는 것이다.

③ 자신의 잠재에너지를 찾고자 애정행각을 한다 兩種能量合和 産生愛情

남녀지간에 서로 끌리는 것은 배후에 있는 두 에너지의 밀고 당김으로 조성되는 것이다. 사람들은 모두 두 가지 상충 에너지가 화합해서 생성된 산물이다. 만약 당신이 남자라면 남자의 몸에는 양성 에너지가 51%이고, 음성 에너지는 49%가 있다. 또 여자의 몸이라면 음성 에너지가 51%이고 양성 에너지가 49% 있다.

사람마다 몸에 있는 에너지 중의 절반은 깊이 잠자는 상태에 있는데, 남자라면 49%의 음성 에너지가 잠을 자고 여자라면 49%의 양성 에너지가 잠을 잔다. 그리하여 사람마다 그 나머지 49%의 에너지를 찾아서 서로 조화하게 된다. 이것이 애정이 생기는 이유인 것이다.

여자는 대지다. 민사민물이 모두 대지 위에서 생기게 되는 것이고, 대지는 일절의 모든 것을 받아들인다. 남자의 뿌리根는 바로 대지를 기초로 한다. 하늘에서 비가 내리는 것은 하늘과 땅이 서로 조화하는 일종의 방식이다. 비는 하늘과 땅 사이의 맥락이며 서로 교화하는 길이다. 비는 땅에 떨어져서 수증기로 변하고 대지의 음성 에너지는 공중으로 올라간다. 이렇게 순환하여 하늘과 땅 사이를 연결시키며 음양의 두 에너지가 서로 조화한다. 오랫동안 비가 오지 않으면 땅 위에 사는 사람과 생물들은 병이 들고 견딜 수 없이 괴로워진다. 하늘과 땅이 서로 조화되지 못하여 땅 위의 생물들도 조화를 잃어버리게 되기 때문이다.

인체의 에너지는 하늘 땅 사이의 에너지에서 오는데, 오직 하늘 땅 사이의 에너지가 잘 조화되어야만 인체의 에너지도 잘 조화된다.

성인은 잠재에너지를 깨운 사람이다 　聖人的能量己被蘇醒

남녀사이에 서로 끌리는 것은 두 에너지가 서로 조화되기를 원하기 때문이다. 비록 사람마다 양쪽 에너지를 다 가지고 있지만, 보통 그 반절이 넘는 에너지는 깊이 잠들어 있다. 이 세상에서 오직 한 종류의 사람만이 이런 에너지조화를 밖으로 추구하지 않는다. 즉 깨달은 성인이다. 깨달은 사람이라고 해서 이런 에너지가 필요하지 않는 게 아니라, 그들에게 내재한 절반 에너지가 이미 수행을 거쳐 깨어났으며 이미 하나로 합일되어 있기 때문이다.

그들은 남자면서도 여자이다. 인류는 원래 음양陰陽이라는 두 에너지로 창조되었지만, 다만 당신이 내재적인 여자 혹은 남자를 찾지 못했기 때문에 외재적인 에너지와 서로 조화되기를 원하는 것이다.

여기에서 천기天機라는 도를 설파해도 무방하다. 사람들의 몸에는 많은 병이 있다. 이를테면 심리적인 것, 생리적인 것, 그리고 이름조차 알 수 없는 병들이 있는데, 모두 에너지가 서로 조화되지 못해서 생기는 병들이다. 조화된 후의 에너지는 음성도 아니고 양성도 아닌 정태靜態(고요한 것)적인 것이며, 전체성全體性인 에너지다. 음양이 조화되면 바로 도道를 얻게 되는 것이다.

🕉 에너지의 흐름을 바꾸는 것이 수행이다 生理能量的扭轉便是修道

나는 항상 수행은 심리 상태(心態)로부터 시작해야 한다고 주장한다. 마음은 곧 부처요(心卽是佛), 그 내재적인 것을 초월하면 무상 대법을 이루게 된다고 생각한다. 생리적 수련은 건강하기만 하면 할 수 있다. 그러나 생리적 에너지를 돌려

세우는 일은 사실상 쉬운 일이 아니다. 출가出家한 사람들이 이 길을 걸으면 비교적 쉽다. 그들은 자식이 없어서 마음에 근심이 없기 때문이다.

생리학적인 법칙으로 보면 에너지는 위에서 아래로 흐르면 좋지만, 수행의 각도로 보면 에너지가 아래에서 위로 흐르는 것이 좋다. 이 에너지를 돌려세우는 과정은 자칫하면 목숨까지 잃을 수 있다. 에너지가 위로 오를 때 헤아릴 수 없는 질병이 생기는데, 전체적인 생리계통이 모두 바뀐다는 것은 아주 위험한 일이다. ― 생명의 위험까지 무릅써야 한다. 불교의 고승전高僧傳에 보면 몇백 명의 성취한 고승들이 있지만, 수행 도중에서 죽은 사람도 몇천 명이나 되는 것이다. 마치 장군은 몇십 명에 지나지 않지만, 전쟁터에서 사망한 사람은 수천 명에 달하는 것과 같은 도리이다.

내가 22세 때 처음 폐관하여 이 에너지를 돌리기 시작하였는데, 그때부터 나의 생리계통의 질서가 어지러워졌으며, 또한 그때부터 병이 나기 시작해서 28세에 이르러서는 기의 숙기 직전까지 갔었다.

그때 나는 이 에너지를 방출하기만 하면 병이 사라진다는 것을 깊이 감지하고 있었다. 그럼에도 불구하고, 다행히 부처님들이 나를 이끌어주셔서 하루아침에 생리상 큰 변화를 가져왔다. 온몸에서 땀이 나고 열이 나더니 다시 온몸에서 빛을 발산했다. 예로부터 금욕하는 사람들 중 장수한 사람이 몇 없지만, 방종放縱한 사람은 더더욱 오래 살지 못한다. 자연의 법칙을 위배하면서 자연을 초월하지 못한다면 필히 자연에 삼켜지게 될 것이다.

③ 수행은 미지를 경험해서 이지로 만드는 것이다   向未知挑戰

 수행 그 자체는 곧 미지의 세계를 향한 도전이며, 아주 용감한 행동에 대한 책임이다. 오직 이러한 용감한 행동만이 비로소 미지의 세계로 들어갈 수 있다. 사실 생활 중의 모든 일들은 다 미지의 세계이다. 이를테면 "집이 무너지지나 않을까? 내일까지 살 수 있을까? 음식에 독약이 들어 있지 않을까?" 라는 생각들이다. 이러한 미지에 대한 일들이 습관이 되어버리면 미지가 존재함을 생각지 않게 된다.
 수행의 길에 들어서게 되면 사람들은 항상, "정말 신이 있는가? 내가 정말 깨달을 수 있을까?" 하는 것을 묻기 좋아한다. 그러나 다른 사람들의 대답을 절대로 믿을 수 없을 것이다. 마치 사람들이 물에 뛰어 들지 않으면 헤엄을 못 배우는 것처럼, 미지(未知:아직 모르는 세상)에 들어서지 않는다면 영원히 이지(已知:이미 익숙하게 깨달은 세상)라는 것을 알 수 없는 것이다. 생명의 모든 발자국마다 모두 이지己知를 떠나 미지未知에 들어서고, 다시 이지己知에 이르러 미지로 들어가는 과정이다. … 이렇게 끊임없이 순환하는 것이다.

수행하고 있는 지금이 천당이다   生命存在的當下就是喜悅

사람마다 모두 두 가지 품성을 가지고 있다. 위대한 일면과 왜소한 일면이다. 하느님은 오직 하나 밖에 없다. 위대하지도 않고 왜소하지도 않다. 사실 일상생활 가운데서 사람들은 늘상 옥황상제와 같이 생활하게 되는데, 그것은 수련을 통해서 만나는 것도 아니고 기도를 통해서 만나는 것도 아니다. 느끼며 깨닫는데서 온다. 오직 옥황상제가 존재한다는 것을 느끼며 깨달아야 만이 가슴속의 갈망을 버릴 수 있다. 수행을 시작할 때는 규율이 필요하지만, 입도하면 자유롭다.

생명이 존재하는 현 당히기 비로 슬기롬이다. 다시 이떤 목표를 세우거나 또 어떤 목적을 달성하려고 하지마라. 목표가 있으면 곧 고통이 있어서 생명의 의의를 놓쳐 버린다. 생명은 목적이 있을 필요가 없으며, 더욱이 목표가 없어야 한다.

생명은 마치 흘러가는 강물처럼 쉬지 않고 흐르며 바다로

향해 끊임없이 흐른다. 설령 바다로 흘러간다 해도 바다가 흐르는 물의 귀착점은 아니다. 물이 흐르는 그 곳이 그가 귀착하는 곳이다.

생명도 이와 같이 시작도 없고 끝도 없으며, 생명이 존재하는 바로 그 곳이 열반涅槃이다. 당신이 머무는 곳이 바로 천당이다. 천당은 목표가 아니고 일종의 생활 방식으로써, 목표가 없을 때가 곧 천당에 들어간 것이고, 이 시각 이 자리에서 생활할 때가 바로 천당에 있게 되는 것이다.

생명을 미래에 기탁하고 생명을 목표에 맞춘다면 당신은 생명을 말살하는 것이다. 생명의 의의는 무엇이 있으면 무엇을 접수(있는 그대로 받아들임)하는 데 있다. '접수接受'란 두 글자의 함의를 깊이 이해한다면 곧 해탈한 사람이 되는 것이다. 생활에서 필요로 하는 모든 것이 바로 당하에 있다. 만약 당하에 없으면 미래에도 있을 수 없다.

당하當下란 미래의 당하이며 또한 과거의 당하이다. '당하' 이 두 글자는 모든 시공을 포함하고 있으며, 모든 시공은 '당하'에 투영된 그림자에 불과하다. 당하는 무엇인가? 과거와 미래는 또 무엇인가?

🔹 하늘나라보다 속세에서 수행하는 것이 더 빠르다   人間修道比天上來的快

하늘에서 수행하는 속도는 인간세상에서 수행하는 속도보다 훨씬 늦다. 인간세상은 고와 낙이 반씩이고 순과 역이 모두 있지만, 하늘에는 무엇이나 뜻대로 되고 풍요로워 날마다 복을 누리게 된다. 그렇기 때문에 하늘에서는 삼계를 초월할 궁리를 하지 않게 되는 것이다.

그러나 복을 누린 다음에는 또 다시 인간 세상에 떨어져 다시금 수행해야 한다. 생전에 수행을 철저히 하지 못했기 때문에, 삼계를 초월하지 못하여 하늘까지 밖에 올라가지 못한 것이다. 이렇게 복도 누리고 윤회도 하면서 순환하게 되는데, 삼계를 초월해야만 윤회를 하지 않는다.

비록 모든 유상有相이 다 허망하다고 하지만, 가는 곳에서 좋은 일 또는 악한 일을 함에 따라 인과응보를 받게 되는 것이기에 절대로 소홀히 여겨서는 안 된다.

각 층천層天마다 모두 자기의 인과대율因果大律이 있다. 이미 득도한 성인이라고 해도 구체적인 행위에서 한시도 소홀하게 처리하지 않는다. 물론 마음을 비운다고 하지만 대중을 위해 돌볼 기회를 버리지는 않는다. 우주의 모든 것은 실도 없고 허도 없으며 진짜도 없고 가짜도 없다. 단지 애국심과 애교심愛敎心(자기가 신앙하는 교를 사랑하는 마음)만 있다면 부족하다. 반드시 실질적인 행동이 따라야 한다.

얼마를 소유했는가 하는 것이 중요한 문제가 아니라 만족할 줄 아는가 하는 것이 중요하다. 자신의 심리상태를 고치지 못한다면 어느 누구도 도와줄 수 없다.

은거생활은 확실히 좋다. 그러나 큰 보살들은 절대 은거하지 않는다. 보살도를 닦지 않는다면 결국 원만한 불과佛果가 아니며, 다른 사람의 수행을 돕지 않는다면 자기의 수행도 진보가 없게 되는 것이다.

오직 시대에 적응하고, 사회를 위해 복무하며, 생활을 풍부하게 하는 불법만이 진정한 불법이다. 오직 일처리를 원만하게 융합하고, 바로 알고 바로 보며(正知正見), 즐거워하고 인정이 있는 수행만이 진정한 수행이다. 오직 사상을 지혜로 단련하며 정감을 도야陶冶하여, 대원대행大願大行해야만 비로소 진정한 원만이다.

🧘 도는 자기를 지배하는 것이다 道是駕御自己

권력은 인류가 앓는 가장 큰 병이다. 인류는 태어나서부터 권력이 가장 중요한 것이라고 교육을 받았지만, 사실상 내면

이 허한 사람만 죽어라하고 권력을 추구한다. 권력은 도가 아니며, 도의 부속품에 지나지 않는다. 하지만 권력을 통해서 수행할 수도 있다. 권력이 있는 사람의 인류에 대한 공헌은 결코 전도사의 인류에 대한 공헌에 못지 않다.

그러나 권력은 도道와 좀 다르다. 권력은 다른 사람이 주는 것이기 때문에 준 사람을 잃으면 권력도 없어진다. 그러나 도는 다른 사람의 도움이 필요 없고, 스스로 노력해서 얻을 수 있다. 권력은 다른 사람을 지배하지만 도는 자기를 지배하는 것이다.

한 가지 일만 너무 추구하다 보면, 그 일에 얽매여 자신의 자유조차 잃고 그것의 노예가 된다. 그러나 사람들은 자기가 생각하는 바를 얻으려고 발광하며, 자아를 잃고 아무 일이나 다 저지른다. 얻으려는 것(得到)과 성공은 인간의 몸에 있는 두 마귀이다. 자기가 위대하다는 것을 증명하려는 마음이 바로 마귀인 것이다. 하지만 자기가 위대하다고 증명하려고 힐수록 더 보잘것없는 사람이 되는 것이다. 자기가 제일 위대하고 제일 능력 있는 사람이 되려는 욕망을 버린다면, 그 때에 이르러서야 정말 위대한 사람이 될 수 있을 것이며 강한 사람이 될 수 있다. 해탈하겠다는 욕망을 포기해야만 진정으로 해탈할 수 있다는 것이다.

손에 돈을 쥐고 놓지 않으면 돈의 의의를 잃게 된다. 금전

은 유통하는 데서 그 가치를 나타낸다. 금전은 사람을 위해 만들었는데 사람이 금전을 위해 살아서는 안 된다. 돈은 인간의 도구이며 인류가 창조한 것이다. 이 법칙을 어긴다면 인생은 고통이 많아질 것이고 또한 인간성을 잃게 된다. 돈이 아까워 쓰지 않는다는 것은 자신감이 없음을 말하는 것으로, 내일 돈을 벌지 못할까봐 두려워하는 것이다. 금전의 가치는 유통에 있으며, 권력의 가치는 중생을 위해 사용하는데 있다. 금전과 권력을 포기할 필요는 없다. 포기할 것은 다만 금전과 권력에 대한 소유욕이다.

❸ 영성과 물질의 추구를 조화해야 한다 協調靈性和物質之間的追求

수많은 수행자들은 영성의 추구와 물질 추구간의 관계를 잘 조절하지 못한다. 오늘 여기서 나는 여러분들에게 제일 간단한 방법을 알려주려 한다. 만약 당신의 내적인 마음이 영성靈性을 추구하는 자라면 영성을 위주로 하면 되고, 물질은 생활할 정도면 되는 것이다. 만약 물질을 추구하는 자라면 물질을 위주로 하고, 수행과 영성은 생활의 조절제로써 물질생활 속의 음악이라고 생각하면 된다. 물질과 영성, 이

둘을 모두 제일 중요한 위치에 놓거나, 모두 두 번째 위치에 놓는다면 아무 일도 성사할 수 없을 것이다. 즉 물질적으로도 만족되기 어렵고, 정신적으로도 만족하지 못하게 되는 것이다.

이 두 가지를 서로 비교하면, 물질은 쉽게 만족할 수 있지만, 일정한 정도까지 도달하게 되면 꼭 영성을 필요로 하게 된다. 그러나 영성이 어느 정도 도달하면 물질을 추구하지 않는다. 이 진리를 알고 난 이후에 둘 사이의 관계를 잘 조절하고 주인과 노복을 잘 분별한다면 곧 즐거운 사람이 될 수 있을 것이다.

도덕은 내재의 꽃을 피우는 양분이다   內在的旅行卽是道德

도덕이 있느냐 없느냐 하는 것은 참으로 결론을 내리기 어렵다. 불교 사상으로 결론을 내린다면, 시시각각으로 돌아서서 내재를 비춰보고, 내재로 깊이 파고 들어가서 수행하는 것이 바로 도덕이다. 그 외의 다른 것은 도덕이 아니다. 외부의 일을 많이 하면 할수록 더 부도덕적으로 되는 것이다.

자연적으로 밝혀지는 것이 도덕이며, 내재의 꽃을 피우는 것이 도덕이다. 종교에서는 도덕을 내재의 심리 상태로 논하

고, 사회에서는 외적인 행위로 논한다. 다시 말하면 종교에서는 속으로 사람을 죽이겠다는 마음만 가지고 있어도 죄가 되는 것이지만, 사회에서는 사람을 정말 죽여야만 살인죄가 성립되는 것이다.

내재의 꽃이 피어서 하는 일들은 다 도덕에 부합된다. 사람을 때리고 욕을 해도 도덕에 어긋나지 않는 것이다. 사랑하는 마음을 기초로 한 매나 욕은 모두 도덕이 나타난 것이며, 내재한 핵심이 나타난 것이며, 중심에서 사방으로 내쏘는 방식으로 나타낸 것이다.

🕉 모든 사물에는 양면이 있다 　一切事物都有兩面

승리와 실패는 마치 동전의 앞뒷면과 같이, 모두 아름답게 상제님의 지혜로 정성스레 설계된 것이다. 중생들의 성장과 성숙은 바로 이 동전의 앞뒷면이 모두 필요한 것이다. 지혜로운 사람은 실패 가운데서 많은 지혜를 얻게 된다. 따라서 승리자는 잃어버리는 것이 많고 실패한 사람은 얻는 것이 많다.

역사의 과정에서 보면, 사람들은 승리자에게 탄복을 하지만 존중하지는 않고, 심지어 싫어하기까지 한다. 그러나 실패자는 동정하며 심지어 존중하기까지 한다. 인생은 필연적으로 성공도 있고 실패도 있게 된다. 인간의 습성은 항상 성공한 것과 좋은 면만 내놓기 좋아한다. 이것은 바로 사람들이 사진 찍는 것과 똑 같은 이치이다. 사진은 제일 아름다운 것을 골라 촬영한다.

환경은 누구에게나 다 같은 것으로 어느 쪽으로도 기울어지지 않는다. 다르다면 사람들의 심리상태가 다를 뿐이며, 환경에 대한 감각과 평가가 다를 뿐이다. 마치 어떤 사람은 낮을 좋아하고 어떤 사람은 밤을 좋아하며, 또 어떤 사람은 천상을 좋아하고 어떤 사람은 인간세상을 좋아하는 것과 같은 것이다. 깨달은 사람은 인간세상이 천당 못지않게 아름다울 뿐만 아니라 천당보다 수만 배 더 아름답다고 여긴다.

있으면 누리고 없으면 바라지 마라 有甚麽享修甚麽

만행이 "도道가 세속에 있다"고 하는 까닭은, 수도修道는 아주 실제적인 경험이고 현실의 해탈이며, 죽은 다음의 해탈이 아니기 때문이다. 오로지 세속에서 생활을 직면하고 인생의 각종 고통을 다 겪어야만 고통을 초월할 수 있다. 자기를 가두어 놓는 것은 절대 해탈이 아니며 도주이고 억압이다.

고통을 초월했다면 곧 인생을 초월하는 것이다. 생활 자체가 도道이기 때문에, 생활을 버린다면 곧 도를 버리는 것과 같다. 진정한 도는 책 속에 있는 것이 아니라 생활 속에 있으며, 생활이야말로 진정한 경전經典이며 유일하게 읽어 볼 필요가 있는 책이다. 즉 완전하게 생활하는 것이다.

당신을 깨우치게 하는 법문은 생활뿐이며, 생활가운데 무엇이 있으면 그것을 누리고, 없으면 바라지 마라. 갈망은 생활의 실제 의의를 상실하게 하며, 욕망은 고통의 근원이다. 인생은 욕망이 없을 때 바로 완전한 생활의 여정에 들어갔다고 한다. 즉 내재의 핵심에 들어가기 시작했다는 것이다.

완전한 생활은 '아집我執'이 사라지고 탐욕이 없어지며 다툼도 없어져서 명성과 잇속을 위해 살지 않으므로, 완전한 사람으로 진실한 사람으로 되었음을 말한다. 오직 이때가 되어서야 내재의 연꽃이 활짝 피는데, 그 곳이 바로 우리의 원두源頭이며 우리가 꼭 가야 할 곳이다. 그곳에는 희망도 고통도 미래도 지혜도 우매함도 없다. 그곳은 오로지 당하에 꽃이 피는 고요하고 상서로움(祥和)만 있다.

있는 그대로를 피하지 말고 경험하라 要敢面對

우리 고향에는 "여자의 마음은 열에 열이라면 남자 마음은 열에 여덟밖에 안 된다"는 말이 있다. 이 말은 여자는 무슨 일을 하든지 온 마음을 다하여 뛰어 들지만, 남자는 마음을 8할 밖에 두지 않는다는 말이다. 여자는 화를 내어도 있는 대로 다 내지만 남자는 다 내지 않는다. 가정에서는 정情만 말하고 도리는 따지지 않지만, 법원에서는 법만 말하고 정情은 말하지 않는다.

번뇌煩腦도 번뇌가 아니다. 다만 그에 대한 인식이 부족할 뿐이다. 선정에 들어가면 번뇌가 바로 즐거움이라는 것을 알게 될 것이다. 마치 초저녁에 멀리서 길가에 있는 밧줄을 뱀으로 잘 못 보았으나, 가까이 가서 보면 뱀이 아니라 밧줄이라는 것을 발견하게 되듯이 말이다. 그것을 뱀으로 착각하고 밧줄이라는 것을 몰랐을 때에는, 이 밧줄은 뱀이 되어 가는 길을 믹게 된다. 빈뇌가 없어지면 보리(菩提)도 없이진다. 보리(菩提)가 바로 각오覺悟이다. 다만 각오하지 못했을 때 보리가 번뇌로 될 뿐이다.

금전과 물질을 감히 마주하지 못한다면 아직 초월하지 못했음을 말한다. 과연 금전과 물질을 초월하였다면 무엇 때문에 마주하지 못하겠는가? 이것이 바로 득도한 명사들이 금전을 논하고 성욕性欲을 논할 수 있는 까닭이다. 만약 중생들이 금전과 성욕을 탐하지 않는다면, 왜 금전과 성性 때문에 사람들이 고통에 시달리겠는가?

금전과 성은 주체성이 없어 사람들의 말을 들을 뿐이다. 초월한 사람은 금전과 성을 성장과정의 조연으로 보아 아름답고 향수할 수 있는 것이라고 생각하지, 절대로 더럽고 고통스러운 것이라고는 생각하지 않는다.

세상의 모든 사물은 모두 양면성을 가지고 있다. 즉 플러스와 마이너스를 가지고 있는 것이다. 그것을 조절하려면 반드시 플러스 극과 마이너스 극의 힘을 빌어야지 그 중 어느 하나를 버려서는 안 된다.

선禪을 수행하는 사람은 내세에 흥미가 없는 사람이다. 선자의 눈에는 다만 당하밖에 보이지 않으며, 바로 이 시각만 있을 뿐, 한 번도 희망을 내세에 두지 않는다. 당하의 그 문득 깨달음이 바로 종극이고 차원도 없으며, 차안이 바로 피안이며, 하나가 일체요 찰라가 영원이다.

선의 수련은 제일 단조롭고 무료한 일이지만 오직 무료를 기쳐야만 종극에 도달힐 수 있다. 무료는 일제 망성을 없애며 지혜를 솟구치게 한다. 지혜는 무료 속에서 생기고, 무료는 강대한 침투력이 있다. 무료는 능히 극도에 도달할 수(無聊可以透頂) 있고, 무료는 성불도 하도록 할 수 있으며, 무료는 인생을 꿰뚫어 보기도 한다.

착오는 성장의 필요조건이며 배움의 기회이다. 총명한 사람은 시행착오 가운데서 더욱 많은 지혜를 흡수할 수 있지만, 미련한 사람은 착오를 평생토록 후회하며 뉘우친다.

물질세상에서 사는 사람이 욕망이 없다는 것은 불가능하다. 먹고 입고 거주하고, 병이 나면 치료도 해야 한다. 이런 주위 환경이 욕망을 생기게 한다. 사람의 일생은 모두 욕망을 위해 사는데, 수행하겠다고 생각하는 것 역시 욕망이다. 그렇기 때문에 욕망을 정확하게 판단한다면 절대 나쁜 일이 아니다. 욕망은 생명력이다. 생명력이 있으면 욕망도 있기 마련이다. 오로지 욕망만이 만능이다.

🟢 온 세상은 한 몸이다 天地人原本是一個整體

과학은 이분법을 쓴다. 심지어 3분법, 4분법을 쓰기도 한다. 하지만 종교는 사물을 하나의 완전결합체로 본다. 하늘과 땅, 사람은 원래 모두 하나의 통일체인데, 이 통일체를 파괴한다면 조화로움이 파괴되게 된다. 과학은 죽은 사람을 놓고 연구하지만, 종교는 산 사람을 놓고 연구한다. 그렇기 때문에 나 만행은 항상 과학을 시체학屍體學이라고 하고 종교는 인체학人體學이라고 한다. 만년이 지나가도 과학은 종교와는 상대가 되지 않는다.

사람이 죽은 다음에는 신체 중의 많은 기관이 우주와 연계를 잃어버리기 때문에, 오직 살아있는 사람만이 천인합일天人合—의 길을 개발할 수 있다. 과학은 시체를 해부해서 수많은 조각으로 나누어 연구하지만, 종교는 완전체를 통해 연구한다. 이것이 바로 과학이 왜 생명학生命學을 이해하지 못하고 시체학 밖에 이해할 수 없는가 하는 원인이기도 하다.

과학은 생명학과는 관계가 없다. 오천 년 전의 『황제내경』은 벌써 천인합일이라는 학문을 연구해냈는데, 오늘날의 과학은 아직까지도 이를 증명해 내지 못하고 있다. 과학은 분석으로 연구하지만, 종교는 직접 생명으로 연구한다. 오늘의 과학은 끊임없이 어제의 과학을 부정하지만, 오늘의 종교는 오천년 전의 종교성과를 검증한다. 이렇게 보면 오천년 전에 벌써 종교는 생명학을 끝까지 탐구해냈다고 할 수 있다.

⑨ 종교는 과학도 철학도 아니다   宗敎的核心卽非科學也卽非哲學

지식은 한 번도 내재의 핵심에 들어갈 방법이 없었지만, 부분적인 어느 단계에는 핵심에 가깝게 접근할 수 있다. 이

것이 바로 무엇 때문에 종교를 연구하는 학자들이 한 번도 그 핵심 속으로 들어가지 못했는가의 원인이기도 하다. 도道는 외부에서 오는 지식이 아니다. 지식은 겨우 도의 외부 그림자밖에 되지 않는다. 왜냐하면 지식은 아직도 두뇌의 사유에 속하기 때문이다.

내재의 원두源頭는 사유에서 오는 것이 아니다. 핵심적으로 말하면 두뇌의 사유는 쓰레기라고 할 수 있는데, 그가 수집한 쓰레기는 마치 히말라야 산처럼 많아서 반드시 두뇌를 관폐해야 한다. 아니, 반드시 육근(눈眼·귀耳·코鼻·혀舌·몸身·마음意)을 모두 관폐 해야만 내재의 핵심으로 들어갈 수 있다.

그 핵심에 들어가게 되면, 도는 줄곧 나의 앞에 열려져 있으면서 나를 기다렸는데, 자신은 오랫동안 두뇌 놀음만 하느라고, 이미 알고 있던 지식에 부딪쳐 문밖에 서 있었다는 것을 알게 될 것이다 ― 즉 "소지장所知障(자기가 알고 있는 것이 장애물이 됨)"에 걸렸다는 것을 알게 되는 것이다.

종교를 과학이라고 하는 것은, 종교이 테두리를 두고 하는 말이다. 종교의 핵심은 과학도 아니며 철학도 아니다. 혹 다시 또 만년이 지나서 과학이 발달함으로써, 육신을 초월하여 독립적으로 존재하는 그 물건을 포착했다면, 그때 가서 과학이 종교로 되며 종교도 과학이 되어 피차간 너와 나를 가리지 않게 될 수도 있을 것이다. 오늘 날 종교를 과학이라고 하

는 것은, 종교가 과학의 얼굴에 황금칠을 하여주고 과학으로 종교를 증명하려고 하기 때문이다. 그러나 과학은 영원히 종교를 초월 못하며, 과학은 영원히 종교의 핵심을 증명할 방법이 없다. 과학의 핵심은 이성理性이며 종교의 핵심은 비이성非理性이기 때문이다.

심법 5
경건을 논함
論虔誠

🔹 경건한 마음 자체가 이미 도에 도달한 것이다　至誠至敬易入道

성실하고 공손한 사람은 입도入道하기가 아주 쉽다. 이런 사람들은 올바른 자세가 있어서, 경건(虔誠)만으로도 기세가 당당하여 타락하지 않는다. 올바른 기풍이 없는 인간은 먼저 인간의 됨됨이를 배워야 한다. 인도人道를 잘 닦은 뒤에야 비로소 천도를 닦을 수 있는 것이다.

정기신精氣神이 가득 차게 되면 천안天眼이 절로 열리고 정문頂門이 자연적으로 터지게 된다. 잡념을 버리고 마음을 한곳으로 쓰면(心念專一) 정기신이 절로 넘쳐흐르게 된다.

경건한 마음(誠心)은 무아無我이다. 무아가 된 후에야 자기를 찾을 수 있으며, 수행의 최고경지에 이르는 것이 바로 무아이다. 아주 선량한 사람, 아주 단순한 사람은 도에 아주 접근한 사람이다. 경건하고, 봉헌奉獻(삼가 바침)하고, 남을 위해 봉사하라고 함은, 부처님과 같은 마음의 품성을 배양하려는 데 목적이 있는 것이다.

믿으려면 반드시 굳게 믿고 행하려면 반드시 힘을 다해 수행하라(信必須深信 行必須力行). 믿지만 믿음이 굳지 못하면 믿지 않는 것과 같고, 행하지만 힘을 다 하지 않으면 행하지 않는 것과 같다. 깊이와 힘이 모두 정점에 달해야만 광활하고 넓은 종극의 '물건'을 열 수 있다. 그렇지 않으면 가죽장화를 신고 다리를 긁는 격으로 아무런 효험을 볼 수 없다.

앉아서 아무 생각도 하지 않는다면 목석과 무슨 다른 점이 있는가? 정좌 한다고 해서 아무 것도 생각하지 말라는 것이 아니라, 터무니없는 허튼 생각을 하지 말고 정확한 사유 즉 정념正念을 세우라는 말이다. 참선參禪 혹은 수규守竅 함은 마음을 집중하여 안으로 깊게 파고 들어가서 정점에 도달하라는 것으로, 즉 득도하라는 뜻이다.

🧘 자신은 물론 모든 사람이 부처라는 것을 믿어라 信自己就是佛 人人都是佛

불교가 위대하다고 함은, 부처를 믿어도 교화해주고 믿지 않아도 교화해 주며, 좋은 사람도 교화해주지만 나쁜 사람은 더 교화하기 때문이다. 불교는 유일신교나 다신교多神敎가 아니라, 자기가 부처라는 것을 믿고, 모든 사람이 부처이며, 육도의 모든 중생들도 수행만 한다면 모두 부처의 단계에 도달할 수 있다고 인정한다.

만행은 "인지초성본선人之初性本善(인간의 됨됨이는 본질적으로 선량하다는 뜻)"이라고 굳게 믿는다. 사람마다 다 선량한 마음이 있다. 선량善良은 인류의 고유한 본성이며 고유한 품성이다. 악습惡習은 후천后天(태어난 뒤 생활 가운데서)에서 배운 것이며 환경의 영향을 받기 때문이다. 교육을 잘하고 잘 이끌어 준다면 본래의 참모습으로 돌아가게 될 것이다.

🧘 남의 인정보다는 자신의 믿음이 중요하다 希望得道別人的認可不如自信

남이 인정해 줄 것을 바라는 사람은 본질적으로 자기를 믿지 못하기 때문이며, 자기가 하는 모든 행위들을 똑똑히 알지 못하기 때문이다. 다른 사람이 인정해 줄 것을 희망하는 사람은 영원히 진정한 쾌락이 없을 것이며, 다른 사람의 평가를 두려워하는 사람은 더욱더 즐거움이 있을 수 없다. 외부환경의 힘을 빌어 얻은 쾌락은 진정한 즐거움이 아니다. 반드시 내심의 각지覺知에 깊이 들어가야만 영구한 즐거움을 얻을 수 있다.

옛날의 조사祖師님들은 "본참本參을 돌파 못하면 산으로 들어가지 말 것이며, 중관重關에 도달하지 못하면 폐관하지 말라."고 하셨다. 세속의 공명功名과 이록利祿을 포기하지 않고 공성空性을 보아내지 못했다면 산에 들어가지 말아야 한다. 산에 들어갔다 해도 마음이 편치 않을 것이다. 진아를 수행해내지 못하고 보지도 못했다면 폐관하지 말라. 눈앞이 캄캄한데 어떻게 노력하고 어떻게 입정하겠는가?

명기심明其心(마음을 밝히 함)해야만 그 성을 보아낼 수 있다. 성을 보아낸 다음 좀 쉬었다가, 수년간 '그'와 한 덩어리가 된 다음에 최후로 간다면 가는 것이다.

그렇지 않으면 부처나 상사의 힘을 빌어 임종의 순간에 접인接引을 해도 마찬가지다. 하지만 전제 조건이 있으니, 마땅히 부처님과 명사를 믿어 의심치 말아야 그들의 힘과 한데 어울릴 수 있다. 향불을 피우고 예불하며 상사를 공양하는 목적도, 믿음의 힘과 심도深度를 배양하자는 데 있는 것이다.

두뇌 때문에 없는 분별이 생긴다 分別來自于頭腦

도道에는 분별이 없다. 오로지 분별이 없을 때에만 도道안으로 깊이 들어갈 수 있다. 일단 분별이 생겼다면 곧 도道에서 물러나오게 되는 것이다. 분별은 두뇌에서 나오는데, 도道는 두뇌가 필요 없다. 정치와 경제 등에는 두뇌가 필요하다. 도는 정체整體에 속하며, 정체는 분별이 없으며, 분별이 있다면 그 것은 개체에 지나지 않는다.

어린이들은 분별이 없기 때문에 도道와 통일체로 되기 쉽다. 사람들의 내적인 핵심도 어린이와 같으며 도와 통일체로 되어 있다. 만약 내적인 핵심인 어린이를 찾았다면 그는 곧 성인聖人이 되는 것이다. 두뇌는 항상 위엄 있게 행동하고 도덕군자인양 점잔을 뺀다. 도는 가쁜하고 유쾌하며 활발하고 즐겁고 분별이 없지만, 두뇌는 항상 자기를 표현하기를 좋아하기 때문에 분별이 있게 되는 것이다.

유치하고 단순하며 천진한 게 무엇이 나쁜가? 사실은 사실대로 원래의 모양 그대로 존재하게 내버려 두라. 인위적으로 하면 바로 분열分裂이 생긴다.

심령은 단순하고 항상 열려있는데, 두뇌는 복잡하기에 온갖 방법으로 위장한다. 항상 자신을 위장하려고 생각하는데, 그것은 두뇌가 겁쟁이이며, 죽을까 두려워하기 때문이다. 두뇌는 어릴 적부터 위장하고 분별을 시작하기 때문에, 영원히 죽지 않는 것이 있다는 것을 한 번도 몰랐으며, 줄곧 그 것을 놓쳐 버린다.

주위의 환경이 문제가 아니라 두뇌가 문제인 것이다. 두뇌는 두려워하고 무서워하기 때문에 내재의 불성佛性이 꽃으로 만발하지 못한다. 두려워 말고 한번 두뇌를 죽어보게 하라. 그러면 당신은 불성을 보게 될 것이다.

🔟 과학은 의심해야 입문하고 종교는 경건해야 입문한다 科學靠懷疑研究 宗敎靠虔信才入門

먼저 자신에 대한 신심을 꿰뚫어야 모든 것을 믿게 된다. 자신에 대한 신심이 있은 다음에야 남을 믿게 되며, 믿는 동시에 자기가 어떻다는 것을 정확하게 알아야 한다. 믿으면서도 자기를 모른다면 그것은 미신이다. 미신은 무명無明의 표현이다.

종교는 과학과 달리 의심을 단서로 해서 연구하고 성공하는 것이 아니다. 과학은 지식의 차원에 속하기에 의심해야 들어갈 수 있지만, 종교는 영성의 차원에 속하기에 반드시 경건해야만 들어 갈 수 있다. 과학은 의심하지 않으면 연구하지 못하며 진보할 수도 없지만, 종교는 경건하지 않으면 수련할 수 없고 성공도 못한다. 종교는 의심하면 절대로 안 되지만, 과학은 경건하면 안 된다. 종교의 두뇌가 천진하고 단순할 것을 필요하지만, 과학은 머리가 복잡할 것을 요구한다.

종교와 과학은 두 가지 대립되고 완전히 같지 않은 성질의 역량에 따라 운행한다. 그것은 즉 경건(虔信)과 의심이다. 이 두 가지 역량은 모두 정확한 것이지만 동일한 영역에서 사용될 수 없다. 종교에서 말하는 의심은 탐색探索의 뜻을 포함하고 있지만, 과학에서 말하는 의심은 부인否認을 뜻한다.

철학과 종교 哲學與宗敎

철학이 이미 종교의 테두리에 접근했다고 할 수 있지만 내재의 핵심은 꿈도 못 꾼다. 근본 원인은, 철학은 아직도 두뇌의 작용으로, 두뇌에서 생기기 때문이다. 종교는 영성靈性이 운행하고 영성으로 탄생한 성과이다. 종교는 실천학이며 친

증학親證學(몸소 증명하는 학설)인데, 철학은 사상학이자 두뇌학이므로 사색하고 생각만 하면 된다.

철학은 이론을 가지고 놀며 공대공空對空으로도 얼마든지 합격될 수 있다. 그러나 종교는 이론도 알아야 하지만, 더 중요한 것은 목숨을 걸고 직접 수련하고 인증해야 하며, 그 가장 본질적이고 핵심적인 것을 찾아내야만 한 단계를 완성했다고 하는 것이다.

종교는 철학을 포함할 수 있지만 철학은 절대로 종교를 포함하지 못한다. 불학을 연구하는 학자들이 종교를 철학이라고 하지만, 그것은 그들이 목숨을 걸고 증명하기 싫어하고 문자에만 매달리기 좋아하기 때문에 불교를 철학이라고 하는 것이다.

불학은 이미 철학의 끝까지 와 있다. 철학에서 한 말을 부처님께서 벌써 말했다. 무엇을 불학이라고 하는가? 무엇을 부처를 믿는다고 하는가? 무엇을 불교라고 하는가? 무엇을 불법이라고 하는가? 이 모든 것을 여러분들이 연구하기 바란다.

🌀 자아를 잃을 정도로 경건해야 불성이 나온다 虔信·忘我·佛性

수행하는 사람에게 있어서 가장 중요한 것은 진실한 모습 그대로 자기를 대하는 것이다. 속이 어떤 모양이면 그 모양대로, 마음과 말이 다르지 않아야 한다. 수행자가 아니라면 마음과 말이 같다는 말을 하지 말라. 수행에서 진전이 있기를 원한다면, 솔직히 자기의 마음 그대로 자기와 주위의 모든 것을 대하는 길 외에 달리 입도하는 길이 없다.

만행이 10여 년간 수행한 체험과 관찰로 미루어 보면, 많은 사람들이 수행을 오래 했는데도 입문하지 못하는 주요한 원인은, 감히 진실한 모양 그대로 현실을 대하지 못하는 데 있다. 이런 방식은 속세의 일 처리에서나 도움이 되지, 수행에서는 제일 큰 장애인 것이다.

솔직하게 사람과 사건, 사물을 대한다면 그것이 바로 제일 큰 해탈이다. 어느 정도 솔직하면 어느 정도 해탈하게 되며, 진정 그 자리에서 해탈하게 되는데, 여기에는 시간과 공간의 거리도 없다. 오로지 진실 속에서만이 자연적이고 선천적先天性인 것이 나타나게 된다.

경건한 마음이 생기지 않는다면 수행하지 말고, 애초부터 종교학을 연구하라. 불학을 연구한다면 날마다 할 일이 생길 것이다. 부처를 따라 배워 자아를 잊을 정도까지 이르지 못

한다면, 그 끄떡하지 않는 것이 근본적으로 나타나지 않는다. 그것은 연구에서 오는 것이 아니기에 불학과는 관계가 없다.

'경건함 → 자아를 잃음 → 불성의 출현', 이런 순서이다. 십여 년 전에 내가 자아를 잃을 지경으로 경건하게 부처를 믿던 일을 지금 생각해보면 좀 우습기도 하다. 그때 어떤 명사가 말씀하기를 "여자들을 보지 말라. 여자들을 보면 성불 못한다."라고 하시기에, 나는 여자 애들만 보면 성불 못할까봐 겁이 나서 얼른 눈을 꼭 감곤 했다. 하루는 큰스님이 공중에 떠있는 흰 구름을 보고 "저것은 바로 관세음보살이다"고 하시기에 나는 얼른 꿇어 엎드려 머리를 조아리면서 절을 했다. 또 한 번은 한 거지가 나를 보고 "화상和尙, 내가 보살의 화신이다."라고 소리치기에, 나는 가지고 있던 돈을 몽땅 그에게 주고 몸에 걸친 옷까지 벗어서 주었다. 혹시 부처님이 오셔서 이 만행을 시험하는 게 아닌가 싶어서 기회를 놓칠까 두려워 한 것이다. 불법을 학습할 그 당시 나는 나의 신구의 身口意를 모두 큰스님께 공양하였다. 이렇게 자아를 잃는 정신으로 나는 십여 년을 수행해 왔다.

경건하게 명사를 믿어라 要虔信明師

  선정禪定 기능이 깊은 사람은 죽음이 마치 이 방에서 저 방으로 들어가는 것과 다름이 없다. 그의 신식(神識, 영적인 인식)은 똑똑하고 뚜렷해서, 마치 좌선하여 입정할 때 신식이 마음대로 나갔다 들어왔다 하듯이 편리하다. 하지만 생전에 선정 기능이 없어 영혼이 신체를 이탈 못하는 사망자는 명사의 접인接引이 있어야 한다.

  명사를 믿지 않는다면 사망자의 중음신中陰身(즉 영혼)이 생전의 업력에 끌려 왕생하게 된다. 생전에 음란한 자는 죽은 후에 꼭 축생도畜生道에 떨어지게 될 것이고, 생전에 싸움질하고 사람을 죽인 자는 사후에 꼭 아수라도阿修羅道에 떨어질 것이며, 생전에 불교의 도를 닦은 사람은 꼭 불국佛國에 올라가게 될 것이다.

  경건하게 명사를 믿는 것과 명사에 대한 미신은 절대로 같지 않다. 경건하게 명사를 믿는 것은, 자기의 총명한 지혜와 재능으로 명사의 교의敎義, 사상 및 행위에 대한 요해를 바탕으로 한 경건이기 때문에, 이 경건은 지혜로움이며 지혜의 결과이다. 그러나 미신은 그렇지가 않다. 미신은 우매愚昧이고 두려워함이다. 미신은 지혜의 꽃이 피지 못한 것으로 명사가 이끌어 주어야 한다.

경건은 명사의 사상에 대해 입증해서 깨달은 다음에 온다. '아집'을 통찰하고 '아집'을 없애 버린, 해탈한 사람에게 가능한 것이다. 그러나 미신은 아직 '아집'을 보아내지 못하고 해탈하지 못한 상태로 무턱대고 명사에게 의지하는 것이다.

경건하게 명사를 믿으면 다시금 명사를 부정하지 않지만, 명사를 미신한다면 수시로 명사를 부정할 수 있다.

깨달은 사람은 진실한 사람이다. 오로지 진실해야만 종극에 이를 수 있으며, 그렇지 아니하다면 도중에서 서성거리게 되고, 영원히 과거와 미래 사이에서 떠돌며 생활하게 된다. 생명은 아주 단순하여 가장할 필요가 없다. 진실하게 생명을 대하기만 한다면, 생명의 의의가 현재 세계의 잠깐 사이에 나타나게 된다. 종극은 미래에 있는 것이 아니라 이 현재 세계, 이 시각, 이 지점에 있다. 목표가 없음은 바로 목표를 달성한 때이며, 목표가 있다면 목표를 위해 살기 때문에 제일 진실한 것을 잃어버리게 된다.

🌀 명사를 경건히 모시면 깨닫게 된다 度信供養明師能悟道

부처를 믿는 것과 부처를 안다는 말은 각기 다른 말이다. 믿는다는 것은 그 가운데 미신의 성분이 있으며 믿음이 수시로 동요되는데, 마치 토담 위의 풀처럼 바람이 부는 대로 흔들린다.

믿음은 미신에서 오며 무지에서 온다. 부처를 안다는 말은 부처의 경지를 경험했음을 말하며, 이는 경험에서 오고 체험에서 오며 자기 자신에서 온다.

하지만 믿음은 다른 사람에게서 온다. 부처를 알게 되면 믿는다 안 믿는다 말할 필요가 없는 것이다. 부처는 존재일 뿐이며, 깨달은 중생들이 바로 부처이다. 오직 옥황상제가 하늘에 존재 하는가 아닌가 하는 것을 모르는 사람만이 옥황상제를 믿는다. 믿음은 앎을 뜻하지 못하지만 안다는 것은 믿음을 초월한다. 믿는다고 해서 안다고 할 수 없다.

꾸준히 경건하게 믿는다면 해탈하게 되는 바 수행할 필요도 없다. 경건이 바로 무아無我의 경지이며, 무아의 차원이 바로 만물과 통일체로 된 차원이다.

수행의 요령 및 자신을 초월하는 요령은 모두 경건을 기초로 한다. 경건한 믿음이 있은 뒤에야 만물에 대한 자비심이 생기며, 자비심은 또한 만사만물과 연계하는 근본적인 법문으로서 삼마지三摩地에 들어가는 제일 빠른 법문이다. 자비慈悲는 자기를 융화하는 수단이며 역시 도에 들어가는 수단이다.

경건으로부터 자비심이 생기고 무아로 들어가게 되며 삼마지가 생긴다. 만물과 하나로 되면 불생불멸의 경계에 이르게 된다.

무릇 자기의 신身·구口·의意를 상사에게 진정으로 철저히 공양한다면, 이 시각 이 지점에서 명사와 같은 차원으로 들어가게 되며, 동시에 여러 부처님들과도 하나로 될 수 있다.

기도는 '아집'을 버리는 유일한 방법이며, 우주에 융합되기 전의 공법이다. 진정한 기도는 곧 경건이며, 경건이 극도에 달하면 곧 무아無我로 들어가게 된다. 또 무아를 기초로 하지 않으면 불국의 대문에 들어갈 방법이 없다. 경건한 마음이 없다면 또 어떻게 마음을 조용히 할 수 있겠는가? 불국의 대문에 들어 간 뒤에는 다시 기도할 필요가 없지만, 마음을 조용히 하고 정좌하는 것은 꼭 필요한 것이다.

명사는 바로 중생들을 교화하려 오신 것이다. 그렇기 때문에 그는 천만가지 모양과 방법을 가지게 되며, 절대 한 가지 모양으로 나타나지 않는다. 명사는 능히 중생들을 명심견성 明心見性(마음을 밝히고 본성을 보아냄)하게 하고, 갈피를 못 잡는 사람들을 일깨워 사리를 밝히게 할 수 있으며, 평등과 박애로써 중생을 대한다.

가장 큰 공덕은 득도(開悟)하는 것이고, 가장 큰 죄는 무명無明이며, 가장 큰 선행은 명사의 도구가 되는 것이고, 가장 큰 공양은 신·구·의를 모두 명사께 공양하는데 있다.

도道에 가까이 접근하지 못하면 곧 명사께 접근하라! 어떤 시각에서 말한다면 상사上師가 바로 도道요, 상사는 도道와 한 몸으로 되어 있다.

진정한 명사는 마치 캄캄한 야밤의 밝은 등불과 같아서, 부르지 않고서도 자연 중생들을 불러들일 수 있다.

현재 살아있는 명사를 믿되 두뇌를 비워라 相信在世明師

오직 살아있는 명사만이 중생들을 이끌어 다시금 윤회하지 않게 할 수 있다. 세상 뜬지 오래 된 명사를 그리는 것보다 지금 살아있는 명사를 그리는 게 낫다. 득도한 명사라면 어떻게 중생들을 구하며, 어떻게 인도해야 하는가를 다 안다. 명사는 불국의 손님이며 불국의 주인이다.

득도한 명사께서 하는 모든 것은 곧 부처님이 하는 것이며, 명사와 가까이 하면 곧 부처와 가끼이 하는 것이다.

초 자체는 불을 붙이지 못한다. 반드시 이미 밝게 켜진 다른 촛불로(즉 명사) 이 촛대에다 불을 붙여야 밝은 빛을 뿌릴 수 있다. 진리도 이렇게 한대 한대씩 전해서 내려온다. 오직 경건하게, 완전히 명사를 믿게 되면 명사가 불을 붙여 밝혀주게 된다. 그러나 명사는 억지로 자기를 믿으라고 하지 않으며 인연에 따라 처리한다. 왜냐하면 명사는 '아집'이 없는 사람이기 때문이다.

명사는 영체를 이끌어 생명의 최고 원두 — 불국의 영역領域에 올라갈 수 있다. 그러나 상사는 한 번도 누구보고 억지로 가자고 하지 않는다. 자기의 마음을 철저히 명사 앞에 펼쳐놓기 전에는 말이다. 득도한 명사는 무사無事한 사람이기 때문에 아무 일도 하지 않지만, 상사의 존재 자체가 바로 만사만물을 위하는 일이다.

명사님의 가피력을 얻으려면 먼저 두뇌를 비워야 한다. 반드시 '아집'을 버려야 명사의 힘이 들어갈 수 있다. 그렇지 않으면 명사의 힘은 복잡한 두뇌에 밀려서 들어가지 못하게 된다.

진정한 해탈의 법문은 마치 여름에 찬물을 마시듯이 쉬운 것이다. 하지만 그 누가 믿는가? 만행도 최초에는 요가공(瑜伽功)을 배웠고 도가공道家功도 배웠고 선종도 배웠고 밀교도 배웠는데, 힘에 겨워 죽을 뻔하고 나서야 비로소 모든 것을 버리게 되었고 득도할 수 있게 되었다.

세속 사람들은 성쇠할 시간이 멀도 없다. 출가한 화상(出家人)들처럼 목숨을 걸고 죽어라고 선정수련을 할 필요도 없다. 오늘 여기서 수련하는 신도 여러분들께 간단한 방법을 알려주려 한다. 그것이 바로 경건이란 법문인데, 이 경건 두 글자만 가지고도 얼마든지 해탈할 수 있다. 명사는 가장 완전한 아름다움을 지니며, 전지전능全知全能하시며, 요구대로 모든 소원을 다 풀어줄 수 있다고 믿기만 하면 된다.

기능(功夫)은 품을 놓고 시간을 들여 연마한다면 사람마다 다 연마해 낼 수 있지만, 심리상태는 수련해서 얻는 것이 아니다. 이것은 전생의 토대와 관계가 된다. 어떤 사람은 한번만 듣고도 믿어서 입도했지만, 어떤 사람은 여전히 의심하면서 다리를 몇 시간씩 틀고 가부좌만 한다. 그러나 이렇게 가부좌를 하는 능력은 심리상태의 경건함과는 비교도 되지 않는 것이다.

심법 6
기능을 논함
論功夫

수행으로 득도하기가 그렇게 쉽다면, 거리 바닥에 흔한 것이 부처일 것이고, 신선도 개처럼 많지 않겠는가?

❸ 도의 핵심에 도달하기 전까지는 수행이 필요하다　靠修才能接近核心

"수행하는 데는 따로 법이 없다"는 이 말은 핵심에 있는 그것을 수행하는 방법이 없다는 말이다. 수행에는 방법이 없는 것이 아니라, 무법을 법으로 수행하며, 수행하지 않음으로 수행하는 것이다.

왜냐하면 가장 핵심적인 것은 마음의 고요이고, 모든 것을 포기하고 기다려야만 그것이 발생하게 된다. 핵심 밖의 것들은 모두 다 수행해야 하며, 오직 수행을 거쳐야만 핵심에 접근할 수 있는 것이다. 만약 처음부터 수행하지 않고 제멋대로 내버려둔다면 핵심에 도달할 그 날은 올 수 없다.

부들 방석에 높이 앉아 허리를 쭉 펴고, 척추의 마디마디를 한 줄기로 곧게 세우고, 삼백육십 골절 팔만사천 모공毛孔을 모두 텅 비우고, 발끝에서 머리끝까지 철두철미하게 밝히며 세상을 3년간 등지고 목숨을 저당 잡혀 보라!

그래도 하주강번河住江飜(하천이 흐름을 멈추니 강이 뒤집혀짐)하고, 일여중추日如中秋(해가 하늘에 높이 걸림)에 이르지 못한다면 만행이 모든 죄업을 감당하리라. 이 정도에 도달하고 나서야 순기자연順其自然(자연의 순리를 따름)할 수 있게 된다. 즉 스승도 버리고 법도 버려 공유에 이르며, 잊음도 없고 도움도 없으니 주인이 오는구나 이다.

주문을 송할 때 심心과 식息이 합일이 되어야만 신체의 기맥을 터칠 수 있으며 신통력이 생길 수 있다. 주문을 읽는 소리는 이어지지 않아도 괜찮으며, 의식만 끊어지지 않으면 된다.

육근을 관폐하고 마음을 밖으로 쓰지 말아야 동체同體(한 몸으로 됨)가 될 수 있다. 정기신精氣神이 충족하지 못하고 육근도 관폐하지 못하고 심태를 변화시키지 않으면, 정기신이 한데 응집할 방법이 없다. 정력을 모아야 신과 만날 수 있고, 정신응집이 충족해야 '땅을 뚫고' 나올 수 있고, 번갯불이 번쩍 하는 순간에 출신입화出神入化(정신이 육체를 벗어 나와 허공과 하나로 화함)하여 허공과 하나로 될 수 있다.

기기진동을 느낀다면 아직 원활하지 못한 것이다 僅在能量上下功夫生理能量難開發

정좌 과정에 기기氣機가 진동하는 감을 느끼게 되는데, 이것은 생리 건강상황과 밀접한 관계가 있다. 생리가 건강한 사람은 정좌 과정에 기기가 진동하는 감각이 거의 없다. 생리에 중병을 앓았거나, 혹은 병이 잠복해 있거나, 또 병집(病灶)이 있는 사람이 정좌 과정에 기기가 진동하는 감을 느끼게 된다.

사람의 에너지가 활성화 되어 움직일 때면 병이 든 생리 부분이 기기의 유통에 방해가 된다. 유통이 되면 아픔이 없게 되므로, 아픔이 있다는 것은 유통이 되지 못함을 말하며, 완전히 유창하게 유통되면 유통하는 감각조차 느낄 수 없다. 장애가 있을 때 기기가 유통하는 감각을 느끼게 되고, 약동하는 감각을 느끼게 되는 것이다.

생리적으로 기기 감각이 명확하다면, 생리에 잠복해 있던 병집이 이미 오래 되었다는 것을 말한다. 동자신童子身으로 수련하는 사람은 생리적 진동감이 나타나지 않는다.

불교에는 에너지란 말이 없지만, 불교를 믿었다고 해서 에너지가 없는 것이 아니다. 도교, 인도교, 유교는 전문적으로 에너지를 논하는데 이런 교를 믿었다고 해서 에너지가 절로 생기는 것도 아니다. 불교는 심리상태로부터 시작하지만 후자(도교, 인도교, 유교)는 생리로부터 시작하는데, 불교와 다른 교의 구별이 바로 여기에 있다.

만약 에너지를 생각하지 않고 신체를 잊고 조용히 앉아 정좌한다면, 곧 에너지의 장애를 돌파하고 특이한 에너지 차원을 초월하게 된다. 만약 에너지로부터 시작한다면 생리적 에너지를 개발 못 하게 될 뿐만 아니라 에너지의 장애를 매우 힘들게 돌파하게 된다. 비록 수년간 수행했다고 하지만 아직까지 에너지 차원에서 돌고 돈다면 실로 문외한門外漢에 지나지 않는다.

정좌하기 전에 심호흡을 하라 深呼深吸

정좌를 시작할 때마다 먼저 호흡을 크게 십 분 가량 한다.

이렇게 하면 체내의 억압받았던 계통과 문란해진 계통들을 모두 털어내고, 그로 하여금 정상적인 운행을 하도록 할 수 있다. 이런 거칠고 센 호흡은 들숨 날숨을 쉬는 가운데 기가 직접 하단전까지 이르게 되는 바, 이렇게 하면 첫째는 체내의 에너지를 활성화시킬 수 있고, 그 다음은 에너지를 증발 승화시킬 수 있으며, 세 번째는 체내의 이산화탄소를 배출함으로써 체내의 세포들을 활성화시켜 더 많은 활력을 가지게 하여 혼돈 속에 빠져들지 않게 할 수 있다.

　여기에서 설명하고 싶은 것은, 성기능이 약한 사람들이 심호흡을 하면 성기능이 정상적으로 돌아설 수 있다. 그러나 정상으로 돌아 선 후에도 계속 과도하게 한다면 성기능을 도리어 상실할 수 있다. 출가한 화상들은 심호흡을 계속해도 된다. 활성화 된 에너지가 많으면 많을수록 전화轉化되는 에너지도 더 많아지게 되기 때문이다.

　하지만 최초 단계에서 미려혈尾閭穴을 뚫지 못했을 때는, 에너지가 위로 올라갈 방법이 없기에 앞으로 흐르는 수밖에 없다. 등 뒤는 음陰이라 하고 앞은 양陽이라고 하며, 중간에 혈위穴位가 하나 있는데 그 것을 '회음혈會陰穴'이라고 한다.

　옛날 사람들은 이름을 참 묘하게도 지었다. 앞쪽의 양성陽性 에너지는 살아 있고 등 뒤의 음성陰性 에너지는 깊이 잠든 상태인데, 사람들은 일반적으로 생명 에너지의 반밖에 쓰지

못한다. 즉 양성에너지만을 쓰고 음성에너지는 근본적으로 깨우지 못하고 있다.

도道를 닦으려면 반드시 이 나머지 절반의 에너지를 깨워야 한다. ― 양陽이 와서 음陰과 만난다. 이렇게 양과 음이 만나서 체내의 에너지를 우주에다 방출한다. (너무 복잡하다. 기회가 있으면 후에 다시 말하기로 하자.)

🕉 기운이 솟아오르도록 제어해야 한다　漏盡通

불교제자들은 도교신도들이 말하는 수련의 3단계라는 설법을 반대한다.

수련의 3단계란
① 연정화기煉精化氣(정을 수련하여 기로 되게 함),
② 연기화신煉氣化神(기를 연마하여 신으로 되게 함),
③ 연신입우주煉神入宇宙(신을 연마하여 우주로 들어감)이다.

불교신도들이 진정한 수련 과정을 거쳐 나왔다면 이 3단계를 이해할 수 있을 것이다. 그렇지 않다면 그릇된 견해요, 남을 책망할 필요도 없다.

불교에는 육신통六神通이란 신통력이 있는데, 그 중에 무엇 때문에 누진통漏盡通이란 신통력이 있는가? '새는 기운(漏)'을 없애 버리지 않고는 사람들의 야수성을 변화시킬 수 없다. 이 야수성(獸性) 에너지는 사람들을 도에서 끌어 당겨 떨어지게 하기 때문에, 야수성 에너지를 철저히 항복시켜야만 입도할 수 있으며 일반사람을 능가할 수 있다.

이 힘이 위로 오르면 하강하려 해도 할 수 없다. 이 힘은 위로 솟구치게 하는 것이기 때문이다. 처음과 마찬가지로 위로 오르려 할 때 하강하도록 억압하던 것과 마찬가지다. 사람들은 평생 이 힘에 끌려 다닌다. 왜냐하면 인류가 바로 이 에너지로 만들어졌기 때문이다. 그렇기 때문에 이 에너지를 초월한다는 것은 참으로 어려운 일이다.

그러나 조물주는 인류에게 한 가닥 길을 열어 놓았다. 그것이 바로 수련이라고 하는 것이다. 사람이 되려면 이 에너지를 열어 놔야 하고, 신이 되려면 이 에너지를 가두어 놔야 한디. 이 힘을 초월했다고 해도 득도하는 것이 아니라 거우 수행의 시작에 불과하며, 수행을 위한 준비에 지나지 않으며, 수행의 예비와 양식에 지나지 않는 것이다.

그렇지만 이 에너지가 솟구친 후 몇 가지 증상이 몹시 뚜렷하기에 여기서 꼭 설명하려 한다. 24시간 온종일 머리가 맑아지고 조금도 흐리지 않다. 이것이 실면인가 오해하지 말

라. 신체의 온도도 일반인보다 일도 정도 높거나 더 높을 수도 있다. 그 밖에 미세한 증상도 헤아릴 수 없이 많다.

깊이 호흡해서 우주와 동일체가 되라 與宇宙核心同體

호흡과 에너지와의 관계는 매우 중요하다. 또 에너지와 수행과의 관계도 역시 매우 중요하다. 매 한 번의 호흡과정을 모두 또렷하게 느끼면서 감각한다. 내 쉴 때도 내 쉬는 것을 알 것이고, 들이 쉴 때도 들이쉬는 것을 알 것이며, 의식과 호흡이 동시에 들어왔다 나갔다 한다. 각지覺知는 호흡에 따라 모든 세포마다 가득 차게 되며, 세포들은 또 한 개의 완전한 각지로서 모두 그 핵심과 동일체로 ― 우주의 핵심과 동일체로 ― 우주의 호흡과 동일체가 된다.

우주의 호흡과 서로 맞춘다면 신체 에너지도 우주를 따라서 가득 차게 된다. 평상시에는 신체내의 에너지를 두뇌가 생각하는데 쓰이거나 아래의 성문性門으로 흘러가므로, 얼마 남지 않아 위로 충격힐 에너지가 없다. 위로 힘을 가하사면 아주 많은 에너지가 필요하다.

에너지는 적으면 적을수록 아래의 성문으로 흐르고, 많으면 도리어 누실漏失되지 않는다. 에너지는 대개 상호 흡인성과 부동성不動性을 가지고 있는데, 적으면 쉽게 움직이고 많으면 안정되고 또 위로 솟구칠 수 있다. 에너지는 아래로 흐르지 않으면 위로 솟구칠 수밖에 없다.

　에너지는 보존도 호흡으로 이뤄지고, 일깨움도 호흡으로 이뤄지며, 상승도 역시 호흡으로 이뤄진다. 호흡하는 방법은 깊이 호흡하고 깊이 각지覺知하는 것인데, 이렇게 하면 호흡도 질서 있게 되고 에너지도 질서 있게 된다. 이것은 비록 유위법有爲法이지만, 유위법도 전념하지 못한다면 무위법無爲法을 또 어떻게 전념할 수 있겠는가?

　『능엄경楞嚴經』에서 말하기를 "심기합일心氣合一이면 신통력이 생긴다." 라고 했다. 호흡 법문은 21세기를 사는 사람들의 수련에 제일 적합하다. 여러 가지 압력에 시달리고 있는 사람들로 하여금 심호흡을 통해 스트레스를 풀게 할 수 있다.

몸과 마음을 같이 수련해야 한다　修練心態和生理上同時下手

　불교는 마음의 수행에 치우치고, 도교는 신체 수행에 치우친다. 사실상 이 양자는 제각기 자기가 옳다는 주장을 내세우고 있다. 그러나 진정한 수련은 반드시 심리와 생리를 동시에 수련해야 한다. 사람이 속으로 음란한 생각을 품지 않더라도, 생리의 에너지가 사람을 못 살게 굴어 어쨌든 이 에너지를 방출해야 한다. 의지가 확고하지 못한 사람은 꼭 이 힘에 끌려가기 마련이다.

이런 상황에서 호흡과 운동으로 생리 압력을 해소하고, 나아가 생리압력이 심력心力과 합하여 영성의 대로를 따라 흘러 들어가게 할 수 있다. 때문에 몸과 마음은 나눠서 수련하지 못하며, 또 나눠서 수련할 수도 없다. 몸과 마음은 원래부터 일원적인 것(心物一元)이기 때문이다.

어떻게 보는가?

晶晶白雪從未化 정정백설종미화	깨끗한 백설은 녹은 적 없어
無名無相處處有 무명무상처처유	모양도 이름도 없지만 곳곳에 있도다.
來來去去皆無痕 래래거거개무흔	오고가도 언제나 흔적 없거니
大物小物不及它 대물소물불급타	크고 작은 모든 것이 그에 따르지 못하리.

그가 출현하지 않았으면 그냥 착실하게 방석에 앉아 좌선하여라. 보는 것이(觀的)비로 그것이며, '그것은' 비로 수행의 시작이다.

어떻게 행하는가?

출가한 화상은 가장 밑바닥부터 행(海底行)하는 것이 좋다. 세속의 마음을 처음부터 버려라. 한발자국만 더 내디디게 되면 한없이 즐거워서 다시 되돌아가려 하지 않을 것이다.

背后水騰騰 _{배 후 수 등 등}	등 뒤에는 물이 들끓는데
檐頭浪涌涌 _{첨 두 낭 용 용}	처마 끝에선 파도가 솟구치네.
空中芦花搖曳 _{공 중 호 화 요 예}	공중에서 갈꽃이 흔들려도
地上根幹不動 _{지 상 근 간 부 동}	땅위의 줄기는 끄떡하지 않누나.
人間正是夢想 _{인 간 정 시 몽 상}	인간 세상에는 달콤한 꿈이 한창인데
嫦娥駕着明日 _{항 아 가 착 명 일}	항아는 밝은 달을 타고 와서
不分晝夜偸偸來幽會 _{불 분 주 야 투 투 래 유 회}	밤낮 없이 사랑을 속삭이네.

그래 네가 되돌아가고 싶으냐?
그 어느 두더지가 고니고기를 먹으려 하지 않는가?

어떻게 비추는가?

淸醒靈明自在行 _{청 성 영 명 자 재 행}	영靈은 맑고 깨끗해 자유로이 다니거니
穩坐薄團定乾坤 _{온 좌 박 단 정 건 곤}	방석에 단정히 앉아 허리를 곧게 펴네.
空中偶有鳥飛過 _{공 중 우 유 조 비 과}	하늘엔 어쩌다 새가 날아 지나는데
管它西北與中南 _{관 타 서 북 여 중 남}	서북이든 남중이든 상관하지 않누나.

마음의 문을 활짝 열어 놓고 정확하게 그들을 보아라. 환영도, 거절도, 믿지도, 의심도 하지 말며, 또 그를 따르지도 말아라.

어떻게 인도하겠는가?

拋棄划槳化船渡　노를 버리고 나룻배 되어 건너거니
포 기 화 장 화 선 도
有情何懼未知音　정 있으니 알아주는 이 없을까 두려워말라.
유 정 하 구 미 지 음
隨緣日月須會過　인연에 따르니 세월은 갈 것이니
수 연 일 월 수 회 과
吾身早在極樂中　내 몸은 벌써부터 극락에 있었더라.
오 신 조 재 극 락 중

🈵 두뇌를 가두어야 한다　空掉頭腦思惟

무엇 때문에 비워야 하는가? 무엇을 비우는가? 두뇌의 사유를 비우고 정지시키지 않으면 '진아眞我'가 나타나지 않는다. 두뇌를 쓰면 쓸수록 진아의 힘은 더 나타나지 못하고, 두뇌를 쉬게 하지 않으면 진아는 움직이지 못한다. 잡념을 비우고 망상을 비우라는 말은 두뇌를 비우라는 말이다.

두뇌가 가만있을 때야 만이 진아의 힘이 나타나며 움직이게 되는 것이다. 영감靈感이란 두뇌의 작용이 어쩌다가 정지하거나 혹은 속도가 좀 늦어졌을 때 진아의 역량이 나타난 결과인 것이다. 즉 진아의 힘이 출근한 것이다. 이것을 영감靈感이라고 한다. 두뇌의 습관력을 비우지 않으면 진아는 영원히 나타나지 않는다. 사람들이 향불을 피우고 부처님께 엎드려 머리를 조아리며, 염주를 하고 결수인을 하는 것은 모두 두뇌를 억제하여 두뇌를 깊이 잠재워 진아가 나타나게 하고자 하는 것이다.

두뇌가 정말로 생각을 집중하면 사유가 아니라 공유空有가 된다. 오직 공유空有에 처했을 때 다른 역량이 나타나는 것이다. 진공眞空 상태에 들어가야 묘한 일이 생길 수 있다.

또 진아가 두뇌의 작용을 대체한 뒤에도 쉴 줄 모르고 두뇌를 계속 움직이면, 즉 장기적으로 기능상태(功態)에 처하게 되면, 길이 어긋나서 마의 길로 들어선다(走火入魔)고 한다.

두뇌가 쉴 줄 모르고 진아도 움직일 줄 모른다면 이는 아직도 입도하지 못했음을 말한다. 양陽과 음陰의 역량이 자유롭게 움직이거나 쉴 수 있다면 바로 성인인 것이다. 그렇지 않다면 속된 인간이 아니면 미치광이다.

도道 안에서는 부처님의 말도 있고 신선의 말도 있지만, 도道에서 걸어 나온 뒤에는 두뇌로 사유하고 사람 말을 할 줄도 알아야 정상적인 사람인 것이다.

육근을 관폐하면 에너지는 수행하는 데로 쓰인다 六根關閉把能量轉化爲修行

인체의 에너지는 완전한 것인데, 성문性門으로 흐르면 성에너지로 변하고 두뇌로 흐르면 지혜로 된다. 성문은 다만 에너지를 밖으로 털어놓는 길이다.

과도하게 눈을 써도 에너지를 소모하고, 과도하게 귀를 써도 에너지를 소모하게 된다. 에너지는 여러 면으로 쓰인다. 이를테면 수행에 몰두한다면 에너지는 수행의 에너지가 되고, 성교할 때면 에너지는 성문으로 흘러들어가 성 에너지로 된다.

만약 육근을 모두 관폐 한다면, 에너지는 하는 수 없이 필연적으로 정수리 '정륜혈頂輪穴'이라는 곳으로 올라가게 된다. 초기에 모은 에너지는 거의 모두 성문으로 흘러 들어가 버리고 만다. 아직 위로 통하는 대문이 열리지 않았기 때문이다.

인체의 에너지는 습관적으로 거의 대부분 성문을 위해 쓴다. 이 에너지를 활성화시키지 못하면 수행은 말도 꺼내지 말아야 하고, 활성화시킨 뒤 바로 잡지 못하면 수행이란 말조차 할 수도 없다.

에너지는 중성中性이다. 에너지가 어느 문으로 흐르면 곧 그곳의 에너지로 변한다. 이 에너지를 수행에 쓰면 영성의 에너지로 변한다. 수행의 대문을 열어놓은 후 모든 에너지를 모두 도의 문으로 향하게 한다면, '성적 억압'이라는 것이 무엇 때문에 필요하겠는가? 에너지는 일종의 변화의 힘이다.

만약 사람이 에너지를 변화시키지 못한다면 에너지가 사람을 변화시키게 된다. 도가공道家功에서 말하는 소위 '연정화기煉精化氣'란 실제는 에너지를 변화시키는 하나의 방법이다. 에너지는 심리상태를 따르기 때문에 가장 근본적인 방법 역시 심리상태를 바로잡는 것이다.

우주에는 한 가지 에너지밖에 없다. 지구의 모든 생물들은 다 이 에너지를 쓴다. 다만 에너지가 흡수된 다음에는 여러 가지 형태와 변화를 가지게 된다. 이를테면 장미꽃은 향기로 그의 에너지를 표현하고, 사람들은 각양각색의 형식으로 표현한다. 즉 기뻐하기도 하고, 즐거워하기도 하며, 분노하며, 욕도 하며, 사랑도 하고, 증오도 하며, 기도를 드리기도 한다.

심법 7
차례를 논함
論次第

🧘 소승부터 닦은 뒤 대승으로 나아간다 必修小乘再修大乘

처음 수행하는 사람은 조급해 하지 말고, 망념을 없애려고도 진짜를 구하려고도 하지 말며, 앞에 나타난 일념만 어디서 오고 어디로 가는가를 똑똑히 보면 된다.

그러다 보면 차츰 이런 것들은 오지도 가지도 않았으며, 모두 본아本我가 나타난 것임을 알게 될 것이다 이것은 즉 번뇌가 바로 보리며 생사는 즉 열반이라는 뜻이고, 하나의 망념에서 진심을 느낀다는 것이며, 진眞과 망妄은 영원히 서로 의지하면서 존재한다는 것, 그리고 깨어남과 깨어나지 못함, 앎과 알지 못함이 다를 뿐임을 알면 된다는 것을 알 수 있다.

수행에서 성공을 하려면 반드시 먼저 소승小乘부터 닦아서 사선팔정四禪八定을 수련해서, 일정한 성과를 얻은 다음에 다시 대승을 닦아야 한다. 부처의 시대에 성공한 사람이 많은 것은 모두 소승小乘부터 걸어서 착실하게 선정禪定까지 수행했기 때문이다. 선정 공부를 하면 주변 환경에 좌지우지 되지 않을 것이며, 세속에서 자기의 심성을 단련할 수 있고, 또 그래야만 성공할 가능성이 많은 것이다.

육근을 폐하고 공명을 잊어야 한다　六根關閉忘掉功明

수행의 첫 발자국은 먼저 감각기관의 모든 작용을 그만 두는 것이다. 그러면 보고도 못 본 듯, 듣고도 못 들은 듯, 먹어도 맛을 모르고, 추위도 더위도 모른다.

다음은 심지心智의 작용을 없애는 것이다. 번뇌와 보리를 분별하지 말고 반야와 우매를 가리지 말라.

세 번째는 재색명리와 공명리록을 잊는 것이다. 수련하는 사람이 가장 잊지 못하는 것이 바로 공명功名이다. 성불하겠다는 마음을 가졌다면 그것이 바로 가장 큰 공명이다. 나중에 성불하겠다는 염두조차 던져야 하는데, 그렇게 되어야 비로소 자기의 본래 모습을 보아낼 수 있다.

부처의 소리를 듣지 못하고 부처의 빛을 보지 못했다면, 진실로 정신을 몰두하지 못할 것이며, 속세의 염원을 버리지 못할 것이며, 심리상태도 근본적으로 변할 수 없을 것이다. 그 소리를 듣거나, 그런 빛을 보았다면 자연 염불하게 될 것이며, 염법念法도 하고, 염도念道도 …하게 될 것이다.

고요함이 극치에 달하게 되면 눈앞에 자연적으로 대광명의 빛이 발산하게 될 것이다. 이 빛이 바로 자성自性의 빛이며 불광과 다름이 없다. 이렇게 수행을 하다보면 우주의 빛과 통일체가 되며, 늘 고요하고 무상한 빛으로 승화되는데 이 역시 바로 불도와 상응된다.

도道를 깨우쳤다고 생사에서 철저히 해탈된 것이 아니다. 그것은 수행의 시작에 지나지 않는다. 생사에서 철저히 해탈된 다음에도 수련을 더 해야 부처의 경지에 이를 수 있다. 오도悟道 → 철저한 해탈 → 성불, 이렇게 순서지어진다.

또 무형무상無形無像한 것을 찾았다고 해서 공덕이 원만해진 것은 아니다. 그것은 수행의 시작에 불과하다. 무형무상을 수련해서 유형유상有形有像으로 돌아온 다음, 다시 육신을 이탈해서 홀로 존재하면서도 수시로 광활하게 넓은 본각 중에 융화되어 들어가는 것이다.

🗑 법문은 수단일 뿐, 마음을 닦아야 한다 法門能修 成佛的是心

　닦을 수 있는 것은 마음이요, 닦아야 하는 것은 법문인데 법문으로는 성불할 수 없고, 성불할 수 있는 것은 오로지 마음뿐이다. 처음 수행하는 사람들에게는 법문이 필요하고 또 법이 있어야 수행할 수 있지만, 일정한 정도에 이르게 되면 법문도 쓸데없게 되는데, 이때 입도할 수 있는 것은 마음이지 결코 법문이 아니다. 법문은 문턱까지 데려다 줄뿐, 그 안에는 반드시 자기 발로 걸어 들어가야 한다.

　관행조도觀行照度(보고, 행하고, 비추고, 교화함) 이 네 가지 단계는 법문에 의해 닦지만, 공유空有라는 단계는 법문으로 수행하지 못한다. 오로지 비우고 또 비우고, 없애고 또 없애며, 법문까지 비우고 공空까지 비워 버리고, 무無까지 없애 버려서, 더 비울 수 없고 더 없어질 수 없을 때에 가서야, 최후의 광활하고 넓은 종극의 문이 열려 그와 하나로 어울리면서 한 단계의 수행을 끝마치게 되는 것이다.

　기초가 좋은 사람이라면 아무런 법문도 필요 없이 직접 공空을 수행하면 된다. 비우고 없애는 길로 곧장 수행해 나가면 바로 조사선祖師禪의 길로 따라 가는 것인데 ― 버리고 또 버리고, 버리는 것조차 버리고 나면 나중에 자기의 본래 모습이 나타나게 된다.

그러나 오늘의 중생들은 복잡한 법문을 닦기 좋아하고 복잡한 노선을 걸으려 하여서, 처음부터 소리가 나고 빛이 보이며 여러 가지 경계가 있는 것을 보아야 그것이 무상無上의 법문이라고 생각한다. 그러나 이것이 바로 옆에 있는 작은 문일 뿐, 대도大道와는 상관이 없는데 어찌 대도라고 할 수 있겠는가?

대도란 무엇인가 如何是大道

心心俱絶見眞心
심 심 구 절 견 진 심
色色空盡見佛色
색 색 공 진 견 불 색
明鏡打破與汝見
명 경 타 파 여 여 견
還需觀音伴吾行
환 수 관 음 반 오 행

모든 마음 다 끊어 버려야 진심이 보이고
모든 사물 다 비워야 부처님이 보이노라.
거울을 깨뜨려 나를 비추니
아직도 관세음이 나를 이끌어야 하리.

수행의 여섯 단계는 일념을 나눈 것 修行的六個次第一念完成

처음이 바로 마지막 종점이요, 첫발자국이자 마지막 발자국이다. 순서와 차례라는 것은 모두 두뇌를 위해 가설한 것인데, 두뇌를 초월했다면 세속도 천당이요 차안이 바로 피안

이다.

　수행을 여섯 가지 차례, 즉 '관觀, 행行, 조照, 도度, 공空, 무無'로 나누었지만, 실상은 일념一念 사이에서 완성할 수 있다. 즉 일념 사이에 삼마지三摩地에 도달할 수 있는 것이다. (각지가 공무空無를 비춰 보다 → 그것이 바로 전체다 → 끄떡하지 않는 본성에 이른다.) 심념의 초월은 공간의 제한을 받지 않는다.

十地頓超無難事　십지를 한 번에 초월함이 어려운 일 아니네
십 지 돈 초 무 난 사
不歷僧祇獲法身　아승지를 지내지 않아도 법신을 얻으리.
불 력 승 지 획 법 신

　범속한 사람에서 시작해도, 일념에 십지보살을 초월하여 불과佛果를 얻을 수도 있다는 뜻이다.

　일념 사이에 삼계를 초월하는 것은 대단한 일이 아니다. 사람마다 모두 할 수 있는 일이다. 문득 깨달음과 초월은 두뇌 속의 작품이 아니라 영성이 기능을 발휘한 것이다. 두뇌는 다만 한 걸음 한 걸음, 천천히 나갈 줄밖에 모른다. 두뇌가 죽어야 영성이 살아날 수 있다. 석가모니 부처님과 예수도 두뇌가 없는 사람에 지나지 않는다!

🕉 심리상태가 변해야 기가 위로 오른다   精氣神與修道的關係

 체내의 정기신精氣神과 수행은 밀접한 관계를 가지고 있지만, 성도는 정기신에 의거하는 것이 아니라 심리상태를 변하게 하는데서 이룰 수 있는 것이다. 심리상태를 변하게 하기 전, 정기신은 수도에 불리할 뿐만 아니라 도리어 도에서 나를 끌어낸다.
 도에서 말하는 정기신의 정精은 일상생활에서 말하는 정精이 아니라 선천적으로 가지고 있는 정기신을 말하며, 절대로 생리적으로 말하는 정자精子가 아니다. 심리상태를 변화시키지 못하면 에너지가 아래로 흘러 정자로 변하게 된다. 심리상태를 변하게 한다면 그것은 선천적인 정기신이 되는데, 오로지 이래야만 성도할 가능성이 있다. "순종하면 속된 인간이 되고 거역하면 신선이 된다"는 이 말은 꼭 맞는 말이라고 할 수는 없지만 일리는 있는 것이다.
 대지 위의 물은 증발하여 하늘의 구름이 되고 떨어지면 비가 된다. 이렇게 반복적으로 순환하여 만물이 성장한다. 사람의 신체도 마찬가지다. 심리상태의 변화, 말하자면 영성靈性이 승화되어야 인체의 에너지도 승화될 가능성이 있다.
 물은 아래로 흐르는 법이지만, 수증기로 변하면 위로 오르게 된다. 하늘에서 비가 어떻게 내리는가? 물은 또 어떻게 상

승하는가? 나뭇가지는 무엇 때문에 위로 자라고, 성숙한 사과는 무엇 때문에 아래로 떨어지는가? 매우 간단하다. 지심地心은 흡인력이 있고 우주도 흡인력이 있기에 그런 것이다.

현대 과학은 한 번도 우주가 흡인력이 있다고 말하지 않았다. 그러나 오천년 전의 요가(瑜珈)행자들은 에너지를 위로 올리는 방법을 발견했을 뿐만 아니라 그 기술도 장악했다. 에너지를 위로 올리는 여정旅程을 완성할 수 있어야 비로소 에너지가 아래로 떨어져 내려올 가능성이 있게 되는 것이다.

에너지의 시작은 선후가 없으며 곳곳에 다 있지만, 회귀하는 길은 오직 하나, 오로지 상승뿐이다. 사람 마음이 고요해지면 에너지가 위로 오르게 되고, 조급해 하면 아래로 떨어진다. 에너지의 상승은 원만이 아니라 시작에 불과하다.

바로 이 첫 단계를 완성해야(사과가 익음) 다음 단계인 아래로 떨어짐을 원만히 완성할 수 있다. 에너지가 위로 상승하게 되면 사람은 한번 크게 앓게 되는데, 하강할 때는 더 크게 앓게 된다. 정상적인 생리 법칙을 파괴했기 때문이다. 원래 아래로 흐르던 정기신을 온갖 방법을 다하여 위로 상승시켜서 그렇게 되는 것이다.

이렇게 되면 앞이마가 퉁퉁 붓고, 귀에서는 비행기 소리가 윙윙 난다. 상승을 완성한 후 또 아래로 하강을 시켜야 한다. 이렇게 올라가고 내려오는 과정에서 신심身心은 크게 두 번

탈바꿈을 하게 된다.

백척간두百尺竿頭라, 꼭대기에 오르는 것도 재간이지만 무사히 내려오는 것은 더 큰 재간이다. 흰빛은 당신을 실어 올라가게 하고(白光載着你上去), 때때로 상아가 동반하는데(時有嫦娥伴隨), 자기도 모르게 일어나는 일이므로 아주 재미난다.

내려오는 길은 천길 낭떠러지다. 컴컴하고 깊으며, 손을 내밀어도 손가락이 보이지 않을 정도며, 혼비백산할 정도로 무섭기도 하다. 허나 수행하는 사람은 이미 목숨을 하늘, 땅, 귀신, 부처와 보살들께 바쳤으니, 그들이 다시 인간 세상으로 돌려보낼 수밖에 없다.

그것을 보았다면 도를 닦겠다고 날마다 생각할 것이나, 보기 전에는 그런 생각이 진정 없을 것이다. 비록 이 상相은 가짜이고 아직 진정한 도道라고 할 수 없지만, 처음 수행하는 자에게는 커다란 흡인력이 되는 것이다.

상相을 보지 못했다면 속으로 생각하지 않을 것이다. '상想'자는 상相을 본 다음 마음속에서 생각한다(心)는 뜻의 글자다. 두뇌 속에 담아두었던 일을 잊어버리자면 그 상相을 비워버려야 하며, 상相이 죽지 않으면 속으로는 계속 생각하게 된다.

관행조도를 거쳐 공무의 단계에 와야 육근이 관폐된다 妄想與修道

여자가 거짓말하기 좋아하는지 몰라도 '거짓 망妄'자는 '망할 망亡'자 밑에 '계집 녀女'자를 썼다. 아니면 남자들이 망상妄想할 때면 거의 모두 여자만 생각해서 그랬는지도 모르겠다. 독자들 나름대로의 해석을 바란다. 심혈을 기울여 이런 글자들을 수행과 연결해보고, 별다른 생각은 하지 말라. 중국의 한자는 모두 하늘의 성인들이 내려와서 만들어 낸 것이다.

두 남녀가 같이 도를 닦았는데 일정한 정도에 이른 다음은 아무리 공을 들여도 도무지 진보가 없다. 이때가 되면 이 망妄자의 함의를 이해할 수도 있을 것이다! 망妄자를 끊어버리지 않는다면, 하주강번河住江翻, 육근관폐六根關閉, 출신입화出神入化 등 이런 경지는 꿈도 꾸지 말아야 한다. 그저 가부좌나 틀고 앉아 망상이나 하고, 성불하겠다고 망상이나 할 수 밖에 없다.

신통력 같은 잠재력은 사람마다 다 가지고 있는데, 사람들은 두뇌를 너무 많이 사용하기에 이런 잠재력이 가려져 있을 뿐이다. 마음을 조용히 하고 두뇌를 적게 쓴다면 깊이 잠든 잠재력을 깨울 수 있으며, 더 나아가 두뇌를 대체하여 일을 하게 할 수 있다.

 나의 십오년 간의 체험과 관찰로 보면, 수행하는 많은 사람들이 수행으로 두뇌를 거의 비울 정도에까지 접근했지만, 주위 친척과 벗들의 성화에 지고 나와 버린다. 이런 잠재력은 오로지 공무空無의 단계를 거쳐야 계발할 수 있다. 공무는 이런 잠재력을 계발하는 유일한 통로이기도 하다.

 관행조도觀行照度까지는 두뇌가 몹시 활약하는데, 일단 '공무' 단계에 들어서면 두뇌의 사유와 환상이 점차 사라지며, 외부의 사물과 사람들에 대하여 민감하지 않아진다. 그런데 이때가 되면 친척들과 벗들이 모두 길을 잘못 들어섰다고 하며, 바보가 되고 멍청이가 되었다고 오해한다. 또한 자기 자신도 역시 주위 사물에 대한 감각이 무뎌졌음을 알게 되고, 먼저 단계보다 민감하지 못하다는 것을 느낀다.

 하지만 이때가 바로 안, 이, 비, 설, 신, 의의 육근이 외부의 색, 성, 향, 미와의 연계가 막 끊어진 시점인 것이다. 불교에서는 이것을 '육근관폐六根關閉'라고 하며 내재이 해신에 들어가기 시작했다고 한다.

耳聽塵事心不動　　세속 일을 들었지만 마음은 뛰놀지 않고
이 청 진 사 심 부 동
眼見形色內無搖　　모든 것 다 보았지만 마음은 흔들리지 않네.
안 견 형 색 내 무 요

그렇지만 많은 수행자들이 도심道心이 사라지고 자기의 수행에 편차가 생겼다고 오해할 때이기도 하다. 그래서 스승을 원망하니 스승은 억울하고, 기회를 놓치니 또한 애석한 것이로다!

공무의 단계에 오면 두뇌가 주인자리를 양보한다 修行進入心靈頭腦讓步

대개의 사람들은 수련을 시작할 때 머리가 맑아지며 민감해지는데, 망념이 적어지기 시작했음을 말한다. 평상시 수련하지 않았을 때는 망념이 그렇게 많은 줄을 몰랐는데, 일단 마음을 조용히 하고 보면 평상시보다 망념이 더 많아짐을 발견하게 된다. 평상시 마음을 조용히 하지 않을 때의 머리는 마치 대야의 흐리고 탁한 물처럼 잡념과 망념을 비추지 못하지만, 마음을 조용하게 하면 흐리고 탁한 물이 맑아져서 주위의 초목을 뚜렷이 비추게 된다. 사람들은 이를 망념이 많아졌다고 오해하지만 실상은 망념이 적어졌음을 말한다.

수행은 육체로부터 머리로, 다시 머리로부터 마음속으로 들어가는데, 거의 마음속 근본까지 접근하게 되면 머리가 양보를 하게 된다. 두뇌를 완전히 던져 버린 후 공무에 들어서면 '정경定境'에 도달하게 되는데, '정경'을 지난 뒤에야 마음의 문이 열린다. 이것을 내재의 잠재력 혹은 종극의 지혜라고 하고, 불교에서는 '근본지根本智' 혹은 '여래장如來藏'이라고 한다.

관觀, 행行, 조조照, 도度, 공空, 무無 이 여섯 층계 가운데서 하나가 빠져도 안 된다. 모든 지혜, 모든 신통력, 모든 잠재력은 다 진공眞空후의 산물이며, 진공 후에 생기는 묘유妙有(묘한 존재)이다.

공무의 단계를 거친 뒤 다시 세속으로 나와야 원만을 얻는다
空無走進走出劃圓滿

수행이 공무空無에 들어서지 못하고 자아를 잃는 경지에 도달하지 못하면 아직 멀었고, 공무에 들어갔다 해도 나오지 못한다면 역시 아직은 멀었으며, 반드시 들어갔다 다시 나와야만 원만이라고 마침표를 찍을 수 있으며, 한 단계를 끝냈다고 할 수 있다.

공명리록功名利祿을 비우지 않고 버리지 못한다면 산으로 들어가지 말라! 눈앞의 그 등잔불이 나타나지 않았다면 폐관하지 말라! 그렇지 않다면 컴컴한데 앉아서 무얼 하겠는가? 조금이라도 버릴만 하다면, 그만큼 무엇이 깨우침이라는 것을 체득할 수 있을 것이다.

심법 8
각조를 논함

論覺照

　큰 보살의 경지는 일상생활 속의 만사만물을 모두 수행이라고 본다. 나한羅漢의 경지는 다만 가부좌를 틀고 좌선하는 것만을 수행으로 보고, 이를 떠나면 마음이 흔들려서 환경에 좌지우지 된다. 그러나 환경에 좌우될 때에, 그것을 똑똑히 알고 그 속으로 들어간다면 환경의 지배를 받지 않을 수 있다.

❸ 각조는 시시각각으로 깨우치고 보는 것이다　時時覺照

　자신감과 함께 자기를 알기도 해야 한다. 만약 자신감만 있고 자기를 모른다면 자기를 해칠 뿐만 아니라 다른 사람까지도 해치게 된다. 환경에 좌우되지 않는다 해도 다만 영명靈明 중의 자그마한 각지가 될 뿐이다.

종교의 사상을 세상 사람들이 잘못 이해하는 까닭은 문자와 언어의 부족함으로 생기는 것이다. 세상의 모든 것은 다 노력으로 창조하지만, 수행만은 정반대로 노력과 창조가 있으면 오히려 도道와 반대 방향으로 나가게 된다. 도道는 원래부터 있는 것이기 때문에 마음을 풀어놓고 고요히 안정한 뒤에 보기만 하면(觀) 된다.

'본다(觀)'와 '풀어놓는다(放松)'는 창조도 아니고 노력도 아니다. 명사明師는 무엇이 보는 것이며 무엇이 풀어놓는 것인가를 알기 위하여 노력하라고 한다. 노력을 배경으로 하면 보는 것과 풀어놓는 것의 본질을 뚜렷이 나타나게 할 수 있다. 이런 까닭에 어떤 신도들은 이것을 수행이라고 잘못 생각하여, 도道는 노력과 창조로써 닦는다고 말한다. 또 어떤 신도들은 완전히 '무위無爲와 자연自然'을 받아들여 자연이라는 외도에 떨어지게 된다.

도道는 닦는 것도 아니며 닦지 않는 것도 아닌데, 닦으면 허망되고 닦지 않으면 빙충하게 된다. 불교에서는 '각조覺照'라는 두 글자를 일컫는데, 이야말로 가장 정확하고 올바르다고 할 수 있다. '각'은 각지覺知이며 '조'는 비춰 본다(照見)는 조이다. '각조' 이 두 글자는 수행하는 것도 아니고 수행하지 않는 것도 아니며, 시시각각으로 각조覺照(깨우치고 비춤)함을 말한다.

'각조'란 두 글자를 이해하지 못하겠으면, '시시각각으로 지각을 차리고 있다(경각警覺)'라고 해도 된다. 시시각각으로 자기의 행위에 경각성을 높인다면 이것 또한 도를 닦는 것이며 도안에 있다고 할 수 있다. 경각성은 노력도 아니고 창조도 아니고, 순기자연順其自然과 무위無爲는 더더욱 아니다. 경각성은 내재한 심령心靈의 조견이 컸다는 말이다. 즉 정념正念이 생긴 것이다.

제3의 눈을 열어라   打開第三只眼

두 눈을 감고 제3의 외눈을 뜨는 방법을 배우라. 그러면 꼭 '일목요연一目了然'하여 한눈에 환히 보일 것이다.

주의력을 양미간에 집중시키고 두 눈을 감고 조금 힘을 주어 밖으로 내다보아라. 부처의 조각상에는 왜 미간에 빨간 점을 찍었는가? 이것은 사람은 세 번째 눈을 계발할 수 있다는 것을 암시한다. 사고력을 수시로 미간에 집중하되, 힘을 쓰지 말고, 평시에 물건을 보듯이 급하지도 늦추지도 말며 보아라.

이 과정에서 머리가 아플 수도 있고, 공백이 생길 수도 있으며, 두 눈도 멍해지는데 모두 정상적인 반응이다. 시간이 오래 지나면 미간과 정수리 뼈가 살아나게 되는데, 이는 에너지가 위로 솟구치기 때문이다. 이렇게 습관 되면 사고思考는 자연적으로 미간에 집중되며, 내심으로는 한 가지 염두해 놓은 일이 떠오르며, 미간에 화면의 스크린처럼 다른 사람의 생각과 자기의 생각을 뚜렷이 나타내게 된다. 그러면 자기는 관조자觀照者가 되고 다른 사람은 피관조자被觀照者가 될 것이다. 이 스크린에는 샛별, 명월, 귀신의 그림자가 자주 나타날 것인데, 그때 가면 자연 석가모니 부처님이 야밤에 밝은 별들을 보고 깨달았다는 이치를 알 수 있게 될 것이다.

❸ 미래와 과거사이의 공간을 넓혀라 擴大過去未來的空隙

'공空'은 입도하는 열쇠이다. 하지만 도는 아니다. 미래를 생각하지 않고 과거를 회상하지 않을 때 그 사이에 빈틈이 생기는데, 즉 전념前念(앞의 생각)이 지나가고 후념後念(뒤의 생각)이 아직 생기지 않았을 때, 바로 이 중간의 공간을 확대하고 연장하면 이 틈 사이로 도의 그림자를 볼 수 있으며 도의 맛을 볼 수 있다.

보통 사람들은 항상 과거와 미래를 긴밀히 연결시키며 중간이 끊어지지 않게 한다. 중간이 끊어져서 연결되지 않으면 심심해하고 심지어 겁을 먹는다. 도를 닦는 데는 바로 이 빈틈이 필요하다. 즉 공空이 필요한 것이다.

경을 읽고 예불하며 주문을 외우고 결수인을 하는 목적은 모두 두뇌를 반쯤 죽인 다음, 전념이 지나가고 후념도 아직 일어나지 않았을 때, 이렇게 되면 다른 생각이 날 사이가 없기도 할 때 그 공간을 나타나게 하는 것이다. 하지만 이 찰나에 또 유有가 끼어들면서 다시 공간을 점유하게 된다. 그러하기에 입도하기가 매우 곤란하다.

'무無'에서 유有가 생기듯이, '공空'에서는 입도할 수 있는 것이다. 이것이 바로 수행의 요령이며, 성불하고 부처가 되는 열쇠이기도 하다. 일단 성불하고 부처가 되면, 입도함은 '공空'에도, '무無'에도 의뢰하지 않았음을 발견하게 될 것이다. 마치 사람들이 금방 자전거를 배울 때는 옆으로만 올라타지만, 기술이 능숙하게 되면 앞뒤 좌우 어디서나 마음대로 올라 탈 수 있는 것과 같은 것이다.

❸ 번뇌는 보리다 煩惱卽菩提

이러고 보면 도道의 모습을 제일 똑똑히 보게 하고, 제일 쉽게 입도하게 하는 것은 번뇌와 망념이기도 하다. 번뇌와 망념이 강할수록 내재 핵심의 지知도 잘 나타나게 된다. 번뇌와 망념이 오지 않으면 그 핵심의 지知도 나타나지 않으며, 번뇌와 망념이 많으면 많을수록 그 핵심의 지知도 더 많이 나타나게 된다.

불교에서는 "망념이 일어 날까봐 두려운 것이 아니라 각지가 늦을까봐 두렵다"고 말한다. 망념이 많으면 많을수록 각지도 많아지게 되어, 시간이 지나감에 따라 각지가 망념을 대체하게 되고, 망념이 각지로 변하게 된다.

번뇌는 바로 보리다. 그렇기 때문에 주색재기酒色財氣는 보리의 길을 걷는데 장애가 되지 않는다고 한다. 자기의 본래 모습을 보려면 ― 즉 제일 근본적인 각지를 보려면 ― 반드시 번뇌와 망념에 의뢰해야 한다.

번뇌와 망념은 마치 교실의 검은 칠판처럼, 흰 글자는 검은 색깔을 배경으로 뚜렷이 보이게 되고, 검은 글자는 또 흰 종이를 배경으로 해야만 뚜렷이 보이게 되는 이치와 같다. 세상 사물은 모두 배경과 실체實體의 관계인데, 실체는 배경으로만이 부각할 수 있고 배경은 실체에 의해서만이 그 쓰임을 나타낼 수 있다.

본래 모습를 보려면 번뇌와 망념이 꼭 필요하다. 세상에는 의미없는 일이 하나도 없다. 의미가 없다고 함은 그에 대한 인식이 투철하지 못함을 말하는데, 사실은 죽음조차도 필요하다. 죽음이 없으면 생명의 귀중함을 모르게 되며, 아프지 않으면 건강함이 바로 신선이라는 것도 모른다.

내재한 종극의 문을 열어놓고 나면 참말로 아무 것도 없음을 발견하게 될 것이다. 다른 사람도, 나 자신도, 세계도 모두 없다. 물론 탄생한 적도 없고, 죽은 적도 없다. 존재하지만 존재도 있지 않고, 모든 일체는 배경이며, 배경이 없다면 종극의 그 공무空無라는 것도 인식할 방법이 없다.

좌선할 때 망념을 제지하지도 말고, 고요함을 만드느라 신경 쓰지도 말며, 망상이 올 때면 오는 것을 지켜보고 갈 때면 가는 것을 보아라. 진정 한 가지 망상에만 묻혀 몰두한다면 그것 역시 입정이다.

망상은 공중에서 떠도는 구름처럼 시시각각으로 흐르며 영원히 제지할 방법이 없다. 그러나 관조觀照는, 능히 지킬 수 있으며 관조를 거쳐야만 이룰 수 있다. 천만년 암흑을 비추는 비춤의 빛(照光)이 나타나면 암흑은 순식간에 사라지게 된다.

각지覺知와 수도修道는 특별한 관계가 있다. 망념이 하늘의

먹장구름처럼 제아무리 크다고 해도, 일단 각지覺知가 일어나면 머뭇거림 없이 사라진다. 그렇기 때문에 수도는 반드시 직접 실증해야 성과를 얻을 수 있으니, 절대로 말로 선을 논할 수 있는 것(口頭禪)이 아니다.

수행은 능지를 찾는다 修行所找的就是能知

수행이 찾아야 하는 것은 '능지能知'하는 것이지 피지被知하는 것이 아니다. 반대로 반드시 피지하는 것을 비워 버려야만 '능지能知'가 나타나게 된다. 부모님께서 나를 낳기 전에 '능지'는 여여부동如如不動인데 태어난 후에는 움직인다.

그러나 움직이는 것은 피지被知이며, 능지能知는 여전히 여여부동이다. 이름이 생길 때면 움직일 때이며 만물이 시작할 때이고, 이름이 없을 때면 바로 여여부동할 때이다.

수행을 하다가 이름도 없게 될 때면, 바로 생명의 중심에 들어가, 그 전체와, 그 무명과, 그 여래와, 그 능히 융합되는 것과 함께 어울려 한 몸이 된다. 바로 삼마지가 시작되는 것이다.

색성향미촉법色聲香味觸法에 치우치지 않는다면 각지가 깨어났다는 것을 말하는데, 만약 각지가 없다면 경계境界에 좌우뢈을 말한다. 일상생활에서 가는 곳마다 각지를 가지고 있고, 물질에 매이지 않는다면 그가 바로 여래다. 그렇지 않고 물질에 매어 있다면 속된 인간인 것이다.

최고의 수행방법은 각지다 　最高修行方法就是覺知

불교에서 최고의 수행방법은 바로 '각지覺知'라는 방법뿐이다. 계율戒律이라고 경계할 필요가 없으며, 망념도 수행에는 방해가 되지 않는다. 부처님께서 말씀하셨듯이, 망념이 일어나는 것이 두려운 것이 아니라 각지覺知가 늦을까봐 두렵다. 만약 각지란 두 글자가 일상생활 속에서 시종일관되어 있다면 곧 수행이 아니겠는가?

생활 가운데서 무엇을 시정하느라고 애쓸 필요가 없다. 다만 때때로 무엇을 각지覺知했는가를 알면 되는 것이다. 개정改正과 법문法門은 당신을 성도시키지 못한다. 오로지 각지에 의해서만이 달성할 수 있다. 모든 방법은 내재의 각지를 일깨우는 방법일 뿐이다.

각지가 달(月)이라면 방법은 바로 손가락이다. 손가락을 따라 달을 보게 되지만, 절대로 손가락을 숭배하거나 손가락에 멈추어 있지 말아야 한다. 손가락을 잊어야 달을 똑똑히

볼 수 있다.

🉑 노력한 뒤에 내려 놓아라 先努力后放下

    도는 원래부터 있었으며 또 원래부터 존재한 것이다. 다만 발견하지 못했을 뿐이다. 완전히 내려놓았을 때면 도는 바로 눈앞에 나타나게 되고, 내려놓지 못한다고 해도 노력을 다한다면 역시 나타날 수 있다.

    금방 입문한 수행자가 꼭 필요한 것은 시작할 때부터 노력하는 것이니, 먼저 버리는 길을 걷지 말라. 그렇게 한다면 방종하거나 나태해지게 된다. 노력을 거치지 않는다면 노력이 필요 없다는 말의 진실한 함의를 똑똑하게 알 수 없으며, 먼저 노력을 하지 않는다면 철저히 내려놓을 수도 없다.

    사랑을 겪어 보지 못한 사람은 미움이 무엇인줄도 모르고 미워할 줄도 모르게 된다. 들어보지도 않고 어떻게 들 수 없다는 것을 알 수 있으며, 또 고집스럽게 내려놓겠다고 할 것인가?

🉑 육근관폐　六根關閉

　옛날 사람들은 육근관폐하는 방법으로 '진아'를 찾았는데 여기에는 일리가 있으며, 역시 가장 빠른 방법이기도 하다. 번잡한 육근이 관폐될 때에야 '진아'가 비로소 차츰 차츰 나타나게 된다. 일단 '진아'가 안정된 후면 육근이 와서 떠들어도 무서울 게 없다. 관폐의 목적은 바로 육근과 외계의 연계를 단절시켜 '진아'가 모습을 내놓게 하자는 데 있다.

　수행으로 자아를 잃을 경지에 이르지 못한다면 불국의 대문에 들어 갈 방법이 없으며, 불국의 대문에 들어갔다 하더라도 나오지 못하면 역시 원만하지 못한 것이다. "먹는 것도 자는 것도 다 망각하고, 벽에 부딪쳐도 돌아설 줄 모르며, 산을 보아도 산이 아닌 듯, 물을 보고도 물이 아닌 듯", 이런 말은 오늘의 중생들은 듣기나 할뿐 그 경지에 들어갈 수는 없다. 하지만 성공하자면 이는 필수불가결의 요소이며 반드시 넘어야 하는 길이다.

🉑 해탈과 출혼은 다르다　出魂和解脫截然不同

　출혼出魂(혼이 밖으로 나감)과 해탈은 완전히 같지 않다. 일반 사람들이 말하는 "혼이 나갔다"는 말은 잠재의식이 나갔다는 말이지 삼계를 초월했다는 말이 아니다. 잠재의식은 삼계를 초월할 수도 없다. 기껏해야 육신을 이탈해서 밖에 나가 한 번 돌아보고 돌아올 뿐이다.

해탈은 자기의 '진면목'을 가리키는 말이고, 그 가운데에서 제일 정밀한 표현이 삼계 밖으로(三界之外) 초월했다는 말이다. 사람들이 말하는 영혼은 본래 모습의 껍데기에 지나지 않는데, 육체로 말하면 육체의 영혼이다. 본래의 진면목을 보아야 철저히 해탈했다고 할 수 있다.

성인들이 자기의 심리상태를 변하게 할 수 있는 것은, 자기의 본래 모습을 보았고, 삶과 죽음의 전후 관계를 분명히 알고 있기 때문이지 어떤 이치를 느껴서 그런 것이 아니다.

불교는 종교도 철학도 아니고, 더욱이 과학도 아니며 실천학이다. 만약 자신의 몸과 마음으로 실천하지 않는다면 아무것도 얻을 수 없다. 죽는 것을 아까워하면 생을 바꾸어 올 수 없고, 가짜를 아까워하면 진짜를 얻을 수 없다.

부처를 배우는 정신은, 베풀기만 하고 받아들이는 데는 관심을 가지지 않는데 있다. 자비란 바로 자기를 희생하고 남을 도와 일을 성사하게 하는 마음가짐이다. 참회懺悔란 바로 이전의 모든 죄악을 정지하고 영원히 다시 범하지 않는다는 말이다.

🟢 수행의 여섯 단계, 관행조도공무 修行的六個次第 – 觀·行·照·度·空·無

'관조자', 즉 방관자旁觀者가 나타나지 않으면, 걸으나 누우나 앉으나 서나 항상 착실하게 노력하라. 관조자가 출현했다 할지라도 공덕이 원만하게 이루어졌다고 할 수 없다.

방관자와 관조자는 본질적으로 구별된다. 먼저 고요하게 사고하면 관찰자 즉 방관자가 생기고, 거기에 비롯하여 비추는 자 즉 관조자로 승화된다. 이 관조자는 모든 번뇌, 무명無明, 보리(菩提)와 지혜조차 전부 다 비춰준다. 나중에 보는 것과(能觀的) 보여지는 것(被觀的), 전부를 한 덩이로 융합시켜 철저히 사라지게 한다. 관, 행, 조, 도, 공, 무(觀行照度空無), 이 여섯 단계는 한 가지라도 모자라면 안 된다.

방관자란 이미 그 '물건'을 수련해 냈지만 아직 쓸 줄 몰라서 겨우 방관자로 남고, 참여자가 아니어서 '조견照見'의 작용을 하지 못함을 말한다. 그의 사명은 우주 만사만물의 본질을 비춰보고(照見), 이생에서 피안으로 가며, 최종적으로는 피차가 모두 광활하게 넓은 본각本覺으로 사라지게 해서 어떤 것에도 끄떡하지 않는 전체로 되게 하는 것이다.

일단 관조자가 두뇌를 대체하게 되면 전체적인 관조자로 될 것이다. 하지만 자기로서는 자신이 관조자가 되었다는 것을 아직 모른다. 마음속에 아직도 관조자가 존재한다고 생각하면, 이것은 철저한 관조자가 되지 않았음을 말한다. 진정한 관조자는 비추지 않아도 자아를 비춰볼 수 있고, 영원히 자아를 비춘다. 만사만물은 그의 앞에 다가서면 마치 거울 앞에 선 것과 같이 되며, 자신의 존재 전체를 모두 완전히 거울로 비춰보게 된다.

관행조도공무觀行照度空無는 모든 종교와 모든 법문들이 유일하게 해탈하는 길이다. 삼계를 초월하자면 반드시 이 '비춤(照)'의 빛에 의뢰해야 한다. 비춤(照)은 기능이고, 경지이며, 현상이지 공무空無가 아니다. 그러나 마지막에는 공무로 사라진다. 이 비춤의 빛이 아직 있다면 아직까지는 끝이라고 할 수 없다.

어떤 저촉抵觸의 생각도 가지지 말라. 염두가 올 때면 마음을 조용히 하고 이 염두를 지켜보아라. 그가 어떻게 변하는가를 지켜보면서 그것이 절로 기복起伏하게 내버려두고, 옆에 서서 방관자로 있기만 하면 된다. 시간이 지남에 따라 이 날뛰던 야생마는 다시는 이리 저리 미쳐서 날뛰지 않을 것이고, 다시는 방관자와 맞서지 않고 방관자와 하나로 융합될 것이다. 그때 가면 절로 내가 바로 나요, 어느 다른 내가 와서 나하고 싸운 것이 아니라는 것을 보게 될 것이다.

관조자가 나타난 후, 모든 미친 마음은 당하에서 꺼져 버리고, 영원히 만족과 즐거움 속에 있게 되며. 모든 행위는 다 선정 속에 있게 된다.

관조를 존재하게 할 수 있다고 해서 수행이 크게 성공했다고 여긴다면 그는 문외한이다. 관조자가 나타났다 해도 수행은 시작일 뿐이다. 관조자가 아직 나타나지 않았고, 관찰중이라면 아직도 입문하지 못했음을 말한다. 관찰이 있어야만 관조자가 나타날 수 있다.

잠을 자거나 정좌할 때면, 두 번째 자아가 나타나서 자신이 자거나 정좌하는 것을 지켜본다. 좀 더 자세히 보면 제 삼자가 나와서 두 번째 나타난 자를 지켜보는 것을 알 수 있다. 하지만 제 삼자는 자기와 거래할 줄 모르고 두 번째 나타난 자아와 교류한다. 첫 번째 자아는 육체이고, 두 번째 자아는 두뇌이며, 세 번째 자아는 심령이다. 세상에는 관찰자(둘째)를 수행해낸 사람도 몇 안 된다.

수행의 기교는 관찰자(제2의 자아)를 먼저 수련해 낸 다음, 계속 수련해 내려가면 조견자照見者, 즉 제3의 자아가 차례로 나타나게 된다. 빠르면 3일, 늦으면 3년이 걸린다. 절대로 관찰자를 관조자라고 여기지 말라. 보통 사람들은 정신을 집중하여 관찰도 하지 못하는데, 어떻게 제3의 자아(관조자)가 나타나 비춰 볼 수 있겠는가?

문聞, 사思, 수修, 오悟, 증證, 득得! 이 여섯 단계는 하나라도 빠지면 안 된다. 득도한 후가 바로 수행의 시작인데, 득도한 사람의 눈앞에는 밝은 등불이 밝혀있으니 이후의 수행에서 다시는 틀린 길을 걷지 않을 것이다.

진정 오도悟道한다는 것은 쉬운 일이 아니다. 석가모니 부처님께서 무엇 때문에 십오 년이나 고생스럽게 도를 닦았겠는가? 중국의 선조 달마達摩부터 혜능慧能까지, 그들의 일생은 모두 선방에서 정좌하면서 누워 잠을 자지 않았다. 불법은 이입理入과 행입行入으로 나누는데, 지금 어떤 사람들은 제일 기본인 이입理入도 제대로 하지 못하면서 자기가 득도했다고 한다. 오늘날 현대적 득도란 이런 것인지도 모를 일이지만 말이다.

능히 볼 수 있는 것(能觀)이 나타나고, 비추는 것(所照)도 존재하는데, 그러면 어떻게 해야 끝이라고 할 수 있겠는가? 능能과 소所 두 가지를 모두 잊어버리고 공유空有도 남기지 말고, 중도에도 서지 말아야 진정 무아라고 할 수 있으며, 비로소 진정한 종극이라고 할 수 있다.

정도 기도 빛도 구애받지 않는 상태가 여래이다 如來的等級
無形無相如來如去

중맥中脈이 통했다고 성도한 것이 아니며, 기껏해야 수행의 시작에 불과하다. 마치 종자가 새싹이 나고 태아가 출생한 것과 같아, 꽃이 피고 수확을 거두고 사람이 되자면 아직 멀었다. 혹 썩은 싹이 되거나 꺾어져서 죽어 버릴는지도 모른다. 그렇기 때문에 모든 과정은 이미 경험한 사람들의 지도 밑에서 수련해야 한다.

  종교의 모든 이론은 수행자들이 성공한 후의 언행 기록이고 실천의 결과이며, 선조 대덕들이 더듬어 찾아온 경험의 말씀이다. 옛 부터 모든 이론은 실천을 지도하고, 실천은 이론의 옳고 그름을 증명한다는 말이 있다.

  보통 사람은 신神으로부터 광光으로, 광光으로부터 기氣로, 기로부터 정精으로 하강시키는데, 정精이 많으면 압박감이 생겨 반드시 방출해야 한다. 수련하는 사람은 정반대로 한다. 정精을 열량熱量으로 변화시켜 기가 되게 하고, 또 기를 제련하여 신광神光이 되게 한 후, 그것을 위로 뿌려 우주와 융합되어 하나로 되게 한 다음 '나'의 진면목으로 돌아간다. 즉 한 덩이의 광光으로 돌아가는 것이다.

  여기서 계속 끝까지 수련하다 보면 이 광光 덩이도 나타나지 않으며, 이렇게 되면 여래의 차원에 이르게 된다. 무형무상無形無相으로 나름대로 오고갈 수 있게 된다.

心中月

심법 9
심경을 논함

論心境

諸佛從心得解脫　　부처님들은 마음을 따라 해탈하는데
제 불 종 심 득 해 탈
心若解脫萬事達　　마음만 해탈한다면 만사가 이루어지노라.
심 약 해 탈 만 사 달
千般萬種心是種　　천 가지 만 가지가 마음의 종자라
천 반 만 종 심 시 종
是種也須心去種　　심어도 마음으로 심어야 하리.
시 종 야 수 심 거 종
種到自性能起用　　자성이 절로 쓸 수 있을 정도가 되니
종 도 자 성 능 기 용
方知本來無需種　　심지 않아도 될 것을 이제서야 알았노라
방 지 본 래 무 수 종

    상승上乘 대법은 고정된 규칙이 없을 뿐만 아니라 단계도 없다. 한 번의 깨달음은 영원한 깨달음이 되고, 한 번의 증험은 끝까지 간다. 마치 "명월이 천강에 나타나니(一月普現千江水) 천강 물 속의 달은 모두 같은 달이더라(千江水月一月攝)"와 같다.

선자禪者의 눈에는 당하밖에 없고 오로지 지금 이 시각뿐이다. 한 번도 내세에 희망을 두지 않는다. 당하에서 문득 깨달음이 바로 종극이며, 단계도 없을 뿐더러, 차안이 바로 피안이다.

'하나(一)'는 일체요, 그 찰나가 바로 영원이다. 선을 수련하는 일은 가장 단조롭고 무료하다. 그러나 이 무료와 단조로움을 꿰뚫어야 종극에 이를 수 있다. 무료는 모든 망상을 해소하여 지혜를 내뿜게 하며, 지혜는 무료가운데서 생긴다. 무료는 비할 바 없는 침투력을 가지고 있고, 무료는 뿌리를 뽑을 수 있으며, 무료는 성불할 수도 있고, 무료는 인생을 환히 들여다 볼 수도 있다.

마음이 맑아야 부처님을 본다　水淸月現

"법이 아니고 법이 아닌 것이 아니다(非法 非非法)" '법이 아니라(非法)'는 말은 법도 없고 인과도 없다는 말이며, '법이 아닌 것이 아니라(非非法)'는 말은 법이 없고 인과가 없는 것이 아니라, 고정된 법과 고정된 인과가 없다는 말이다. 법法과 과果는 진실하지도 아니하고 허망하지도 아니하며(無實無虛), 진짜도 아니고 가짜도 아니니, 모두 자기의 심리상태와 행위에 따르는 것이다.

　그 무형무상한 진아는 추구해서 얻은 것이 아니다. 추구를 하면 할수록 나타나지 않는다. 마치 물속의 달처럼 급히 건지려 하면 없어지는데, 조용히 기다려 보면 바로 한 곳에 응집되어 뚜렷이 나타나 진실한 '체'가 된다.

空可空非眞空　비울 수 있는 비움은 진공이 아니요
공 가 공 비 진 공
眞空不空是眞空　진공이 비지 아니함이 바로 진공이라,
진 공 불 공 시 진 공
色可色非眞色　색이라 할 수 있는 색은 진정한 색이 아니요
색 가 색 비 진 색
眞色是無色　진정한 색은 색이 없음이요
진 색 시 무 색
無色是眞色　색이 없는 것이 바로 진정한 색이다.
무 색 시 진 색

　『화엄경華嚴經』에 이르기를

水淸月現　물이 맑아 달이 나타났지
수 청 월 현
月本非來　달이 온 것이 아니니라
월 본 비 래
雲遮月隱　구름이 가리우니 달이 숨었지
운 차 월 은
月亦非去　달이 간 것이 아니거늘
월 역 비 거
　이라고 했다.

心淸見佛　마음이 정결하니 부처님을 보게 되는 것이지
심 청 견 불
非是佛來　부처님이 오신 것이 아니니라.
비 시 불 래

心垢不見 마음이 어지러워 부처님을 볼 수 없는 것이지
심구불견
亦非佛去 부처님이 가신 것이 아니거늘.
역비불거

千江有水千江月 천 개의 강에 물 있으니 강마다 달 있고
천강유수천강월
一月普現千江水 달 하나가 널리 천 개의 강물을 비추니
일월보현천강수
千江水月一月攝 천 개의 강물 속에 달은 모두가 하나여라.
천강수월일월섭

번뇌도 있은 적 없고 망념도 없었다. 모든 것은 진심의 나타남인데, 그 어디에 망념과 번뇌란 말이 있겠는가? 모두 진심의 나타남을 모르기 때문에, 망념과 번뇌라는 말을 만들어 진심을 알도록 도와주는 것이다. 부처님을 알려면 마력魔力에 의뢰해야 한다.

心生卽種種法生 마음이 생기니 갖가지 법이 생기고
심생즉종종법생
心死卽種種法死 마음이 사라짐에 갖가지 법도 사라진다.
심사즉종종법사
法生也卽心生 법이 생기니 마음이 생기고
법생야즉심생
法死也卽心死 법이 사라지니 마음도 사라진다.
법사야즉심사
心不離法 마음이 법을 떠날 수도 없고
심불리법
法不離心 법이 또 마음을 떠날 수도 없다.
법불리심
心若離法 마음이 법을 떠나게 된다면
심약리법
心卽无體 마음은 의탁할 곳이 없게 되고,
심즉무체
法若離心 법이 마음을 떠난다면
법약리심

法自无生 법 자 무 생	법은 스스로 생겨날 수가 없느니라.
心不自心 심 불 자 심	마음은 마음이 아니라
因境而顯 인 경 이 현	경계에 따라 나타남이요
境不自境 경 불 자 경	경계 역시 경계가 아니라
由心生境 유 심 생 경	마음으로 인하여 생김이라.
境外无心 경 외 무 심	경계 밖에 마음이 없음이요
心外无境 심 외 무 경	마음 밖에 경계가 없음이라.
卽境是心 즉 경 시 심	경계가 곧 마음이요
卽心是境 즉 심 시 경	마음이 곧 경계이다.
心境是一 심 경 시 일	마음과 경계는 하나요
亦不是二 역 불 시 이	또한 둘이 아니니
處處是境 처 처 시 경	곳곳마다 경계요
境境皆心 경 경 개 심	경계마다 모두 마음이니라.

관조자觀照者와 각지자覺知者는 진아가 아니지만 진아에서 떨어지지 않는다. 진아는 무아인데, 방편으로 이렇게 '나(我)'라고 이름을 빌어 사용하는 것이다. 나를 철저히 이해하고 나면 가는 곳마다 모두 나요, 또 가는 곳마다 모두 무아無我이다. 자기 몸에 있는 호수 물이 맑으니 수시로 명월(眞我)을 볼 수 있다.

나를 버리는 것이 아니라 변화시키는 것이다 心是創造一切事物的種子

망념이 없고 분별심이 없다면 어떻게 참선하겠는가? 진심眞心은 여여부동하니, 참선할 수 있는 것은 망념과 분별심뿐이다. 정지정견正知正見이 있다면 망념이 두려울 것이 무엇인가?

만물을 버리고 삼마지에 있다고 텅텅 빈 것 같은 감각을 가지는 것이 아니다. 이 빛나고 아름다운 허공엔 아무 것도 없지만, 두뇌를 초월한 각지는 의연히 존재한다.

사물이 나타날 때면 이 '공空'은 즉시 묘한 용도를 나타내니, 사물과 호응하여 쓰면 생기고 버리면 없어지며, 찾을 수도 없고 잃어지지도 않으며, 공空과 유有가 서로 호응하면서 천지 사면팔방 아래위로 숨었다 나타났다 수시로 변하니 귀신도 짐작할 길이 없게 된다!

'마음'은 모든 것을 창조하는 종자다. 미래의 세계와 열반涅槃의 열매도 현재의 마음에서 생기는 것이다. 수행은 바로 이 살아나는 마음을 없애버리면 되는 것이다. 오늘의 마음이 미래의 열매가 된다. 따라서 오늘의 마음이 없다면 미래의 열매도 없게 된다. 지금의 마음은 인因인데, 현량경現量境에서 다시 분별 작용을 하지 않으면 미래의 열매도 그에 붙어 일어날 수 없을 것이다.

마음(心)이란 널리 업력을 수집하는 선봉이다. 수집해서는 얕으면 제6의식에 저장해 놓고, 깊으면 아뢰야식의 의식에 저장해 놓았다가 내세에 쓴다. 저장할 수 있는 것과 저장해 놓은 것을 변화시켜 버리지 않는다면 백겁이 지나가도 업보에 끌려 다니게 된다.

분별심이 없어야 그 광활하게 넓은 종극의 대문을 열 수 있다. 불경에서 '여래장, 소승과위, 여래성문승과위, 소과나한' 등등의 이름이 있는데, 이것은 모두 단계를 나눈 생사의 이름에 불과하다. 장식藏識에서 근본적인 변화가 없으면, 즉 저장해 두었던 것을 개변시키지 못한다면 생사는 근본적인 해탈을 가져오지 못하게 된다.

오늘의 저장하려는(能藏) 마음이 없어졌다고 열반涅槃이라고 오해하지만, 저장해 두었던 것을 변화시키지 못한다면 잠시 인연因緣이 성숙되지 않아 과거세에 저장해 두었던 것이 뚜렷하게 나타나지 않을 뿐이다.

그러므로 내 업業은 이미 사라졌고, 열매가 원만해서 다시는 인과에 연루되지 않을 것이라고 큰 소리 치지 말라. 일단 깊은 인연을 만나게 되면 예로부터 저장해 두었던 종자가 싹이 트게 된다. 이를 두고 인연이 성숙되었다고 한다. 수행의 관건은 바로 그 저장하려던 마음을 변화시키는 것이다.

🌀 진정하게 초월하려면 있는 그대로 받아들여라　眞正的超越是全面的接受

진정 초월한 사람은 공空, 유有, 단斷, 상常, 천당지옥, 남자여자, 죄악과 복에 떨어지지 말아야 한다. 초월한 사람은 인상人相, 아상我相, 중생상衆生相, 수자상壽者相이 없으며 이 모든 상은 분별심이 있기에 나타나는 것이다.

수련할 수 있는 것은 바로 지금 이 마음이고, 수련해야 하는 것도 바로 지금의 이 마음이다. 선정의 최고 경계는 '능能과 소所' 이 두 가지 마음과 멀어지는 것이다. 즉 수련할 수 있다能는 마음도 없고, 수련하려는 소所와 과果도 없다. 이렇게 된다면 지금 마음을 초월해서 여래의 큰 지혜(大智慧)도 이룰 수 있으며, 각종 습성은 끊어지고 진념(眞)과 망념(妄)이 다 멀어져 종일 삼마지에 있게 된다. 우주의 산하대지는 모두 자성自性의 나타남이고, 자성自性이 투영된 그림자이다. 역시 이 모두는 당신의 신력神力으로 변한 것이다.

육체를 버린 다음에 독립적으로 존재하는 형이상形而上의 본체가 바로 부처님들이 증명한 것이다. 형이상의 본체는 만법이 온전하게 갖추어졌기 때문에 인연에 따라 일어날 필요는 없으나, 무형이지만 유상有相이다. 그것은 기대할 것도 없고 의지할 것도 없으며, 늘어나지도 줄어들지도 않으며, 지혜도 없고 어리석지도 않으며, 선천적으로 존재해온 것이다.

만법萬法이 다 없어져도 불멸不滅하며, 정기신精氣神으로 닦을 필요가 없을 뿐더러, 정기신이 도리어 그로부터 비롯되어 생긴 것이다. 경을 염하는 것, 예불, 관상觀想, 결수인結手印, 기맥을 타개하는 이 모든 것도 그와 상관이 없다.

여래장 경험하기를 두려워 말라 如來藏

그것을 초월하겠다고 마음먹으면 먹을수록 '그것'은 실존하며, 제멋대로 버려두고 관계하지 않으면 저절로 사라진다. 받아들임은 일종의 초월이다. 저항하면 곧 그 존재를 인정하는 것이기 때문에, 도리어 자기로 하여금 멈추고 앞으로 나갈 수 없게 한다. 받아들임은 자기를 성장시키고 성숙시키는 가장 빠른 법문이며, 또 접수한다면 내재의 무한한 공간을 티게할 수 있어 절대로 공유共有에 들이기는 것을 방해하지 않을 것이다.

세간世間과 출세간出世間은 본래 경계선이 없는 것인데, 그 경계는 모두 두뇌가 만들어낸 것이다. 두뇌는 무한히 넓은 공간을 두려워하고, 광활하게 넓은 공유에 들어가기 싫어하기 때문이다. 사람이 태어날 때 손을 휘두르며 무엇을 찾아

쥐고 의지하고 싶어 하는 이유도 바로 여기에 있다.

사람은 등 뒤의 것을 무서워하는 것이 아니라, 내재의 앎을 두려워한다. 이 앎은 한 번도 그 넓고 광활한 종극의 미지를 열어 보지 못했고, 무한히 넓은 공무空無를 보지 못했기 때문에 임종 때 그 미지를 두려워하기 마련이다.

'미지未知'를 불문의 말로는 '여래장如來藏'이라고 하는데 그 뜻은 종국적인 것이 모두 그 안에 있다는 말이다. 받아들임은 안으로 심입深入(깊이 들어감)한다는 것을 뜻하며, 그 안의 공간을 개발하여 외부의 칼과 족쇄와 치장을 벗겨버린다는 뜻이다. 무엇 때문에 사람들이 사는 것이 이렇게도 힘이 드는가? 바로 자기 몸에 씌워진 칼과 족쇄를 벗겨 버리기를 두려워하기 때문인데, 사람들은 치장(가면)을 많이 하면 할수록 더 안전하고 가쁜하다고 여기기 때문이다. 그래서 심지어는 밤에 잠을 잘 때도 얼굴에다 가면을 쓰고 자니 어찌 잠을 잘 잘 수가 있겠는가? 오늘부터라도 마음의 문을 활짝 열어 놓고 주위의 모든 것을 받아들이는 것을 배우라. 그렇게 되면 모든 일체의 사람과 사물 그리고 이치 등등이 너를 어떻게 하지 못할 것이다.

분별과 집착은 업을 모은다　分別和執着是造業的起因

사람들의 번뇌는 99%가 모두 분별에서 온다. 사물 자체에는 선악, 아름다움과 추함의 분별이 없는데, 사람의 천성이 사물을 분간하고 구별해 보기 좋아하기 때문에 선악 시비_{是非} 등을 만들어 냈다.

하늘과 땅 사이의 모든 것은 일종의 존재인데 그 자체는 아무런 속성이 없다. 마음 놓고 체험하고 누려라. 그러나 그들에게 옳고 그르며, 선하고 악하다 하는 모자를 씌우지 마라. 분별이 있으면 업을 만들게 된다.

천당에 집착_{執着}한다면 그것은 지옥에 대한 인정이요, 선에만 집착하면 자연 악을 성사시키게 되는 것이고, 군자_{君子}에만 집착하면 소인_{小人}을 키우게 될 것이다. 잘못은 분별에 있는데 분별이 바로 집착이요, 집착은 업장을 모으게 된다.

바퀴축이 되어 바퀴를 관조하라　佛敎象徵法輪

부처님이 법륜_{法輪}을 불교의 상징으로 한 것은 심각하고 초연_{超然}한 뜻이 있다. 바퀴는 축을 에워싸고 돌며 모든 바퀴는 다 돈다. 오로지 중간의 축이 되는 핵심만 움직이지 않는다. 바깥 둘레는 무상이며 인과는 윤회한다. 이 세상 모든 것은 다 무상無常이며, 시시각각으로 모두 변한다. 무상은 그 항구부동 움직이지 않는 축을 에워싸고 돌면서 변한다. 바로 그 핵심의 전혀 움직이지 않는 자의 제어를 받는 것이다.

움직이는 자는 움직이지 않는 자를 떠날 수 없으며, 움직이지 않는 것이 움직이는 것을 제어하고(不動製動), 변하지 않음으로써 만 가지 변화에 대처한다(不變應萬變). 바퀴가 제아무리 일행만리日行萬里의 재간이 있다고 해도 여여부동한 축을 이탈한다면 아무 일도 성사하지 못하고 폐물이 되고 만다.

생사가 윤전輪轉하고 육도는 윤회하는데, 이 모든 것은 핵심이 아닌 바퀴에 지나지 않는다. 수행을 해서 여여부동하게 움직이지 않는 핵심에 들어간다면 생사윤회란 말이 어디 있겠는가? 중생들의 몸에 내재한 본질은 모두 여여부동한 축과 하나로 되어 있다. 둘레에 있는 생사윤회는 들어가 보지 못했으며 내재의 핵심에 들어갈 수도 없다. 즉 무상의 핵심 — 여여부동한 축(中軸)에 들어갈 수가 없는 것이다.

나른 시각에서 날아사던 억사노 반복하고, 인규도 반복하고, 인과도 반복하고, 반복도 반복하지만 오로지 이 중심점만은 항구불변 영원히 반복하지 않는다.

🕉 사람은 완전한 우주다 人是完整的宇宙

사람은 개개인 모두가 완전한 우주이다. 사람들과 교류할 수 있다면 이는 곧 우주와 교류하는 것과 같다. 사람은 비록 우주 속의 물 한 방울에 지나지 않지만, 이 한 방울의 물에는 우주가 가지고 있는 모든 속성과 특징들이 다 담겨 있다. 사람의 신체는 사계절의 변화에 따라, 사계절은 또 우주의 변화에 따라, 우주는 또 사람들의 심리상태에 따라 변한다. 우주의 성주괴공成住壞空(이루어지고 머무르고 붕괴되고 비어짐)은 모두 인류가 결정해 놓은 것이다.

방 한 칸이 천년동안 무명無明에 있었다 할지라도, 전등만 켜면 천년의 암흑이 그 찰나에 사라져 캄캄한 방안이 환히 밝아오며 집안의 기물들이 눈앞에 똑똑히 보이게 된다. 그래서 한번만 얼핏 보아도 인생이 크게 탈바꿈이 된다. 모든 것은 원래 있었고 한 번도 잃은 적이 없는데 또 무얼 찾느라고 에를 쓰는가?

우주는 전체적인 존재로서 그 안에는 '하나'밖에 없으며 좋은 것도 나쁜 것도 없고, 생기지도 않고 사라지지도 않았다. 이 '하나'를 얻은 다음 좋은 마음을 가지면 그것은 좋은 에너지로 되고, 나쁜 마음을 가지면 그것은 또한 나쁜 에너지로 되는 바 이 '하나'의 힘은 사람의 마음 따라 변하는 것이다.

31 이 세상을 희망하고 사랑하라 活在當下熱愛生活

종교를 신앙하려면 우선 종교를 이해해야 한다. 이해도 없이 어떻게 신앙할 수 있겠는가? 이해 없이 신앙하면 미신迷信하게 되는 것이다. 불교에서도 천당이 있다고 하지만, 우리가 중시하는 것은 이승에 살아있는 천당을 말하는 것이지 죽어서 가는 천당을 말하는 것이 아니다. 천당이나 지옥이나 모두 정토淨土이다.

진정 수련하는 사람은 생사를 싫어하지 않고 열반을 사랑하지 않으며, 죽은 다음의 해탈을 추구하는 것이 아니라 살아생전의 해탈을 추구하며, 죽은 다음에 쓰려고 수행하는 것이 아니라 살아생전에 쓰려고 수행하는 것이다.

생활을 아주 사랑하는 사람은 곧 멋을 아주 좋아하는 사람이며, 친구 사귀기를 아주 좋아한다. 이런 사람은 한 송이 생생한 꽃 마냥 시시각각으로 향기로운 냄새를 풍긴다.

진정한 자비는 말로만 하는 것이 아니라 행동으로 하는 것으로, 행동에서 자비가 나타나지 않는다면 진정한 자비가 아니다. 심중 대사대비大慈大悲한 마음이 솟아오르지 않는다면 정등정각正等正覺을 수행해 낼 수 없다. 어느 정도 능력을 수행해 낼 수 있을지는 몰라도, 결국 마魔의 길에 들어서 중생을 해치게 된다.

대개 중생은 모두 우주의 영혼이요, 우주의 뜻을 받들어 말하며, 우주의 뜻을 받들어 도를 행하는 바, 인도人道에 어울리는 사상은 천도天道에도 어울리며 우주의 법칙에도 어울린다.

대자비심이 부처와 소통하는 길이다 大悲心是和諸佛菩薩溝通的唯一通道

어떻게 하는 것이 학불學佛(부처님 되기를 공부함)인가? 자기를 사랑하듯이 남을 사랑하는 것이 바로 학불하는 행위다. 대자비심(大悲心) 없이 학불하고 성불成佛하려고 한다면 그것은 망령된 생각이다. 종교를 신앙하는 사람은 먼저 나라를 사랑하고, 가정을 사랑하고, 자기 주위의 사람들을 사랑해야 한다. 행동이 없는 자비는 진정한 자비가 아니다. 천도를 닦고자 한다면 먼저 인도를 행하라. 사람노릇을 완전히게 잘 하다 보면 하늘문은 저절로 열리리라.

대자비심이 없는 사람은 영원히 상대방을 이해할 수 없으며, 영원히 자기를 봉쇄하고, 심지어 자기 자신도 잘 알지 못한다. 이런 사람은 임종시에 의지할 곳 없이 떠돌아다니는 외로운 귀신이 될 것이고, 심하면 돌(石)로 되고 만다.

대자비심은 부처 보살들과 소통하는 유일한 통로이고, 대자비심은 사랑을 길잡이로 한다. 사랑이 없다면 대자비심이 있을 수 없으며, 대자비심이 없다면 철저하게 느끼고 깨우칠 수도 없게 된다. 수행은 중생을 마음에 두고 천하를 위하는 포부가 있어야 하는바, 반드시 자기를 잊고 수련하고 연마하고 중생을 사랑해야 한다.

불교에서 말하는 자비란 곧 사랑에서 비롯된 것으로, 인생에 사랑이 없다면 사람으로서의 의의를 상실하게 되고 살아갈 흥미조차 없는 것이다. 그러나 이런 사랑은 반드시 자기의 본성에서 자발적으로 우러나온 것이어야 의미가 있는 것이지 억지로 사랑을 한다면 본래의 뜻을 잃게 된다.

인간의 일생은 시종 사랑과 함께 하게 되는데, 그것은 부부의 사랑, 자녀의 사랑, 사업하는 가운데의 사랑 등등이다. 누가 살아가는 것에 의미가 없다고 한다면, 필경 그에게는 사랑하는 마음이 없음을 알 수 있으며, 사랑이 결핍하고 사랑을 갈망하고 있음을 알 수 있다. 사랑은 성장의 필요이며 진일보적인 수행의 필요이다.

사랑은 부처님이 아니다. 사랑은 다만 부처로 되는 길로 들어가는 문턱일 뿐이며, 이 문턱을 넘어서야 부처를 볼 수 있고 부처가 될 수 있다.

사랑이 무엇이 나쁜가? 사랑은 성인의 성품이요, 사랑은 성인의 화신이다. 사랑을 갈망한다는 것은 성인을 갈망한다는 것이요, 성인만이 사랑을 할 수 있고 성인만이 사랑을 베풀 수 있다. 오직 사랑만이 찬송할 수 있는 것이요, 사랑이 없다면 생명도 없고, 사랑이 없다면 행복도 없으며, 사랑이 없다면 태평함도 없으리라….

성도한 성인은 우주와 한 몸이다 成道的聖人與宇宙同體

만행은 이상주의자도 아니요 현실주의자도 아니라, 오로지 진실眞實주의자이다.

득도한 성인은 홀로 다니기를 즐기는 것 같다. 사실 성인의 마음속에는 모든 것이 다 갖추어져 있어 만물과 함께 있고 함께 행하며, 절대적인 개체個體이면서도 절대적인 동체同體다. 따라서 성인은 평범한 인간을 이해할 수 있으나 평범한 인간은 성인을 이해할 수 없으며, 성인은 평범한 인간과 동일체로 있으나 평범한 인간은 성인과 동일체로 있지 아니한다.

깨달은 사람의 사상은 세속의 사상으로 가늠할 수 없다. 깨달은 사람이 보기에는 태어남도 없고 죽음도 없으며, 사랑도 사랑하지 않음이요 미움도 미워하지 않음이며, 성공도 성

공이 아니요, 실패도 실패가 아니다. 그것을 깨달은 사람은 모든 개념을 초월했기 때문이고 자기가 깨우친 것마저도 느끼지 못하니, 그 마음은 철저히 본각本覺과 하나로 된 것이다.

두뇌를 놓고 말하면 모든 것이 신기하고 모든 것이 다 처음 보는 것이나, 진아眞我를 놓고 말하면 모든 것은 이미 다 체험한 것이다. 죽음을 두려워하는 것은 우리의 두뇌일 뿐, 진아는 한 번도 죽음을 무서워하지도 죽은 적도 없다.

태어난다 함은 두뇌가 태어나는 것이요 죽는다 함도 두뇌가 죽는 것이다. 본아本我는 영원히 죽지도, 태어나지도 않는다. 반드시 두뇌의 사유와 갖가지 개념을 초월해야 만이 수련의 차원을 높일 수 있다.

두뇌를 비우게 되면 도가 나타나게 되고, 그렇지 않으면 그 복잡한 두뇌에 밀려나게 된다. 자기 두뇌로 도를 가늠하지 말고 머리를 비워야 도를 알게 된다.

옛날 사람들이 잠을 자지 않는다고 말한 것은, 육체의 수면을 말하는 것이 아니라 의지를 초월한 관조자를 말하는 것이다. 육체는 태어남과 죽음이 있고 젊음과 늙음이 있고 움직임과 움직이지 않음이 있지만, 관조자觀照者는 이런 현상이 없어서 휴식할 필요도 없거니와, 영원히 고갈되지 않으며 영원히 충만하고 영원히 젊은 것이다.

공과 무는 다른 경지이다 空無是絶對不同兩個的境界

관조觀照의 최고 경지에 이르면 그것이 바로 무아無我이다. 무아란 바로 자기를 만물 속에 융합시킨 최후의 결과이며, 관조는 독립적인 것이 아니라 전체적인 것이며 공무空無이니, 보는 자와 보이는 자가 있다면 아직 수행이 모자란 것이다.

만약 어떤 목적을 가지고 무슨 일을 한다면, 너의 지혜와 재부 그리고 너의 사랑의 마음은 더 이상 샘솟지 않게 되고 나중에는 메말라 버리게 된다.

무서운 일일수록 더 나서서 맞딱뜨려야만 돌파할 수 있으니, 도주하거나 숨거나 회피하는 것은 다 좋은 방법이 못 된다.

송나라 때의 영명선사永明禪師는 "믿으나 이해를 하지 못하면 무명無名을 더하게 되고, 이해를 하면서 믿지 않으면 헛된 건해기 생기게 되느니라."라고 말한 적이 있다.

어떤 일에도 집착을 하지 말라, 모든 개념을 초월하라. 이를테면 사랑과 미움, 승리와 실패, 가난함과 부유함, 생과 사, 고통과 안락 등등 개념을 모두 초월하라. 이런 것들은 다 허망하고 진실하지 못한 것들이니, 관조자의 입장으로 이런 부속품들을 보아라. 바로 관조자의 부속품을 보라는 말이다.

눈으로 보는 것을 '간看'이라 하고 마음으로 보는 것은 관觀이라고 한다. 능관能觀(능히 마음으로 볼 수 있음)하는 것은 마음이요, 보이는 것은 가난과 부유이고 희로애락이고 갖가지 환상이다. 유상有相하면 그것은 진실하지 않은 것이요, 그 관조자는 무상無相을 상相으로 무명無名을 명名으로 한다.

정定 중에 있는 상은 무상을 상으로 한 상이요, 눈으로 본 것이 아니라 지혜로서 아는 것이며, 진견眞見은 본 것도 없고 보인 것도 없다.

갈피를 못 잡으면 삼계가 있고, 깨달으면 일념으로 초월하여 육도윤회가 당하當下에서 비워진다.

진공眞空이란 아무 것도 생각하지 않는다는 것이 아니라 공空이라는 일종의 경지인데, 공과 무는 같지 않은 두 가지 절대적인 경지이다.

종교마저도 초탈하라 要超越宗教

물질적으로 해탈한 사람만이 정신적으로 더 높은 차원으로 초탈할 수 있고, 생활을 알게 되며, 물질에 대한 추구로 자유를 잃지 않게 된다.

지식과 언어로는 도를 논할 수 없으니, 반드시 지식과 언어의 영역을 초월해야만 도의 깊은 곳에 들어갈 수 있다.

　육체가 수련하는 사람에게 그처럼 많은 영향력을 끼치는 것은, 욕망이 육체에 영향을 주고, 다시 육체가 수련하는 사람의 마음에 영향을 주기 때문이다.

　범속한 인간의 욕망은 영원히 만족될 수 없는 바, 수련만이 자기의 차원을 승화시킬 수 있으며, 이렇게 승화를 시켜야만 욕망이 사라지게 된다. 영적으로 승화가 없고 득도를 하지 못했기에 물질을 죽어라 추구하게 된다. 두뇌의 환상을 버리는 것을 배우고 나면 물질도 어쩌지 못하게 되고 영적인 본성이 차츰 승화되기 시작한다.

　수행이 진행되어서 심령이 초탈하게 되면, 즐겁게 생활하고 시름 놓고 일하라. 이미 초탈했다면 다른 수행은 더 필요 없겠지만, 수행하고 있다면 아직 초탈하지 못했음을 말하는 것이다. 초탈한 사람은 자기가 무슨 종교를 신앙한다는 마음마저도 없게 되고, 자기가 종교를 신앙함을 느끼지 않으며, 어떤 종교를 신앙할 필요도 없다. 종교를 신앙하는 것은 초탈하기 위한 것이 아닌가!

심법 10
오묘를 논함

論奧妙

🔹 **오묘함은 눈과 귀가 아닌 각지로 느끼는 것이다** 聞覺知顯妙用

너와 나는 모두 다 우주의 영혼이요 우주의 대표자이다!
견문각지見聞覺知와 본체本體는 한 몸(同體)이면서도 한 몸이 아니다(非同體). 본체는 무체를 체로 하고(無體爲體) 무형무상無形無像하며 오로지 용用으로만 본체를 알 수 있는데, 눈으로 본체를 볼 수는 없고 다만 영명靈明 중의 각지覺知로만 본체를 느낄 수 있을 뿐이다.
모든 사물은 다 본체에서 비롯된 것이다. 어떤 현상이든 본체의 현현顯現(나타남)으로 인연에 따라 생기는 것이나, 생겨남이 생겨남이 아니고, 인연이 바로 생겨남이고 생겨남이

곧 인연이다.

성불을 하려면 우선 견성부터 해야 한다. 성性이 바로 부처요, 바로 마음이다. 마음이 바로 부처요, 성은 부처의 마음과 같은 것이니, 심성은 일체이며 둘이 아니다.

자성自性은 허공과 같아 무형무상하나 또 묘유妙有를 낳을 수도 있다. 그러나 생生이 바로 무생無生이라, 그것은 사람의 견문각지를 빌어 자기의 묘용을 나타낸다. 용 역시 무용無用이다. 다만 감感에 따라 통通할 뿐이요, 때에 따라 생기니 쓰면 있는 것이요, 지나가면 없어진다.

下无大地上无天 하 무 대 지 상 무 천	아래론 땅이 없고 위로는 하늘이 없나니,
水无波浪火无烟 수 무 파 랑 화 무 연	물은 파도가 없고 불에는 연기가 없네
眼觀形色內无搖 안 관 형 색 내 무 요	눈은 색을 보아도 마음은 움직이지 않고
耳听塵事心无動 이 은 진 사 심 무 동	귀론 세상사를 들어도 마음은 고요하여라

그러니 인자仁者가 이것이 무슨 경지임을 말할 수 있느냐?

진면목은 없는 곳이 없이 어디에나 다 있는 것이니 육체 속에만 있는 것이 아니니라. 아집이 사라지고 나면 주위의 모든 것들은 다 진면목을 가지게 되는데 산하대지가 모두 여래이다.

🄳 화신은 전팔식에서 식이 지로 된 후의 묘용이다 化身是前八識轉識成智后的妙用

육체를 잊어버리지 않으면 진아眞我는 나타나지 않는다. 사람들이 나라고 하는 것은 바로 육체를 말하는데, 육체라는 이 가짜 자아에 너무 집착하기에 진아를 잊게 된다. 진아는 무엇으로나 다 될 수 있고, 무엇으로 되든지 무서워하지 않고 또 변화되지도 않는다.

희로애락은 진아가 아니다. 그러나 또 진아를 떠날 수도 없다. 마치 물은 얼음이 아니나 얼음은 물에서 비롯된 것과 같다. 그러나 또 물은 아니고, 물이 없다면 얼음이 없는 것과 마찬가지다.

진아란 존재방식이고 지각知覺이고 조견照見이기 때문에, 진아가 없다면 육체는 바로 폐물이 된다. 진아는 바로 능지能知(능히 알아 봄)고 육체는 소지所知(알아 보여지는 것)이며, 진아는 운전기시이고 육체는 승용차이다.

육체는 수련의 가장 큰 장애물인데, 증과證果할 적에야 비로소 철저히 육체를 변화시킬 수 있다. 마음가짐(心態)은 처음부터 바로잡아야 하느니, 마음가짐을 바로잡지 않고는 수련은 어림도 없다.

화신化身은 의념意念으로만 되는 것이 아니다. 높은 차원에

서는 기를 쓰지도 않고 의념을 쓰지도 않는 데, 망념이 사라진 다음에 나타나는 진심眞心의 용用이요, 진공眞空으로 된 다음에 나타나는 묘유妙有이니, 전팔식前八識에서 식식이 지智로 된 다음의 묘용妙用이다.

대체로 말한다면 조사선祖師禪은 법신法身을 본 다음에 한 단락 결속되지만, 여래선如來禪은 삼신三身이 구족되어야 원만하다고 한다. 농 삼아 말한다면 교주敎主로 될 생각이 없으면 화신化身을 수련할 필요가 없다. 법신불法身佛만으로도 얼마든지 해탈이라고 할 수 있다.

육신이 아닌 진아만이 원두에 도달할 수 있다　三摩地中的眞我達到源頭

불법은 다만 경서經書에 기록된 것뿐이 아니고, 삼장 십이부三藏十二部는 불법의 십분의 일도 되지 않으며, 겨우 불법의 초급단계 밖에 되지 않는다. 그렇게 아무 것도 아닌 것도 친 미디, 민 미디 이면 말로도 비유할 수 없다. 세간의 언어로 말해서 언어도단言語道斷, 심행처멸心行處滅한다고 해도 불법과는 십만 팔 천리나 떨어져 있다.

석가모니 부처가 그 원두源頭에 도달했다는 것은 육체로서

가 아니라 삼마지三摩地에 있는 진아로서 달성한 것이다.

우주에는 무수히 많은 공간이 있는데 매 공간마다 다 중생이 있고, 이들은 또 다른 방식으로 생존한다. 욕계欲界의 중생은 육체가 있고, 색계色界에 있는 중생은 빛의 형상을 몸으로 하고, 무색계無色界에 있는 중생은 광체光體조차 없이 심묘深妙한 선정禪定 속에서 심식心識(마음으로 알아봄)의 방식으로 교류하고 피차 의념意念의 움직임으로 교통한다.

무색계의 중생에 있어서 우주는 심식이 있을 뿐이다. 욕계의 중생은 육체로써 교합交合하나, 색계천에서는 광체로, 무색계에서는 신식神識으로 하니, 한 번 마음이 움직임으로써 교합을 끝낸다.

입정入定은 아무런 의식도 없는 것이 아니다. 진정 입정한 사람은 마치 고요한 호수 물에 달이 비추듯이 깨끗하고 선명하다. 아무런 의식도 없는 입정은 외도外道의 정定에 들어간 것이고, 무기정無記定과 단멸정斷滅定은 백년이 지나도 도를 터득할 수 없으니, 마치 썩은 나무나 돌과 다를 바 없다. 진정한 정은 분별이 없고 작의作義를 하지 않으며, 어디에도 의지하지 않는 통일체가 된다.

누진통은 수행의 과정일 뿐이다 漏盡通是修行的助道品

　전통적인 불교는 종래로 육체의 에너지와 수련의 관계를 말하지 않지만, 불교의 계율을 엄격하게 지킨다고 함이 바로 이런 에너지를 가지고 있음을 말하는 것이다. 육통六通중에 누진통漏盡通이라는 것이 있는데 이 '누漏'란 생리적으로도 새지 않는 것이고 삼계도 초월함을 말한다. 이 '누'가 아직 정지되지 않았는데, 명심견성明心見性하고 삼계를 초월한다는 것은 말도 되지 않는 소리다.

　『능엄경』에서는 인체의 에너지를 보리의 종자라고 암시하면서 "보리의 씨앗을 누실漏失하면서 선법善法을 수련함은 바로 마구니이다"라고 했다. 인간 육체의 하체를 정精에너지라고 하고, 중부를 기氣에너지라고 하며, 상부는 광光에너지라고 한다. 생명은 생명력에서 오는 것이고, 생명력은 생명의 질質에서 오는 것이다. 이 '질質'이 바로 광이고 보리의 씨앗인데, 그것은 바로 인체 척추의 가장 아래에 있으며, 그 에너지가 아래로 흐르면 범속한 인간이 되고 거꾸로 해서 위로 올라가면 신선이 된다.

　나를 낳는 문과 나를 죽이는 문, 뉘라서 알고 뉘라서 깨어 있던가? 이 에너지를 깨우치고 그것을 위로 올라가게 한다면 바로 도를 깨우칠 희망이 있는 것이요, 깨우친 다음에도 그

것을 길들이지 못한다면 역시 범속한 인간에 지나지 않는다.

인체에는 원래 정자라는 것이 없었고 에너지와 원기元氣뿐이었다. 욕망이 생기게 되면 원기가 정자로 되고, 정자로 된 다음에는 그것을 방출해야 하는 것이다.

에너지를 수련한다는 것은 바로 원기를 가리키는 것이지 정자를 말하는 것이 아니다. 정자는 변화시킬 수가 없는 것으로 오로지 흘러버릴 수밖에 없는 것이다. 만약 성불이 다 누진통에 의해야 한다고 생각한다면 그것은 잘못된 생각이다. 그것은 다만 수행의 보조품일 뿐이다.

❂ 임종할 때의 욕구 또는 업력에 의해 왕생한다 中陰身能做主天上人間任你選擇

많은 사람들은 불국佛國에 왕생하는 것을 싫다하고, 다시 인간 세상에 왕생하여 이승의 생활을 누리기를 원한다. 이 역시 좋은 일이기도 하다.

임종하는 순간에 중음신이 하늘나라로 가느냐, 인간세상으로 가느냐를 나름대로 결정할 수 있다. 중음신이 결정할 수 없다면 각자 자기의 업력業力에 따라 환생하게 되는 것이지, 자기의 정력定力이나 염력念力에 따라 환생하는 것이 아니다.

중음신은 반드시 사람이 살아생전에 무엇이 인도하는 표지 標志인지를 알아야 한다. 중음신은 주위의 모든 사물을 볼 수 있다. 축생도畜生道, 인도人道, 불도佛道를 표식으로 말하면, 인도는 황색이고, 축생도는 남색이고, 지옥은 흑색이며, 불도는 황백색 즉 금빛의 색으로 아주 밝은 색이다. 각 길로 가는 과정은 각양각색으로 아주 복잡한데, 좋기는 큰스님의 접인接引이 있는 것이 제일이다. 큰스님이 곁에 없을 때는 한마음 한뜻으로 부처의 명호를 부르거나 큰스님의 명호를 부른다면, 중음신은 더 높은 차원의 경계와 서로 호응하면서 절대 떨어지지 않는다.

㉛ 부처는 나와 한 몸이다 神和佛與你無二無別

신이나 부처는 존재하지 않는 것이 아니라 반드시 내재의 깊은 곳으로 더 들어가야 찾아 볼 수 있다. 내재의 핵심으로 들어가 원두를 찾아낸다면 내가 바로 신이요, 바로 부처요, 부처나 신이 당신과 다를 바 없다는 것을 알게 될 것이다.

당신과 부처는 각기 다른 개체로 구성된 것이 아니다. 심지어 전체 우주와 부처도 모두 당신과 일체라는 것을 알 것이다. 자신은 둘이 아니라 하나이며, 자신밖에 다른 기타라는 것은 없으며, 자기 역시 무아無我라는 것을 알 것이다. 자신 속에서는 자기의 개체적인 존재를 볼 수 없으며, 일종의 전체적인 존재로 존재한다는 것을 알게 될 것이다.

완전체(整體)는 일종의 공무空無인데, 공무 역시 존재의 한 형태이며 무한한 힘의 존재이기도 하다. 이런 경지에 이르려면 반드시 외물에 대한 추구를 버려야 하며, 그래야 원두에 깊이 들어가 자기의 본래면목을 보아낼 수 있다. 사실은 내적인 수련에 깊이 들어갈 수 없기에, 외적인 수련 즉 기와 맥과 명점明點을 수련하는 것이다.

밖에서 찾아보다가 극단에 이르러 되돌아서 내속으로 들어가 찾을 수도 있다. 불교에서 "돌아서 보니 자성自性을 봤고, 돌아서 들으니 자성을 들었다"는 말이 있다. 내재를 보다가 극단에 이르게 되면 밖으로 흐르게 되는데, 내외는 원래 하나요, 마치 동전의 양면과 같다.

번잡한 세속에 사는 사람들의 머리는 이미 가득 차 폭발할 지경인데, 선사들은 항상 외계의 복잡한 사물을 포기하고 내심으로 깊이 들어가라고 주장한다. 진정 정력定力이 있는 사람이라면 번화한 사거리에서 수련하더라도 얼마든지 성공할 수 있다. 외계의 복잡한 사물들이 더는 방해할 수 없게 되었을 때 그 여여부동한 것이 비로소 나타나게 된다. 혹은 동굴 속에서 그 여여부동한 물건을 닦아낸 다음에 다시 번잡한 사

거리에 와서 노닐어도 되는 것이다.

🕉 누구나 부처가 될 수 있는 불성이 있다 人人都有佛性具足 都可成佛

무량겁이 있기 전의 진면목은 안에도 밖에도 있지 아니하고, 없지 않는 곳 없이 어디에나 다 있다. 그것이 어디에나 다 있기에 사람들은 본래면목을 잊게 된다. 금전은 많지 않기에 사람들이 기억하게 되니, 적은 것만 기억하게 되고 그에 따라 움직이게 된다.

불성佛性은 아주 오래전부터 있었고, 언제나 있었던 것이며, 진실한 것이기 때문에 없어지지 않는다. 너무 오래된 물건은 새로운 감이 없듯이, 오랜 시간이 흘러감에 따라 사람들은 자연 불성을 잊어버리게 되었다.

그러나 금전은 매일 얻을 수 있으나 날마다 잃을까 보호해야 한다. 금전은 종국이 아니기에 올 수도 갈 수도 있는데, 두뇌를 놓고 말하면 이치림 오고 가는 것이 더 직힙한 것이다.

불성은 부처라고 해서 많은 것도 아니요, 거지라고 해서 적은 것도 아니다. 많지도 적지도 않은 것을 누가 추구하겠는가? 그러나 금전은 그렇지 않다. 부유한 사람에게는 많고 가난한 사람에게는 없다. 금전은 비교가 되지만, 불성은 비교할 필요가 없으며 사람마다 모두 평등한 것이다.

금전은 무궁하여 제한이 없기에 금전을 추구하는 사람의 고통 역시 무궁하고 무한한 것이다. 크게 말한다면 물질은 무한한 것이기에 물질을 추구하는 고통 역시 무한한 것이다.

모든 종교는 다 신을 지고무상해서 둘도 없는 것으로 비유하고, 인간은 노예로 신에게 철저히 복종해야 하며, 그렇지 않을 경우에는 신이 진노하여 더 없이 큰 재난이 덮쳐들게 된다고 한다. 오로지 불교만이 인류에게 진정 존엄을 주었을 뿐이 아니라 모든 동식물에게도 존엄을 주었던 것이다.

부처님께서 말씀하시기를 "대지 중생은 모두 여래지혜의 덕상德相을 가지고 있으니, 사람마다 모두 성불 할 수 있고, 사람마다 본래 부처였으며, 육도의 중생도 다 불성을 가지고 있으니 모두 평등한 불성이다. 그래서 내가 이룰 수 있는 것을 중생들도 다 딜싱할 수 있다. 중생들이 아직 성불하지 못한 것은 망상과 아집을 가지고 있기 때문이다."라고 하셨다.

오로지 불교만이 인류를 중심으로 하고 있으며, 오로지 석가모니 부처님만이 인류를 가장 사랑하는 것이다. 다른 종교에서는 사람마다 신으로 될 수 있다는 말을 한 적이 없으며, 반드시 신의 말을 들어야 만이 신당神堂으로 갈 수 있을 뿐만

아니라 사람은 신보다 등급이 낮은 것이라 한다.

㉛ 누구나 같은 에너지가 있지만, 성불하는데 쓰는 사람은 드물다 都在使用同一個能量

무슨 일을 하든지 다 같은 에너지가 작용을 한다. 사랑과 증오는 같은 에너지를 사용하고, 천당으로 오르거나 지옥으로 떨어지는 것 역시 같은 에너지를 사용하게 되고, 즐거워하는 것과 화를 내는 것 역시 같은 에너지를 사용하게 된다.

사람의 체내에는 오로지 한 가지 에너지밖에 없으나, 그것이 갖가지 변화를 일으키고 만사만물에 쓰이게 된다. 내재한 에너지는 하나의 통일체이다. 사랑을 할 적에는 기필코 원한의 에너지를 가지고 있게 되고, 그렇지 않다면 더 깊은 사랑을 할 수 없게 된다. 그렇지 않다면 그 사랑은 거짓이다. 사랑이 얼마큼 깊다면 원한도 그만큼 깊게 된다. 원한은 배우자에 대한 사랑의 깊이를 가늠할 수 있다. 진실한 사랑은 진실한 원한을 가져오게 되며, 진실한 미움은 자신이 체험한 경험에서 오는 것이지 얻어들은 풍문에서 오는 것이 아니다.

체내의 에너지는 정면에서는 전체적으로 표현되기 어렵지만 반면에서는 더욱 잘 나타난다. 마음을 고요히 해도 성불

할 수 있고, 손에 백정의 칼을 들었다 하더라도 성불할 수 있다. 이것이 바로 이들은 모두 같은 에너지에서 오기 때문이다. 이 역시 성도한 사람이 어떻게 어린이와 같은가에 대한 답이기도 하다. 오로지 어린이들이 가지고 있는 에너지만이 진실한 것으로 울고 싶으면 울고 누고 싶으면 눈다. 그러니 이 전체적인 에너지를 한 곳으로 쓴다면 모든 것을 이룰 수 있는 것이라 한다. 성불은 어린이들의 전매특허임을 잊지 말라.

🌀 내가 본래 부처임을 깨닫는 과정이 수행이다 人人都是佛 六道衆生皆有佛性

　'도'는 닦아서 오는 것이 아니라고 하는가? 도는 원래부터 갖춰져 있는 것이기 때문이다. 소위 노력을 한다고 하는 것은 두뇌를 두고 하는 말이다. 두뇌가 전변한 다음에는 도는 저절로 나타나게 되는 것이다.
　두뇌의 전변은 어떤 방법이 필요되는데, 고요한 마음은 두뇌를 향하고 두뇌는 고요함을 좋아한다. 방법이란 설계이고 수단이다. 도 자체는 이미 있는 것이므로 가서 쓰기만 하면 된다. 도가 주방에서 기다리고 있다면 주방까지 들어가야 하

지만, 주방에 들어가자면 필요한 거리가 있다. 이 거리는 걸어 들어가야만 들어갈 수 있는데, 들어가는 노력이 필요한 것이라는 말이다.

도를 닦는다는 것은 밖에 있는 거리를 말하는 것이고, 수련이 필요 없다는 것은 마음속에 이미 도가 존재해 있는 것을 말한다. 처음 수련하는 사람들은 흔히 어떻게 버리고 또 태엽을 푸느냐를 모르기에, 상사들은 "수련하라" 하고 "힘을 많이 들이라"고 한다. 상사들은 도 자체는 노력이 필요없지만, 도道 안으로 들어가자면 반드시 이런 설계, 즉 노력이 필요한 것이라고 한다.

노력이 절정에 달하면 더는 받아들일 수 없어 붕괴할 지경에 이르게 되는데, 이때 몸과 마음은 갑자기 역전의 급류, 즉 생명의 다른 일면으로 들어가게 되고, 그것이 바로 태엽을 푸는 것이고 버리는 것이다. 이 찰나에 완전히 불성을 볼 수 있고 들어갈 수 있게 되는 것이다. 이것이 바로 옛날 사람들이 말하는 유위有爲에서 무위無爲로 들어가는 것이다.

만약 그가 어떻게 멈추어야 한다는 것을 모른다면, 상사는 그더러 목숨을 내 걸고 돌진하라고 할 것이다. 왜냐면 달려야 멈춤이 있기 때문이다.

❸ 선입견을 버리고 있는 그대로 비춰라 明鏡高照不要有固定成見

성공과 실패는 바로 찰나의 섬광인데, 외관의 사물로써 내적인 영성靈性에 영향주지 말고, 아는 자와 알려지는 자, 비추는 자와 비춰지는 자를 다 사라지도록 수련을 하라. 그러면 내외가 하나의 환히 밝히는 거울이 되어, 외부의 사물들이 촬영된 영상처럼 안에 있는 거울에 똑똑히 비추어진다.

오려면 오고 가려면 가도록 내버려 두라. 무언가 오면 거울에도 무언가 나타나도록 하라. 선입견을 버리고 자기가 공무空無가 되게 하고 무아無我가 되도록 하라. 이미 무아가 되었는데 만물들이 와서 떠든들 너를 어찌할 것인가? 주위의 환경을 나무라지도 말고 주위의 환경을 버리지도 말라. 주위의 모든 것이 성공의 도우미로, 모두 나에게 필요한 것으로 쓰일 수 있는 것임을 기억하라. 절대로 주위의 것들 때문에 끌려 다니지 말라. 정력定力이 약해서 사물에 끌려 다니는 것은 내심에 있는 점유욕이 아직 없어지지 않았기 때문이니, 아집을 버리고 무아가 된다면 술집에 드나들지언정 무슨 걱정일쏘냐! 무아의 사람이 바로 성인이고 부처님들과 하나인 동일체인 것이다.

🌙 핵심은 두뇌로 파악할 수 없고 언어로 표현할 수도 없다
語言文字無法表達內在的核心

시詩의 경계는 종교의 테두리에 다다랐다 할 수 있으나, 아직은 종교의 핵심에 들어갔다고 할 수 없다. 시의 테두리는 비논리적인 것으로 두뇌를 초월한 것이나, 시의 핵심은 여전히 논리적인 것으로 논리를 초월하지 못한 것이다.

그러나 종교의 테두리는 논리적이고 과학적이지만 그 핵심은 논리에 속하는 것이 아니다. 논리는 상상을 할 수도 있지만 종교의 핵심은 생각으로 해내는 것이 아니다. 시의 테두리는 생각해낸 것도 아니고 만들어낸 것도 아니다. 만들어냈다면 좋은 시라고 할 수 없다. 시의 핵심은 두뇌가 상상해낸 생산품인 것이다.

종교의 핵심을 언어로 나타낼 수 없는 것은, 그 핵심부분은 두뇌에 속하는 것이 아니기 때문이다. 두뇌에서 비롯된 것은 다 두뇌로 나타낼 수 있지만, 핵심은 핵심의 언어로만 나타낼 수 있다. 때문에 불경에 백여 개의 명사名詞가 있는데 모두 그 핵심을 나타내는 것이다. 이를테면 진여眞如, 본성, 실상반야(實相般若), 본래면목本來面目 등이 그렇다.

그러나 이렇게 표현하는 것도 정확하지는 못해서, 겨우 거기에 접근했다거나 비슷하다고만 할 수 있다. "도를 도라고 하면 그것은 도가 아니요, 이름을 이름이라고 하면 그것은 이름이 아니다(道可道 非常道; 名可名 非常名)"라는 말과 같다고 하겠다.

과학과 철학, 시사나 종교는 같은 점이 있으면서도 또 다른 점도 있기에 서로 배척하고 서로 흡인하는데, 어떤 차원에서는 비슷하기도 하지만 비슷한 것만은 아니고, 아니지만 또한 비슷한 것이다. 천지간의 만사 만물은 다 이런 것이다. 옳음과 그름, 좋음과 나쁨, 남자와 여자, 사악한 것과 선한 것들은 영원히 함께 있게 되며, 영원히 서로 부각하면서 상대방을 강하게 해주고, 상대방으로 하여금 더욱 뚜렷이 나타나게 한다.

초월超越이라는 것을 두뇌면에서 말하면 아주 어려운 것이기에, 반드시 큰 위험을 무릅써야 두뇌의 어떤 개념을 초월할 수 있다. 생활이란 이 미지未知에서 저 미지로 가는 것이지만, 두뇌는 미지를 기대하면서도 또 미지에 대해 공포를 가지기도 한다. 미지는 두뇌가 만들어 놓은 담장이기에 반드시 두뇌로써 이 담장을 초월해야 한다. 인생은 바로 이렇게 쌓아 올리고는 또 허물어 버리고, 허물어 버리고는 또 쌓아 올리는 과정이다.

육체에서 떠날 수 있는 그 무형무상의 물건은 결코 무영無影하고 무종無踪한 것이 아니다. 그들은 마음대로 오고갈 수

있고 갖가지 변화를 이룰 수 있지만, 그것은 본체가 아니라 다만 본체의 쓰임(用)일 뿐이다. 수련을 한다거나 깨우친다는 것은 바로 그 용用을 말하는 것인데, 이 용을 잘 수련하게 되면 못하는 일이 없게 된다.

❸ 우주는 한 뿌리이고, 부처는 그 조화를 이루는 자이다
佛和上帝是宇宙中存在的最高力量的代表

만행이 갔던 곳은 바로 정법正法이요, 바로 천당이다. 천당, 지옥, 정법, 말법末法은 모두 너의 마음이 만들어낸 것이다.

천지가 생기기 전에 성인은 도의 안에 있었으며, 천지가 생긴 다음에는 도는 성인에게 있다. 일월도 그로 인하여 빛을 뿌리고, 시간과 공간도 그로 인하여 활력을 가지게 되니, 인자仁者는 그것이 무엇인지를 아는고? 소리를 듣고 도를 깨닫고 색을 보고 마음을 밝게 함을 인자仁者는 할 수 있느냐?

눈앞에 달이 뜨니 주야가 없어지고 공중에는 신신의 음악 소리 허공이 부서짐을 인자는 보았느냐?

진정한 사랑, 진정한 도와 진정한 법문은 다 언어로써 표현할 수 없다. 언어는 이미 실상實相의 세 번째 투영投影이다.

진정 도와 사랑 속으로 들어갔다면 언어로써는 형용할 수 없고, 오로지 그 정체적인 존재만을, 그 여여부동한 존재만을 감수할 따름이다.

대승불법의 최고 경계는 바로 "머무르지도 않고 버리지도 않는 것"이다.

불성은 성장이 필요 없다. 왜냐면 불성은 원래부터 원만한 것으로 그 안에 모든 지혜가 다 있기 때문이다. 부처님이나 하느님은 어떤 물건이거나 어떤 개체가 아니라, 바로 우주에 존재하는 최고역량의 대표이다. 이런 역량이 닥쳐오면 그 누구도 항거할 수 없는 것이고, 인연이 화합되면 이런 역량이 거대한 효력을 가져오게 한다.

우주의 만사만물은 주재主宰도 아니고 자연도 아니며, 역량으로 화합하여 탄생하게 된 것이다. 이런 역량이 닥쳐옴은 너를 성사도 시키고 망치게도 한다. 득도한 명사들은 다 이런 역량을 얻었기에 득도한 명사를 부처나 하느님이라고 해도 된다.

범속한 인간들은 이런 역량을 얻지 못하고 있으나 이런 역량을 잃었다고는 할 수 없고, 다만 이런 역량을 장악하지 못했다고 할 수 밖에 없다. 이런 역량은 일종의 존재인데 없는 곳 없이 다 있다. 육도의 중생들도 모두 이런 역량을 가지고 있기 때문에, 그것을 다 개발할 수 있으며, 모두 성불할 수도 있고, 모두 하느님이 될 수도 있다.

우주만유宇宙萬有의 근원은 오직 하나뿐이다. 즉 철학에서 말하는 본체, 불교에서 말하는 여래, 종교에서 말하는 영혼이다.

부처란 바로 각오覺悟한 중생이요, 생명의 본질과 우주의 기원을 알아낸 중생일 따름이다. 우주만유宇宙萬有의 생명과 사물은, 주재하는 자도 없고 자연으로 되는 것도 아니며 오로지 인연의 화합으로 되는 것이다.

열반이란 생명의 본질을 본 자리에 회귀시켜, 그 진면모를 돌려주는 것, 바로 얼음을 물로 녹이는 것과 같은 것이다.

사망은 다만 자신의 빛 덩이와 우주의 더 큰 빛 덩이가 녹아들어 하나로 되는 과정이다. 생명은 사망으로 결속되는 것이 아니라 다른 한 단계의 시작이다.

삼마지三摩地는 정도가 아주 깊고 아주 즐거우며, 한 마음이 만가지 경지(만물과 동일체로 됨)에 들어가면서도 흩어지지 않는 경계를 말한다. 삼마지에 들어가는 것은 바로 사망에 대한 체험이다(이것은 두뇌를 두고 하는 말). 이런 체험은 고통이 아니라 즐거운 것이다.

불교에서 삼계유심三界唯心이라고 하는 것은 진실한 말이다. 수많은 경계와 사물들을 모두 마음으로 상상해 낸 것이다. 상상 자체가 바로 창조력이고 잠재되어 있는 힘이다. 이런 힘이 존재하지 않는다면 어찌 상상할 수 있겠는가? 병원에서 사망진단을 내린 암 환자들이 소식하고 좌선을 하더니 병이 나았는데, 이것이 바로 심력心力의 작용이 아니고 무엇인가?

진정 부처와 소통한다는 것은 바로 자기 주위의 사람들과 소통하는 것을 말한다. 진정 독립적으로 존재하는 중생은 없으며 모두 서로 밀접한 연계를 가지고 있다.

믿든지 믿지 않든지, 수련을 하든지 하지 않든지, 누구나 하는 모든 일은 다 우주와 연결되어 있는 것이고, 우주와 갈라놓을 수 없는 밀접한 관계를 가지고 있으며, 모두 우주와 한 몸이다. 우주는 원래 하나(一)이고, 하나의 완전결합체이다. 한 사람의 마음이 움직이게 되면 우주 전체가 흔들리게 되는데, 다만 당신이 그것을 감지하지 못했을 뿐이다.

번뇌와 보리는 공존한다 煩惱與菩提共存

육체는 꺼질 줄 모르는 '진아'의 도구에 지나지 않는다. 육체와 진아 사이에는 또 신체 하나가 있는데, 이는 기체도 아니고 광체光體도 아니나 또 광체 비슷하기도 하다.

그래도 전통적인 불교에서 그 이름을 잘 지었는데, 바로

'보신報身(육체), 화신化身(육체와 법신의 중간으로 기체와 유사한 몸), 법신法身(진아, 본체라고도 한다)' 등등이 그렇다.

일반인들이 흔히 보게 되는 것은 중간의 '기체신氣體身(기체로 된 몸)'인데 아직은 본체에 들어가지 못한 것이다. 법신을 해결하지 못하고는 원만하다고 할 수 없다. 연정화기煉精化氣로 충실하게 하는 것 역시 이 가운데의 '기체신'인데, 실상 이 '법신'은 정기신精氣神으로 충실히 할 수 없는 것이요, 원래부터 있었던 것으로 태초부터 오늘까지 영원히 원만하고 이룩되어 있는 것이므로 수련할 필요도 없는 것이다.

'진아'는 무형무상이나, 아무런 형체와 종적이 없는 것도 아니며, 더욱이 볼 수 없는 것도 아니다. 그것은 오로지 번뇌와 망념妄念에 의해서만이 볼 수 있다. 강렬한 번뇌와 망념이 없다면 진아를 보아 낼 수 없다. 바람의 형상을 보려면 반드시 공기를 통하게 해야 한다. 그래야 광풍이 일고, 나무가 흔들리고 돌이 흩날리게 되는데, 사람들은 이 때에야 바람을 볼 수 있고, 바람 또한 이런 형식으로만 보일 수 있다.

번뇌를 빌어서 진아를 보았다면, 다음에는 가슴이 확 트이게 된다. 번뇌와 망념 자체가 바로 보리고, 그 역시 원래는 진아라는 것을 확연히 알 수 있을 것이며, 번뇌가 사라지면 보리도 사라지게 된다.

부처와 마는 공존한다　佛魔共存

부처와 마魔는 일념의 차이고, 종이 한 장을 사이에 둔 듯하다. 실상은 그런 차별도 없고 간격도 없으며, 이 양자는 그 나타나는 형식이 다를 뿐이다.

부처의 힘이 무엇이냐를 알게 되는 가장 빠른 지름길은 바로 마력의 힘을 비는 것이다. 왜냐하면 인류는 흔히 반면으로 진리를 더 쉽게 인식하기 때문이다. 마력에서 온 힘으로 대항하다 보면 부처의 힘도 자연 분산되게 된다.

보통 수련을 할 적에는 흔히 어떤 부처의 형상을 그리면서 기다리게 되는데, 일단 자기가 상상한 경계와 맞지 않으면 이를 모두 마경魔境이라고 생각하게 된다. 마음을 비우고 조용히 앉아 아무런 구함도 하지 않으면 눈앞에 나타나는 모든 것은 마경도 아니요, 부처도 아니요, 다만 존재의 역량일 따름이다.

진리는 영원히 자아 모순 속에 있는 것이다. 왜냐하면 진리는 언제나 전후좌우를 두루 살피면서, 그 속에서는 무엇이나 다 있어야 진리라고 할 수 있기 때문이다. 번뇌와 보리는 공존하는 것이요, 부처와 마도 공존하는 것이며, 황금과 모래도 공존하는 것이고, 진실과 거짓도 공존하는 것이다.

우리는 본래부터 내 속에 네가 있고 네 속에 내가 있다. 너

와 나, 저것이나 이것이나 모두 서로 함께 존재해 있는 것이다. 한 사람이 도를 닦으면 중생들이 덕을 보게 되고, 한 사람이 득도하게 되면 천지귀신들까지 모두 이득을 보게 된다.

③ 진아는 윤회하지 않고 욕망만이 윤회한다 本我是沒有輪回 輪回是業障

사랑하는 독자들이여! 오늘 이 만행이 천고의 비밀을 밝혀 드리노니, 너나 내나 저 사람이나 이 사람이나를 막론하고, 우리 모두와 모든 사물의 본아本我는 예로부터 윤회한 적이 없으며, 지옥에 떨어진 적도 없으며, 언제나 성결聖潔해 있었고 언제나 원만해 있었느니라. 윤회란 바로 당신의 이상이요, 당신의 욕망이요, 당신의 습관이니, 바로 종교에서 말하는 "업장業障"이다.

한 생명이 죽은 다음에 너와 나, 그리고 모든 것들의 '본아' 즉 본래면목은, 자동으로 끝없이 넓은 본각本覺의 바다로 흘러들어 성도聖徒든지 아니면 기생이든지 모두 원초의 원두源頭로 돌아가게 된다. 그러니 이 세상에 남겨놓는 것은 오로지 욕망뿐이고, 욕망만이 다시 윤회하게 되고 다시 태어나게 된다. 욕망이 원만하게 되면 윤회도 자연 없어지게 된다. 범속한 사람의 욕망은 영원히 만족이 있을 수 없느니, 오로지 깨우친 사람만이 욕망이 없다.

전도사들은 천당의 아름다움을 말하기 위해, 내내 인간세상을 지옥이라고 하니 참으로 안타깝도다. 전도사들은 자기가 신이 전세轉世로 태어난 사람이라고 하면서, 신도들의 재물을 수탈하니 이 아니 가증하지 않을 쏘냐!

신도들은 전도사들의 "세계 종말이 왔다"는 요언을 듣고 자기가 하던 일을 버리고 재물을 던지며 산에 들어가 피난하니 이 얼마나 가소로울쏘냐!

세계의 종말은 영원히 없을 것이며 또 세계의 말일이라는 것은 있은 적도 없다. 이 세상은 늘상 천재天災와 인화人禍가 발생하고 있으며, 멈춘 적도 없고 또한 영원히 사라지지도 않을 것이다. 인류가 있는 곳에는 바로 천당이 있을 것이요, 인류가 있는 곳에는 바로 지옥도 있게 되며, 인류가 있는 곳에 신선도 있게 되고, 인류가 있는 곳에 마귀 역시 있게 된다.

세인들은 향을 피워 귀신을 이끌어 오는 방법으로 자기의 주인인 진아를 찾으려고 한다. 귀신을 모시면 귀신이 호응하게 되고, 부처를 모시면 부처가 호응하게 되니, 생전에 무엇과 호응을 했다면 죽어서 바로 그곳으로 가게 된다. 마귀가 너로 하여금 어찌 자아를 찾게 할 수 있단 말인가? 마귀가

마귀로 된 것은 진아를 찾지 못했기 때문인데 말이다.

모든 신통력은 '무아無我'의 차원을 이길 수 없는 것이다. '아집'이 센 사람들은 아주 쉽게 업장業障을 끌어들인다.

🌙 문자언어를 초월해야 실상에 이를 수 있다 最根本的實相是超越言語文字

수련 과정에 나타나는 경지는 대부분이 환각인데 그것은 진리를 너무 갈망하기 때문이며, 역시 경서에 기록된 갖가지 경계들이 머리속에 너무 깊이 아로새겨져 있기 때문이다. 이를테면 이성에 대한 갈망을 가지게 되면 꿈에 이성을 만나게 되는 것과 같은 것으로, 중맥이 통할 것을 갈망하면 기가 바로 움직이게 된다. 두뇌는 환각을 만들어내는 기능이 있기 때문이기도 하다.

지금 일부분 수행자들이 말하기를 다만 그 '관조자觀照者'만 닦아 낸다면 끝이라고 하는데, 관조자를 수련해 냈다고 하더라도 공덕이 원만하다고 할 수 없다. 기껏해야 영수靈修 단계에 들어섰다고만 할 수 있다. 하물며 진정 '관조자'를 수련해내는 사람도 몇이 없음에랴!

관조자를 수련해냈다면 '무사지無師智'의 차원에 도달한 것이므로, 금후 수련부터는 큰스님 없이도 수련할 수 있다. 그러나 보는 마음과 볼 수 있는 물건이 있는데, 어찌 원만하다고 할 수 있겠는가? 역시 견문각지의 차원에 불과하다.

수행의 차례는 응당 '관觀, 행行, 조照, 도度, 공空, 무無'부터 원만하게 되도록 해야 한다.

"도를 도라고 하면 도라고 할 수 없다"라는 말의 뜻은 무엇인가? 문자와 언어로도 도를 깨우칠 수 있고 성불을 할 수 있다면, 불교학설을 연구하는 학자나 과학자 철학가는 모두 진작 부처가 되었을 것이다.

학문으로 도를 말하기에는 너무나도 부족하여 남이 쓰고 남은 지혜를 얻는 격이니, 아무리 손금 보듯이 안다고 하더라도 또 무슨 소용이 있겠느냐? 하물며 가장 근본적인 그 실상實相은 언어와 모든 사상을 초월해 있음에랴! 노자로부터 혜능에 이르기까지 누구도 그 실상을 묘사하지 못하고 있는 바, 마치 물을 마시듯이 마시는 사람만이 그 느낌을 알 수 있기 때문이다. 이것은 서로 사랑하는 남녀가 왜 굳이 합궁을 해야 하느냐 하는 것과 같은 이치이다. 선禪은 언어로써 할 수 없는바 몸소 겪고 증명해야 하는 것이다.

왜 법사가 언제나 선사와 변론에서 이길 수 없는가? 법사는 겨우 선학禪學을 연구하는 사람으로 도를 깨친 선사의 사상과 수련 과정을 연구하지만, 선사는 몸소 행하고, 도道 안으로 들어갔다가 나왔으며, 몸소 본지풍광本地風光을 겪은 사람이다. 법사처럼 남을 통하여 보고들은 것이 아니라 자기가 직접 겪었기에, 선사가 가지고 있는 것은 오리지널인 것이다.

진여실상眞如實相, 두뇌사유頭腦思維, 문자언어文字言語, 이렇게 문자에서만 시작한 사람은 절대로 실상의 종극에 이를 수 없다. 하물며 현대의 수행하는 사람들은 모두 남의 것을 도용하기 좋아함에랴! 이들은 도를 터득한 사람의 지혜, 부처님의 것, 예수님의 것을 자기의 지혜라고 도용한다.

이론은 서양철학처럼 사유의 범위에 속하는 것으로 두뇌의 작용을 벗어나지 못하고 있다. 서양철학은 수천 년을 내려오면서 두뇌의 사유로써 우주만유의 본체를 해석하려고 했으나, 여태껏 본체를 증명하지 못하고 있으며, 오히려 본체와 점점 더 멀어져가기만 한다. 근본 원인은 서양철학은 두뇌로 연구하고, 선법禪法은 두뇌를 버리고 직접 본체의 실상 속으로 들어간다. 전자는 사유에 의뢰하고 후자는 사유를 포기한다.

어떤 종교든지, 어떤 개인이든지 도와 소통하지 못한다면 바로 외도外道인 것이다. 사람마다 불성이 있으나 누구나 다 불성을 아는 것은 아니며, 불성을 보지 못한 중생이 가장 가난한 중생이다. 마치 한 황제의 두 아들처럼, 둘 다 부친으로

부터 유산을 이어 받았지만 하나는 그 유산을 찾아가졌고, 다른 하나는 그 유산을 찾아가지지 못한 것과 같은 것이다. 유산을 찾아가지지 못한 아들은 가난한 것이다. 만능의 보장 寶藏은 바로 불성인 것이다.

일반적으로 불佛을 배우는 많은 사람들은 거의 다 사상적으로 진공묘유眞空妙有의 이치를 실감하지만, 진정 진공의 경계가 나타난 것이 아니며 묘유가 생긴 것은 더욱 아니다. 그러므로 번뇌가 오더라도 비워버릴 수 없으며 지혜가 필요할 때에도 묘유는 오지 않는다.

도리를 깨달았다고는 하지만, 일에 닥쳐서 응용을 하지 못한다(事上行不通)면 깨닫지 못한 것과 같다. 이론적으로 진정 깨달았다면 필경 일에 닥쳐서도 꼭 해낼 수 있을 것이다.

맺는 말

    나의 책 『마음의 달(心中月)』이 한국에서 출판하게 되었다. 만행은 충심으로 대유학당출판사와 활안스님·보현스님·원명스님·현무스님, 韓庚國·李春姬·趙芳芝·程亦剛 등 신도님의 전적인 후원과 두터운 사랑에 감사를 드리는 바이다.
    불학은 아주 유구한 역사를 가지고 있으며, 불법은 넓고 큰 바다처럼 풍부하며 오랜 세월을 거쳐 영원히 빛나며 만세에 유전할 것이다.
    옛날 성불한 분들은 경건하게 부처를 믿는 마음뿐 아니라 아주 강인하게 불법을 배우는 의지력도 가지고 있었다. 예로부터 부처를 믿기는 쉬우나 불법을 배우기는 어렵다고 했으니 믿음이 바로 배움이요, 원만의 길을 걷는 유일한 길이라는 말이며, 믿는다 함은 한평생 의지가 굳세게 변함이 없어야 하고, 배운다 함은 부처의 고상한 품질을 배우고 부처의 한량없이 넓고 큰 도량을 배워야 한다는 말이다. 불법을 배우고 도를 닦으려면 반드시 이러한 숭고하고 위대한 사상을 지녀야만 심태·정조·체능·지혜 등 모든 면에서 한 차원 높은 단계에 들어갈 수 있는 것이다.

"진정 똑똑히 불법을 알고 식견이 정확해야만 할 수 있고 출입이 바로 된다. 믿기는 하나 알지 못하면 공부하고 배웠다 할지라도 미신이 되고 말 것이다. 오로지 배움과 믿음이 합일이 되어야만 성불의 대도에 들어설 수 있다."

『마음의 달』이 한국에서 출판되는 것은, 만행의 천박하고 가벼운 사상을 대중들에게 보여줌으로써, 졸렬하고 아직은 성숙되지 않은 식견으로 여러분들의 주옥같은 말씀을 찾아내려는데 있다. 이 거동은 만행이 바로 명사의 가르치심을 갈망하는 마음이요, 동행자의 지도와 전문인들의 도움을 빌어 불학사상의 참뜻을 깊이 탐구하여 시대와 대중들에게 적으나마 나름대로 보탬이 되려는 마음이기도 하다.

마침 『마음의 달』이 한국에서 출판할 무렵, 7년간의 공사 끝에 동화선사의 건립과 기념식을 마쳤다. 동화선사는 이제 1500년 전의 명성을 되찾고 각지의 명사들이 모이고 팔방의 승려와 신도들이 모여 참배하고 수행하는 터로 다시 태어난 것이다. 만행은 시골화상으로 학식과 견문이 많지 못해 여러 차례 폐관을 하였으나 만의 하나를 찾기가 어려웠다. 나는 출판과 동화사재건의 계기를 빌어 불법을 한결 더 공부하고 실천하려고 한다.

석 만행釋萬行이

2009년 8월 삼성동에서

중국 광동성廣東省 옹원현翁源縣의 동화선사東華禪寺 www.donghuasi.org
TEL 0751-286-7488   이 책의 원문은 동화사 홈페이지에서 보실 수 있습니다.

대유학당 출판물 안내

자세한 사항은 대유학당으로 문의해 주십시오.
전화 : 02-2249-5630 / 02-2249-5631
입금계좌 : 국민은행 807-21-0290-497   예금주-윤상철
홈페이지 : www.daeyou.net   서적구입 : www.daeyou.or.kr

주역

▶ 주역입문2	김수길 윤상철 지음	15,000원
▶ 대산주역강해 (전3권)	김석진 지음	60,000원
▶ 주역전의대전역해 (상/하)	김석진 번역	70,000원
▶ 주역인해	김수길 윤상철 번역	20,000원
▶ 대산석과 (주역인생 60년)	김석진 지음	20,000원
▶ 시의적절 주역이야기	윤상철 지음	15,000원

주역 활용

▶ 황극경세 (전5권)	윤상철 번역	200,000원
▶ 하락리수 (전3권)	김수길 윤상철 번역	90,000원
▶ 하락리수 CD	윤상철 총괄	550,000원
▶ 대산주역점해	김석진 지음	30,000원
▶ 매화역수	김수길 윤상철 번역	25,000원
▶ 주역신기묘산	윤상철 지음	20,000원
▶ 육효 증산복역 (상/하)	김선호 지음	40,000원
▶ 우리의 미래 (대산 선생이 바라본)	김석진 지음	10,000원

예언 꿈

▶ 꿈! 미래의 얼굴	현오/류정수 지음	20,000원
▶ 꿈과 마음의 비밀	현오/류정수 지음	9,000원
▶ 마음이 평안해지는 천수경	윤상철 편저	10,000원
▶ 마음의 달 (전2권)	만행스님 지음	20,000원
▶ 항복기심/선용기심	만행스님 지음	48,000원

음양오행학

▶ 오행대의 (전2권)	김수길 윤상철 번역	35,000원
▶ 동이 음부경 강해	김수길 윤상철 번역	20,000원
▶ 작명연의	최인영 지음	50,000원
▶ 연해자평 (번역본)	오청식 번역	22,000원

기문 육임			
	▸ 기문둔갑신수결	류래웅 지음	16,000원
	▸ 육임입문123 (전3권)	이우산 지음	70,000원
	▸ 육임입문 720과 CD	이우산 감수	150,000원
	▸ 육임실전(전2권)	이우산 지음	54,000원
	▸ 육임필법부	이우산 평주	35,000원
사서류	▸ 집주완역 대학	김수길 번역	20,000원
	▸ 집주완역 중용 (상/하)	김수길 번역	40,000원
	▸ 강독용 대학/중용	김수길 감수	11,000원
	▸ 부수활용 성어사전	유화동 지음	35,000원
	▸ 소리나는 통감절요	김수갈·윤상철 번역	10,000원
자미두수	▸ 자미두수 전서 (상/하)	김선호 번역	100,000원
	▸ 실전 자미두수 (전2권)	김선호 지음	36,000원
	▸ 심곡비결	김선호 번역	50,000원
	▸ 자미두수 입문	김선호 지음	20,000원
	▸ 자미두수 전문가용 CD	김선호/김재윤	550,000원
	▸ 중급자미두수 (전3권)	김선호 지음	60,000원

손에 잡히는 경전시리즈

❶ 주역점
❷ 주역인해 (원문+정음+해석)
❸ 대학 중용 (원문+정음+해석)
❹ 경전주석 인물사전
❺ 도덕경/음부경
❻ 논어
❼ 절기체조
❽ 맹자 1
❾ 맹자 2
❿ 신기묘산
⓫ 자미두수

각권 288~336p 10,000원

천문			
	▸ 세종대왕이 만난 우리별자리 (전3권)	윤상철 지음	36,000원
	▸ 전정판 천문류초	김수갈·윤상철 번역	20,000원
	▸ 태을천문도	윤상철 총괄	70,000원
	▸ 천상열차분야지도 블라인드	(대) 150×230	300,000원
	태을천문도	(중) 120×180	250,000원
	▸ 천상열차분야지도 족자	(중) 70×150	100,000원
	태을천문도	(소) 60×130	70,000원